AF591702

DISCOURS

SUR

LA PROPOSITION BAUDE,

DANS LES DEUX CHAMBRES.

Ouvrages qui se trouvent chez le même libraire.

LETTRES VENDÉENNES, par M. le vicomte Walsh, 4e édition. 2 vol in-8, avec 2 figures	12 f.	» c.
Le même ouvrage. 3 vol in-12.	8	»
SUITE AUX LETTRES VENDÉENNES, ou Relation du voyage de MADAME, duchesse de Berry dans l'ouest, en 1828, 2e édition, revue, corrigée et augmentée, par le même auteur, 1 vol. in-8, satiné........	7	»
Le même ouvrage. 2 vol. in-12........	5	»
LE FRATRICIDE, ou Gilles de Bretagne, par le même. 2e édition, 3 vol. in-12........	7	50
LETTRES SUR L'ANGLETERRE, ou Voyage dans la Grande-Bretagne en 1829; par le même. 1 vol. in-8 avec 6 figures..	7	50
VIE DE ST.-VINCENT DE PAUL, par M. Capefigue. 1 vol. in-8........	5	»
Le même ouvrage sur papier vélin........	10	»
HISTOIRE DES EMIGRÉS FRANÇAIS, depuis 1789 jusqu'en 1828, par M. Antoine de St.-Gervais. 3 vol. in-8........	15	»

Ouvrages nouveaux

PROPHÉTIE D'UNE RELIGIEUSE DE BELLEY. in-8. Franc de port.	»	70
RELATION DES ÉVÈNEMENS arrivés à Thomas Martin, laboureur à Gallardon en Beauce, en 1816, en 1821 et en 1830. Nouvelle édition (janvier 1831), 1 vol. in-8........	2	»
Et par la poste........	2	50
DIX JOURS DE 1830, souvenirs de la dernière révolution, par A. S***, officier d'infanterie de la garde royale. 2e édition, revue et augmentée........	2	50
Et par la poste........	3	

Tous les exemplaires de ce Recueil porteront ma griffe.

Imprimerie d'A. PIHAN DELAFOREST, rue des Noyers, n° 37.

RECUEIL
DE
DISCOURS
PRONONCÉS
Dans les Deux Chambres,
ET
DE CEUX QUI DEVAIENT L'ÊTRE
A L'OCCASION
DE LA PROPOSITION DE M. BAUDE,
EX-PREFET DE POLICE,
RELATIVE A L'EXCLUSION PERPÉTUELLE DE LA BRANCHE AÎNÉE
DES BOURBONS;

Suivi de la Comédie de 15 ans.

AVEC NOTES ET OBSERVATIONS
PAR L'AUTEUR DES LETTRES VENDÉENNES.

Paris,
L.-F. HIVERT, LIBRAIRE-ÉDITEUR,
QUAI DES AUGUSTINS, N° 55.
1831.

(Par Jos. Alexis Walsh.)

INTRODUCTION.

Si en fait de gouvernement il n'y a de *bon* que ce qui est *utile*, la proposition Baude est mauvaise; car elle est complètement superflue.

Ainsi en ont jugé tous les orateurs, même ceux qui l'ont appuyée, et qui, en la soutenant, y ont vu bien plus une déclaration de principes, qu'une mesure utile au pays. Et nous le demandons, quand le nouveau président du conseil s'est cru forcé d'adopter cette proposition, a-t-il prévu tout ce que cette question, jetée comme un brandon parmi nous, au milieu de tant de souvenirs si récens, allait soulever d'accusations animées et de regrets honorables? Non, il n'a pensé qu'à donner au parti républicain une garantie d'*anti-carlisme*... Les meneurs de ce parti l'accusaient déja d'un reste d'affection pour les princes exilés, et répétaient perfidement à la foule : *Le nouveau président du conseil de Louis-Philippe ne peut être un ennemi bien vrai de Charles X, car Charles X, dans la nuit du 29 juillet, avait réclamé son appui et l'avait nommé ministre... Et ne conserve-t-on pas toujours affection à qui nous a montré confiance? Défiez-vous donc de lui!...* Et un homme, que sur ces entrefaites, les nouveaux ministres avaient destitué, M. Baude, est venu renforcer de toute sa rancune le parti des mécontens. Ne peut-on pas supposer qu'il ait dit alors, à ceux qui le recevaient dans leurs rangs : *Demandons aux conseillers de Louis-Philippe, exigeons d'eux des garanties contre le retour de Henri V. Nous n'avons point de preuve de leur haine contre les Bourbons de Holy-Rood, il faut qu'ils nous en donnent, il ne faut pas même nous arrêter à eux... Je ferai une proposition de bannissement et d'exil, vous me soutiendrez, cela les embarrassera, cela embarrassera plus qu'eux... Tant mieux, ils n'ont plus voulu de mes services, je me vengerai.*

Et comme il l'avait résolu, il a déposé, le 15 mars, sa proposition sur le bureau de la Chambre des Députés...

Le ministère, fort de ses bonnes intentions, aurait pu laisser là ce trait décoché contre lui à la manière des Parthes : mais les évènemens scandaleux du 14 et du 15 février occupaient et échauffaient tous les esprits ; les hommes du mouvement criaient : *Voyez la hardiesse des carlistes, ils conspirent à la face du jour et dans nos églises ; et tout à côté des tombes des victimes de juillet ! il faut sévir, il faut frapper!* Et le plus jeune des ministres troublé par ces clameurs a voulu apaiser le parti qu'il craignait, en frappant sur le parti qu'il ne redoutait pas... et aussitôt tous les télégraphes du royaume de se mouvoir, ordre à tous les préfets d'obéir aux télégraphes. L'on répétait la trahison s'est cachée sous le drap mortuaire du duc de Berri; nous venons de la saisir en flagrant délit, faites-en autant dans les départemens, cherchez dans les hameaux, cherchez dans les villes, cherchez dans les chaumières, cherchez dans les châteaux, fouillez sous les autels, fouillez dans les lits des malades, fouillez jusque dans les plaies des blessés (1); elles peuvent cacher quelque billet de Holy-Rood, il faut tout saisir.

Un tel cri d'alarme suivi de tant de visites domiciliaires, de tant d'insultes aux croix, de tant de profanations de nos sanctuaires catholiques, ont pu faire croire qu'il y avait vraiment péril et conspiration; et cette pensée a contribué sans doute à faire voter plusieurs députés pour l'exclusion à perpétuité de la branche aînée des Bourbons, du territoire de France.

Le ministère, en ne rejetant pas cette proposition de l'ex-préfet de police, avait craint bien davantage les républicains que les carlistes. Mais n'osant montrer ses terreurs aux hommes qu'il redoutait, il avait frappé sur l'innocent faible pour paraître fort; car au fait, comme l'a dit le reconnaissant Valérius, *qui pouvait penser qu'on s'opposerait à la célébration d'un service pour monseigneur le duc de Berri? Qui pouvait se choquer de cet hommage rendu à un prince dont la mort n'avait aucun rapport ni avec la révolution de* 1789 *ni avec celle de* 1830? Qui? si ce n'est les partisans du crime de

(1) Le zèle des subordonnés dépassant toujours les ordres de leurs chefs, à Nantes, des agens de je ne sais quelle autorité, étant entrés chez le général Saint-Hubert pour y faire des recherches, ont trouvé au lit M. Baillet. Ils l'ont fait lever, et ont défait les bandages d'une plaie qu'il avait à la cuisse, pour s'assurer qu'il n'y avait rien sous le linge. Un mois après le jeune homme est mort.

Louvel? et qui pouvait imaginer qu'il en existât? Et maintenant, qu'on l'avoue franchement, n'est-on pas honteux d'un tel déploiement de sévérité? En résultat, qu'ont produit toutes les visites domiciliaires? quelle est la sentence que vient de prononcer la justice dans l'affaire de Saint-Germain-l'Auxerrois? quelle est la peine de MM. Valérius, Quinel, Boblet et de Baltazard? *La liberté*. Qu'a-t-on dit à MM. de Vitrolles, de Conny et au curé de l'église profanée et dévastée? *Il n'y avait pas lieu de vous poursuivre : allez, vous êtes libres.* Mais M. de Conny ne l'avait pas été pendant 40 jours, M. de Montalivet se le rappellera. Pourquoi ces ordres si sévères? pourquoi ces arrestations si nombreuses faites *ab irato?* Pourquoi? Nous l'avons dit, pour cette même raison qui a fait adopter la proposition Baude, les hommes qui avaient eu quelques relations avec les Bourbons exilés, qui avaient, comme M. Casimir Perrier, comme le baron Louis, comme le comte d'Argoult, Pair de France, comme M. le comte de Montalivet, membre de la Chambre des Pairs, reçu de Louis XVIII et de Charles X des marques de confiance ou des bienfaits, voulurent prouver au parti du mouvement qu'aucune de leurs affections, qu'aucune reconnaissance n'avaient survécu à la dernière révolution, et que par conséquent ils étaient prêts à exiler à *jamais*, à *toujours* la famille déchue, et également décidés à frapper tous ses partisans. Je ne sais si en devenant ministre on dépouille tous les sentimens qui font la douceur de la vie privée, mais certes si en prenant le pouvoir on garde sa bonté de cœur, l'honorable M. Perrier a dû cruellement souffrir en adoptant, pour premier acte de son ministère, ce que sa sagesse regardait alors comme une inutilité. Il faut être triplement cuirassé de patriotisme pour pouvoir dire à un Roi qui a invoqué votre aide : Tu m'as appelé, moi je t'exile, tu mourras loin de ton pays, et pour que ta mort soit plus amère, apprends que ni ton fils, ni le fils de ton fils, que tes filles ne reverront jamais la France; aucun de vous ne dormira dans ce caveau de famille qui commençait à se repeupler de Bourbons, les restes du duc de Berri attendront vainement... Ah! je m'arrête, et je plains du fond de l'ame ceux qui ont été forcés, à regret sans doute, de proposer à des Députés et des Pairs de France, d'autres rigueurs pour Charles X et sa famille, que celles que Dieu dans ses décrets éternels leur avait déja départies; mais, disent-ils, pour le bonheur et la tranquillité de la France, il faut bien élever entre elle et les princes *exilés par la volonté nationale*, *une barrière insurmontable*... Qu'ils se mettent à l'œuvre, qu'ils entassent les peines, les obstacles et les lois, qu'ils élèvent leur barrière, je n'en connais pas d'assez hautes, d'assez fortes pour empêcher les évènemens de passer, quand une fois ils sont tombés de la main de Dieu. Eh! qu'est-ce qui n'est pas muable sur la terre? Est-ce la volonté des hommes, veulent-ils *toujours* ce qu'ils ont voulu *hier?* Et où avez-vous vu que leur amour ou leur haine fussent durables? Prétendre enchaîner pour l'avenir la volonté des peuples, c'est vouloir rendre immobiles les flots de la mer. Hommes du pouvoir, contentez-vous donc du présent, rendez-nous-le supportable, que la France soit heureuse et tranquille, qu'elle puisse reprendre sa confiance, ses plaisirs et ses fêtes, et elle tournera moins ses regards vers l'Ecosse... Vous devez le savoir, les Français sont légers et oublieux de leur nature dans leurs jours prospères;... faites-leur en donc.

Si je ne me suis pas trompé sur la source de la proposition d'exclusion à perpétuité de la branche aînée des Bourbons, si elle n'est partie ni de la pensée de Louis-Philippe ni de celle de ses ministres, il est permis d'en parler librement : car, avant que d'être sanctionnée par celui qu'elle blessera davantage, il faudra que cette loi soit refaite et présentée de nouveau à la Chambre des Députés, où elle a déja trouvé 122 opposans; ce n'est donc point encore chose jugée qui impose le respect, et l'on peut faire voir combien de voix, et quelles voix se sont élevées contre cette pénible, odieuse et inutile mesure.

C'est ce qui m'a fait concevoir la pensée de réunir en un volume tout ce qui a été dit dans les deux Chambres contre la proposition Baude... La plupart des discours que j'ai rassemblés sont consolans à lire; ce sont des protestations contre l'ingratitude...

Ces hommages à une infortune sacrée, ces tributs de reconnaissance envers des proscrits sont chose si rare, qu'elles font grand bien au cœur... surtout dans ce temps où l'on a si bassement insulté, par des livres infâmes et de dégoûtans dessins, étalés sous la demeure d'un Roi, à trois générations de Rois!

Il y a encore dans notre malheureuse patrie (et nous nous le répétons pour nous consoler) beaucoup d'ames généreuses qui savent respecter la vieillesse, l'innocence et le malheur. C'est à elles que j'offre ce Recueil, et plus loin, à ceux qui souffrent tant, loin de leur pays ! Ne sera-ce pas comme un peu de baume sur leurs cuisans regrets, que ces marques de souvenirs et de reconnaissance. Ces discours lus sous le toit de l'exil, feront pleurer la famille bannie, et ce sera moins la rigueur de la loi nouvelle que les preuves d'attachement et de gratitude que lui auront données ceux qui ont combattu la loi, qui feront couler les larmes : car dans l'infortune on peut se roidir contre elle, on peut devenir insensible à ses coups; on se fait une habitude de son malheur, et l'on ne pleure plus ;.... mais une preuve d'intérêt nous vient-elle, une voix amie nous dit-elle : Je me souviens de vous , je vous aime et vous plains, alors le cœur s'attendrit et les yeux retrouvent des larmes.

Ainsi les voix éloquentes et généreuses de Messieurs BERRYER, BLIN DE BOURDON , DE FRANCHEVILLE, D'ESCAYRAC-LAUTURE, ARTHUR DE LA BOURDONNAIE, DE LAMÉZAN, BIZIEN DU LÉZARD , DE BOIS-BERTRAND , le général LAFOND , DE BALZAC , marquis DORIA , duc DE ROZAN , DE LÉZARDIÈRE, ALEXIS DE NOAILLES , etc. ; et à la Chambre des Pairs : Messieurs DE FITZ - JAMES, DE DOUDEAUVILLE , DREUX-BRÉZÉ , vicomte LAINÉ , DE NOAILLES , DE MAILLÉ, DE DURAS, DE MOUCHY , DE ROUGÉ , D'ORGLANDE , DE BEURNONVILLE , DE LAGARDE , DE VOGUÉ , DE TALARU , etc. , n'auront pas seulement protesté contre l'ingratitude, mais elles auront encore retenti plus loin , pour faire du bien à de nobles exilés , qui sauront ainsi que tout le monde ne les maudit pas en France. La loi a été conçue pour tuer l'espérance , mais elle permet la pitié. Elle n'a point dit que ce serait un crime que de plaindre le malheur.

A plusieurs discours que nous avons dû insérer dans

ce Recueil, nous aurions eu bien des choses à répondre, bien des observations à faire, mais il nous aurait fallu plus de temps et d'espace pour combattre toutes les hérésies politiques professées par quelques-uns des orateurs qui ont appuyé la proposition.

DISCOURS

SUR

LA PROPOSITION BAUDE,

DANS LES DEUX CHAMBRES.

CHAMBRE DES DÉPUTÉS.

Dans la séance du 15 mars, M. Baude, ex-préfet de police, lit la proposition suivante contre S. M. le Roi Charles X et sa famille.

Art. 1er. L'ex-Roi Charles X, ses descendans et les alliés de ses descendans, sont bannis à perpétuité du territoire français, et ne pourront y acquérir, à titre onéreux ou gratuit, aucun bien, ni jouir d'aucune rente ni pension.

Art. 2. Les personnes désignées dans l'article précédent sont tenues de vendre dans le délai de six mois, à dater de la promulgation de la présente loi, tous les biens, sans exception, qu'elles possèderont en France.

Art. 3. Si la vente desdits biens n'est pas effectuée dans le délai prescrit, il y sera procédé par l'administration des Domaines, dans les formes déterminées pour l'aliénation des biens de l'État par l'administration des Domaines, le produit des ventes déposé à la caisse des consignations, sera tenu à la disposition des fondés de pouvoir des anciens propriétaires, déduction faite du montant des droits des créanciers et des dommages qui seraient exigibles en raison des évènemens de juillet.

M. Baude demande ensuite à développer demain sa proposition.

Séance du 16. — M. Baude monte à la tribune ; mais voyant que tous les ministres ne sont pas encore arrivés à la Chambre, il veut retarder la discussion sur sa proposition ; ses amis cherchent à faire passer avant le projet de loi sur les pensions de retraite, et y parviennent. — La discussion sur cette loi étant terminée, M. Baude a la parole : (Vif mouvement d'attention.)

Messieurs, dit-il, je ne suis pas de ceux qui se plaisent à fouler aux pieds un ennemi vaincu, et je crois que chassée pour la troisième fois du territoire français, la famille de Charles X ne nous est pas même ce qu'étaient à l'Angleterre les Stuarts, qui du moins se battaient à la tête de ceux qui mouraient pour eux. La crainte et la vengeance sont donc également étrangères aux considérations qui me portent à vous proposer de consacrer par une nouvelle disposition législative l'expulsion de cette famille. Je sais aussi les droits qu'ont à la pitié l'enfance et la vieillesse, même criminelle ; mais lorsqu'un vieillard et un enfant sont l'ame et le drapeau d'un parti anti-national, le lien qui rattache les projets les plus odieux au passé le plus coupable, la faiblesse et l'ineptie des individus disparaît, et il n'est plus permis de considérer que les complots, qui sans eux manqueraient de mobile et de but.

Telle est, vis-à-vis de nous, la situation des habitans d'Holy-Rood.

Notre pays est depuis 43 ans le champ de bataille où se déploie la lutte européenne du droit et du privilège. Deux fois le droit a été vaincu, et deux fois le parti du privilège a jeté sur la France humiliée la famille de Charles X. Cette famille se croit aujourd'hui tenue en réserve à Holy-Rood, pour donner une dernière fois à l'étranger ce qu'elle appelle des garanties. A chaque bruit de guerre elle médite les moyens de créer dans nos discordes civiles une diversion favorable aux ennemis de l'extérieur, et il faut l'avouer, une longue habitude de ces ténébreuses manœuvres a donné au parti carliste une grande habileté à troubler et à diviser notre pays.

Lorsque la justice et la politique ne conseillaient que de la rigueur, notre gouvernement, confiant dans sa nationalité, a usé de douceur envers la famille déchue et ses partisans. Aussitôt les agens et les écrivains de celle-ci ont publié que ces ménagemens étaient le résultat de conventions secrètes faites entre Paris et Holy-Rood ; que la lutte dont nous sommes menacés ne regardait que le pays ; que ceux qui en dirigent les affaires se préparaient d'avance à faire leur paix à nos dépens. Enfin, la fortune dont jouit la famille déchue, les fonds qu'elle reçoit de France, sont employés à solder des sicaires et des fanatiques qui cherchent à organiser la guerre civile dans nos provinces, à jeter la méfiance et la discorde dans nos rangs ; les biens qu'elle possède sur notre territoire servent de gage à des emprunts dont le produit doit être employé contre nous.

Ces trames échoueront sans doute, quelles qu'en puissent être les ramifications ; mais vous devez à la tranquillité de votre pays d'en couper tous les fils qui sont à votre portée, d'en arrêter le développement.

Les massacres de juillet ont imprimé sur le front de Charles X un sceau de réprobation auquel il est superflu d'ajouter une sanction législative ; l'exclusion dont il est frappé doit porter aussi sur sa descendance. Que viendraient faire parmi nous des gens qui voient une usurpation de leurs droits dans les institutions que nous nous sommes données? Troubler le pays, s'exposer à la colère du peuple, exciter à la guerre civile. Les peines dont une pareille tentative les rendrait passibles ne doivent pas exclure des mesures préventives que réclame la sécurité de nos concitoyens ; ils veulent que la rupture entre l'ordre actuel et l'ordre renversé soit aussi formelle dans nos lois qu'elle est profonde dans nos cœurs.

S'il n'y a plus de France pour la famille déchue, si elle y est hors la loi, elle ne peut y exercer aucun droit, y posséder aucune propriété. Nous ne saurions tolérer plus long-temps la circulation de ces émissaires politiques, qui donnent pour prétexte à leurs courses les affaires personnelles de Charles X et des siens; lorsque ceux-ci ne peuvent avoir en France que des relations criminelles, nous devons leur ôter toute occasion de les pratiquer.

Toutefois, Messieurs, en ordonnant la vente des propriétés de la famille d'Holy-Rood, vous n'oublierez pas, comme elle l'a souvent fait, les droits de ses créanciers, et parmi ses créanciers il en est, il faut le dire, dont les titres sont sacrés, bien qu'ils n'aient pas encore été produits : je veux parler de la ville de Paris et des autres victimes des évènemens de juillet.

Les pertes matérielles qui sont le résultat direct, immédiat des journées de juillet, s'élèvent à plusieurs millions. La loi du 30 août dernier porte que toutes les personnes dont les propriétés ont souffert par suite de ces évènemens, seront indemnisées par l'État. Ici, Messieurs, l'État s'est porté garant vis-à-vis des propriétés endommagées; mais cela ne change rien à la condition du véritable débiteur, et, ce débiteur, c'est celui qui nous faisait mitrailler dans les rues de Paris. Lorsqu'il est de droit commun que l'auteur d'un dommage en doit la réparation, la criminalité de l'action en détruirait-elle les effets civils? Non, sans doute. Les auteurs de l'attentat restent devant les tribunaux passibles de toutes ses conséquences; nous n'avons pas le droit de les y soustraire, de répartir sur les contribuables la portion des désastres de juillet qui doit être payée par Charles X et les membres de sa famille qui ont pu être ses complices. Lorsque vous imposez le montant de l'indemnité sur la nation contre qui le crime était dirigé, vous n'avez pas exempté par une disposition spéciale ceux qui en furent les auteurs, et ajouté à nos charges financières une véritable gratification accordée en raison des évènemens de juillet, aux habitans d'Holy-Rood.

Messieurs, il est juste, quant à la répartition des charges de l'indemnité, que ceux qui les ont rendues nécessaires n'en soient pas exemptés. Il est prudent de ne pas gratifier nos ennemis des moyens de nous nuire : chaque million que possède Charles X nous en coûtera plusieurs en désordres, soudoyés par ses agens, en frais de surveillance à l'intérieur et à l'étranger, peut-être en guerre civile. Les factions ne sont actives et redoutables qu'autant qu'elles sont soutenues par l'espoir du succès; assurons, en extirpant les dernières racines de celle qui fit verser en France tant de sang et de larmes, la sécurité de notre pays.

Enfin, Messieurs, la proposition qui vous est soumise, et ce ne sera pas sa moindre utilité, fournira au ministère l'occasion de dissiper, par ses paroles et par ses actes, des méfiances, des inquiétudes qui se sont propagées par le dédain qu'on en a fait. Le pouvoir serait sans force, l'avenir serait compromis, si dans les circonstances graves où se trouve la France, une confiance profonde ne s'établissait entre le peuple et le gouvernement. Ce n'est pas ici le moment de rappeler toutes les conditions auxquelles ils peuvent compter l'un sur l'autre ; mais la première est certainement d'ôter jusqu'au moindre prétexte à ceux qui voudraient exploiter l'idée d'une transaction possible entre les hommes de la révolution et ceux de la contre-révolution.

Voix nombreuses : Appuyé ! appuyé !

M. le président du conseil demande la parole. (Redoublement d'attention.) On se rappelle que le nouveau président du conseil a été nommé ministre par S. M. le Roi Charles X, dans la nuit du 29 juillet. On est curieux de voir quel va être son premier acte comme ministre de Louis-Philippe.

Messieurs, dit-il, je dirai deux mots sur la prise en considération de la proposition qui vous est soumise.

Déja vous avez consacré un article de loi qui prononce l'exclusion d'une famille qui a régné sur la France. Il est nécessaire de mettre notre législation en harmonie en prononçant également l'exclusion de la branche aînée des Bourbons ; ce n'est pas toutefois que nous pensions comme un honorable député de la Seine, que de semblables mesures n'ont pas besoin d'être insérées dans les lois quand elles sont insérées dans l'intérêt et dans l'inébranlable volonté des peuples. Nous nous associons à la prise en considération, en appréciant les motifs qui ont porté la chambre à prendre l'initiative dans cette question. On vous propose une grande mesure politique, vous l'adopterez, et la nation française, en la consacrant, ne l'accompagnera d'aucune mesure qui pourrait rappeler la confiscation à jamais abolie par notre pacte fondamental. (Mouvement général d'adhésion.)

M. Berryer a la parole contre la proposition.

M. Berryer. Messieurs, la grave proposition qui vous est soumise en ce moment avait déja été l'objet d'un travail de la part de deux membres de cette chambre. Ils ont jugé à propos de ne pas donner suite à ce projet. Il est affligeant de voir cette proposition reproduite tout à coup, au moment où nous allons nous séparer et comme pour agiter les derniers jours de notre existence parlementaire. (Voix à gauche. Mais cela ne nous agite pas !..... C'est avec le plus grand calme que nous la discutons.)

Ce n'est pas sans étonnement, que j'ai vu l'empressement de M. le président du conseil à venir déclarer que le gouvernement appuyait cette proposition. J'aurais désiré, je l'avoue, que la discussion eût été ouverte, que la lutte fût engagée, que la proposition eût été combattue et pût être appréciée avant que M. le président du conseil ne vînt l'accueillir avec un tel empressement.

Je cherche en vain la raison d'État qui puisse susciter une pareille proposition. Je trouve dans les lois de cette nature un caractère particulier. Ce ne sont pas à vrai dire des actes purement législatifs : il y a quelque chose de judiciaire, puisqu'ils renferment des condamnations d'individus désignés. Il y a quelque chose de haute administration, de police politique du pays. J'entends fort bien comment, dans des circonstances graves, violentes, impérieuses, les chambres doivent être appelées à prendre part à de tels actes, mais je demande si nous sommes dans cette situation ?

Il y a huit mois vous avez constitué en France un nouvel ordre de choses. Alors notre pays était livré à une effroyable agitation ; vous délibériez au milieu d'une cité toute bouillante encore des ardeurs et du courroux de la mêlée, et cependant vous avez senti qu'il ne fallait pas vous laisser emporter par la marche impétueuse d'une révolution ; vous avez agi ainsi en prenant en considération la nécessité de pourvoir au salut du pays, en l'absence de tout pouvoir public, au moment où la maison royale quittait le territoire, et vous avez déclaré solennellement, dans l'acte du 7 août, que l'intérêt général et pressant du peuple français appelait à la couronne Louis-Philippe d'Orléans et ses descendans à perpétuité !.... A perpétuité ! (Sensation.)

Vous le voyez, voilà les garanties de l'avenir. Et quelle est donc la nécessité nouvelle qui commande une loi de bannissement contre une famille qui a gouverné la France pendant quinze ans, contre une famille à qui, après tout, on doit le rétablissement en France de cette forme de gouvernement sous la protection de laquelle vous délibérez aujourd'hui, et qui me donne la liberté d'exprimer mes sentimens à cette tribune. (Sensation.) Quelle nécessité nouvelle se fait donc sentir ? Y a-t-il une grande sagesse, une grande prudence à faire cette proposition, et de la part du ministère y a-t-il une grande habileté à déclarer en quelque sorte que déja l'avenir nous demanderait des garanties nouvelles ? car c'est à cela que se réduit la proposition.

Je n'aperçois pas, Messieurs, cette nécessité qui nous contraindrait à faire des lois de cette nature....

On vous a fait entendre qu'il fallait mettre de l'harmonie dans notre législation.... Je ne crois pas qu'il faille rechercher de l'harmonie entre des lois dont le principe est mauvais....

Permettez-moi, Messieurs, de demander, avec les convenances qu'une telle question réclame, avec la discrétion que le respect à la loi établie doit toujours imposer, permettez-moi de demander si l'on a bien réfléchi quand on a pensé à demander aujourd'hui une loi sur une pareille proposition ? Et qui la sanctionnera cette loi? qui !...

(Interruption, mouvement.) Voix à gauche : Le Roi ! le Roi des Français !

M. Berryer. Rappelez-vous, Messieurs, qu'il y a quelques jours j'accusais les ministres à cette tribune d'avoir porté atteinte à l'autorité royale, en provoquant des concessions fâcheuses ; mais que serait-ce donc si la chambre allait exiger du prince un sacrifice qui ne serait pas commandé par la plus impérieuse nécessité ? (Chuchottemens à gauche et sur le banc ministériel.)

Un sacrifice de sentimens, sentimens humains sans doute ; mais sacrifice, après tout, qui ne peut être exigé que dans la farouche aspérité des mœurs républicaines. (Murmures à gauche.)

Oui, Messieurs, malgré les murmures que ces réflexions paraissent susciter, je suis convaincu que vous devez craindre de porter atteinte à la dignité morale du prince, toujours si nécessaire. (Interruption, murmures.)

Plusieurs voix à gauche : Dites donc le Roi ! Dites donc le Roi !

M. Berryer. Messieurs, je le dis hautement, vous portez atteinte à la dignité morale du trône en exigeant que le prince sanctionne une telle loi, prononce un bannissement perpétuel contre un enfant, contre un vieillard, contre la propre nièce de celle qui est assise maintenant sur le trône. (Mouvement, murmure à gauche.)

M. Etienne. Guillaume et Marie.

M. Berryer. On vous a parlé de garanties nécessaires, on vous demande de faire cesser les inquiétudes vagues sur les relations entre Paris et Holy-Rood.... Messieurs, permettez-moi encore d'exprimer toute ma pensée... Ici, ma pensée est bien rendue par mes souvenirs, et je me rappelle les exigences politiques qui, il y a trente ans, ont porté une si grande tache sur la plus brillante carrière qu'il ait été donné à un homme de parcourir. (Sensation.)

Une voix : La mort du duc d'Enghien.

M. Berryer. Il y a quelque chose de puéril, permettez-moi ce mot, dans cette pensée de l'homme qui, ne mesurant jamais assez la brièveté de sa puissance, prétend enchaîner l'avenir aux lois qu'il décrète.

On en a été prodigue. A quoi ont servi et les lois de la Convention, et le serment de haine à la royauté, et la déclaration du Sénat, et le traité de Fontainebleau, et l'acte additionnel des cent-jours ?

Qu'est-ce que tout cela a produit? que de signaler les haines du temps sans donner les garanties qu'on voulait établir..... Vous avez devant les yeux ceux qui ont été frappés par des lois semblables.... Tel est le caractère de perpétuité attaché à de tels ouvrages.

Ce n'est pas tout, Messieurs ; je ne regarde pas seulement la loi comme intempestive, comme inutile ; je vous dirai que les lois de bannissement et de proscription ont été toujours de mauvaises lois pour garantir la stabilité des Etats.... Que le gouvernement dissipe les craintes à l'intérieur, étouffe les haines entre les citoyens; qu'il soit vraiment et légalement le protecteur de tous ; que chacun en France, quelle qu'ait été sa vie politique, quelles que soient ses opinions, puisse dire avec ferme confiance, avec fierté dans son obéissance aux lois, qu'il vit avec calme et avec honneur dans la commune patrie : ce sont là les garanties réelles.... Que nous ne voyions pas l'accroissement des impôts; que la liberté ne soit pas un vain mot.... Jouissons de la liberté de la presse sans des condamnations multipliées qui encombrent les prisons. (Mouvement.) Que nos libertés soient toujours entières ; voilà les véritables garanties du gouvernement.

Messieurs, réfléchissez-y bien : s'il était vrai qu'une telle loi fût nécessaire ; si, dans les circonstances où nous sommes elle était impérieusement exigée, il faudrait bien reconnaître qu'elle serait impuissante, car tel est le caractère de ces lois. Je dis plus, elle est évidemment impolitique. Cette loi sollicitée sans motifs graves semblerait signaler des inquiétudes et des défiances ; elle est propre à exciter des alarmes, à troubler des consciences, à blesser des sentimens qu'avec un gouvernement fort on peut laisser en repos tant qu'ils ne blessent pas, n'offensent pas les lois.

Il y a quelque chose qui doit frapper votre attention. Remarquez que cette proposition coïncide avec d'autres propositions répandues dans les journaux, avec le projet d'association qui semble avoir le même but, et s'élève sous d'autres prétextes, en telle sorte que vous allez consacrer une loi faite dans ce mouvement, dans cet état des esprits.

On dirait, par ces associations diverses, que nous en sommes tous en France à nous enrégimenter, à nous tenir sur nos gardes en présence les uns des autres. Je ne crois pas que ce soit par des propositions de ce genre que vous arriverez à calmer les troubles, les agitations, et que vous parviendrez à ramener l'ordre et à cimenter la paix publique en France.

Avez-vous songé, Messieurs, à la carrière que votre proposition va ouvrir à vos successeurs? Ce n'est autre chose qu'un acte d'hostilité contre un parti. Il faudra qu'une autre chambre déclare ennemi tout pays qui donnera asile aux exilés et exclue du territoire français quiconque sera soupçonné d'avoir des sentimens d'affection pour eux.... (Dénégations.) C'est la carrière dans laquelle nos prédécesseurs se sont engagés en présence de lois de cette nature, dont l'inutilité est attestée par le témoignage de l'histoire.

Avant que le ministère eût pris la parole, je regardais la proposition qui vous est faite comme une sorte de piége qui lui était tendu. (On rit.)

Cette proposition d'ailleurs ne peut être définitivement adoptée ; car, lors même qu'on la prendrait en considération, il faudrait la renvoyer à l'examen des bureaux, et nommer une commission qui vous ferait son rapport. Il est donc impossible qu'elle soit adoptée par cette chambre, au moment où elle va se dissoudre.

Moi qui suis convaincu, qui ai pensé consciencieusement que la loi était intempestive, inutile, dangereuse, qu'elle pouvait troubler le présent et jeter de mauvais germes dans l'avenir, j'ai cru que vous auriez, quelles que soient les circonstances qui nous environnent, la fermeté de la repousser. Je vote contre la prise en considération.

M. Barthe, garde-des-sceaux. Je commencerai par remercier l'honorable orateur, auquel je succède à cette tribune, de ses préoccupations pour le repos de la France, de l'intérêt qu'il témoigne au ministère auquel il apprend qu'on lui tend un piége, de ses inquiétudes enfin pour la famille royale, dont l'honneur le préoccupe si sincèrement. Mais, après lui avoir rendu cet hommage, je dirai que je ne partage ni ses sentimens, ni ses opinions. (On rit.) Il a dit que la mesure proposée était de nature à troubler la France et à porter l'agitation dans son sein. Le préopinant s'est étonné d'avoir vu le ministère donner son adhésion à la mesure proposée.

Ce n'est pas sans un examen approfondi que le ministère l'a fait. On a dit que la cause n'avait pas été suffisamment instruite. Elle l'a été depuis long-temps ; elle l'a été dans les journées de juillet, lorsque la famille déchue déchira le pacte fondamental, ordonna de mitrailler, de sacrifier les citoyens qui ne s'insurgeaient que pour la défense des lois. Dès ce moment, l'expulsion des Bourbons fut arrêtée : elle fut nationale (1). La liberté, l'honneur du pays, tous les intérêts sacrés d'une nation, tout la proclamait. C'est donc bien en grande connaissance de cause qu'au mois d'août dernier la chambre a prononcé l'exclusion des Bourbons, et qu'aujourd'hui vous êtes appelés à donner une nouvelle sanction à ce qui est depuis long-temps dans les cœurs, dans les vœux de la nation tout entière (2).

Je n'insisterais pas davantage si je n'avais pas à repousser, au nom de toutes les personnes attachées au système constitutionnel, l'intervention de la personne du Roi dans ces débats. Sans doute le Roi a des parens dans la famille déchue ; mais le Roi n'a jamais cessé d'être Français. La France l'a appelé à la tête de son gouvernement, l'a proclamé roi, non pas à cause de sa parenté : c'est le soldat de Jemmapes ; c'est le brave qui s'est toujours associé à nos gloires et à nos sentimens. Sa parenté n'a pas été un obstacle à notre choix à cause de ses grandes vertus. Ses affections, ses devoirs sont tous à la France ; tout le monde en est convaincu. Je crois que l'honorable préopinant s'est mépris sur la véritable dignité du Roi des Français. Il place ses affections de famille dans la patrie commune, dans la France. Voilà pourquoi le gouvernement donne son adhésion à la mesure proposée. (Bruyante adhésion.—A gauche : Aux voix ! aux voix ! aux voix !)

M. Blin de Bourdon. Malgré mon peu d'habitude de la tribune, j'ai cru devoir prendre la parole dans l'importante discussion qui vient de s'engager à l'occasion de la proposition de M. Baude.

J'avoue que j'ai peine à me rendre compte des véritables motifs qui ont pu déterminer son auteur à proposer à la chambre une telle mesure.

Penserait-il qu'elle est indispensable pour consolider le trône fondé en août ? Croirait-il aux bruits absurdes répandus depuis quelques jours, et d'après lesquels Louis-Philippe lui-même aurait l'intention de rendre au jeune Henri le trône de ses pères (3), et voudrait-il lui demander de nouvelles garanties contre un tel projet, en lui faisant

(1) Au lieu de *nationale*, lisez : *parisienne*.

(2) Comment le savez-vous ? Avez-vous fait un appel au peuple ?— Essayez.

(3) Si quelques Français avaient pu croire à ce bruit, ils doivent savoir maintenant combien ils se trompaient : le Roi Louis-Philippe lui-même a pris soin de déclarer que *les destinées de la France étaient à jamais séparées d'une dynastie exclue par la volonté nationale.*

sanctionner le bannissement de sa propre famille? Aurait-il la crainte que le peuple français, fatigué du malaise qu'il éprouve depuis la révolution de juillet et des malheurs qui peuvent en être la conséquence, ne pensât sérieusement un jour à rappeler la branche aînée des Bourbons; et voudrait-il mettre entre elle et lui une barrière insurmontable? (Murmures à gauche.)

Si telle est la pensée de M. Baude, je crois qu'il se trompe sur le résultat de la mesure par lui proposée, qui sera d'autant plus mal accueillie en France qu'elle donnera à la révolution de juillet un caractère de persécution, puisqu'elle tend, non-seulement à faire bannir à perpétuité Charles X et sa famille, mais encore à faire vendre forcément et contrairement aux art. 8 et 9 de la Charte de 1830, *tous leurs biens situés en France pour payer les dommages exigibles par suite des évènemens de juillet*, ce qui équivaut au rétablissement de la confiscation abolie par la Charte. Pourquoi recourir à ces mesures acerbes, lorsque, d'après les propres assertions de plusieurs ministres, elles sont entièrement inutiles? N'avez-vous pas entendu M. de Montalivet, alors ministre de l'intérieur, vous dire à cette tribune, le 17 février, que *ce qui distingue le parti carliste, c'est la faiblesse; qu'il est caduc et mourant?* M. Barthe, ministre de l'instruction publique, vous déclarer, le 18 février, *que le gouvernement ne craint point le parti carliste, qui n'a aucune racine en France?* M. Laffite, président du conseil, vous donner, le surlendemain 20, l'assurance que *les carlistes ne pouvaient rien entreprendre de sérieux, qu'ils étaient trop faibles?*

Ces déclarations des ministres prouvent l'inutilité des précautions excessives qui résulteraient de l'adoption de la proposition.

Si M. Baude est sincèrement attaché au trône élevé en août, pourquoi demander à Louis-Philippe et à son gouvernement, la sanction d'une mesure beaucoup plus fâcheuse pour eux que pour les princes malheureux contre lesquels elle paraît dirigée? Oui, Messieurs, je suis convaincu que cette mesure, qui semble combinée avec le projet d'association publié par les journaux, est dirigée contre le ministère actuel. (Dénégation.) Si maintenant j'envisage la question sous le rapport des avantages qui pourront en résulter dans l'intérêt de mon pays, je n'en vois aucun; puisque cette proposition, *sans but réel*, n'ajouterait rien, si elle était adoptée, à ce qui est aujourd'hui; mais ce que j'entrevois de douloureux et d'effrayant pour ma patrie, c'est que cette mesure, coïncidant avec l'association qui se forme à Paris, dans un but analogue, et lui donnant, pour ainsi dire, une sanction légale, ne devienne en France un ferment de discorde, en la divisant en deux camps ennemis, et n'amène au milieu de nous la guerre civile, le plus cruel de tous les fléaux, dont, tous, nous voulons préserver notre patrie.

Messieurs, lorsqu'au mois d'août dernier, mes amis et moi, faisant violence à des sentimens et à des regrets si chers à nos cœurs, nous avons cru devoir venir siéger dans cette enceinte (1) c'était dans l'espoir de pouvoir encore servir notre pays, et nous avons en conséquence appuyé franchement toutes les mesures utiles qui nous ont été proposées; mais aujourd'hui que nous sommes convaincus que celle dont il est question est fâcheuse pour notre patrie, nous trahirions le mandat que nous avons reçu de nos commettans en nous abstenant de la combattre.

Au reste, Messieurs, si je n'avais trouvé dans les considérations développées ci-dessus, des motifs suffisans pour déterminer ma conviction, n'en trouverais-je pas dans mes souvenirs, dans mes affections et dans ces sentimens généreux, toujours si bien appréciés en France?

Pourquoi irai-je gratuitement abreuver d'amertume la branche aînée d'une famille auguste, qui, depuis huit siècles qu'elle règne au milieu de nous, non sans gloire et sans honneur pour notre patrie, s'est acquis des droits imprescriptibles à notre reconnaissance, à nos respects et à notre amour? (Violens murmures à gauche.) Ces sentimens ne sauraient s'altérer chez moi.

Je suis convaincu qu'en exprimant ces sentimens, je ne serai désavoué par aucun de mes honorables amis. (Tout le côté droit donne son assentiment.)

Je vote contre la prise en considération.

M. Eusèbe Salverte répond à M. Blin de Bourdon et vote pour la prise en considération. Il trouve que ce n'est pas *persécution, mais que c'est justice que de bannir la branche aînée des Bourbons; qu'un exil éternel est à son égard presqu'une mesure d'humanité: c'est l'avertir du danger immense auquel elle n'échapperait pas si elle attaquait la France.*

M. de Francheville. Je viens m'opposer à la prise en considération de la proposition de notre honorable collègue M. Baude; les motifs dont il l'a appuyée ne m'ont pas plus convaincu de sa nécessité que de son opportunité.

Quelles sont donc les tentatives des partisans de la dynastie déchue qui peuvent justifier ses craintes?.... Sans doute, des regrets ont été exprimés; mais des regrets ne sont pas des complots, et les recherches illégales et vexatoires que le télégraphe a si légèrement et si arbitrairement prescrites ont prouvé jusqu'à l'évidence qu'il n'en existait pas. (Vives exclamations à gauche.)

Prétendrait-on par cette déclaration arrêter les rois coalisés dans des projets supposés de rétablissement de cette dynastie?.... (Nou-

(1) La France doit remercier les Députés qui ont *su faire violence à leurs sentimens et à leurs regrets.* S'ils n'avaient pas fait ce sacrifice, quelles voix se seraient élevées pour répondre à M. Baude, et pour défendre les plus augustes infortunes? Aujourd'hui, lequel de nous ne regrette qu'un plus grand nombre de leurs honorables amis n'aient pas comme eux *fait violence à leurs sentiemns et à leurs regrets!* le malheur aurait eu plus de défenseurs. Ceci ouvrira-t-il les yeux à ceux qui veulent se tenir à l'écart.?... Les élections vont venir!

velles interruptions.) Mais ils savent que les proscriptions dans un gouvernement sont toujours une indication de sa faiblesse ; ce n'est donc pas cette décision, mais les talens, le dévouement de nos généraux et les victoires de nos armées qui pourraient garantir la France d'une troisième invasion. (Cris à gauche. Plusieurs voix : Vous prêchez la croisade !)

A droite avec force : Ecoutez donc, Messieurs ; n'interrompez pas !

M. le président invite la chambre à garder le silence.

M. DE FRANCHEVILLE. Serait-ce les flots des passions populaires auxquels vous espéreriez ainsi fixer des limites ? Penseriez-vous rassurer par cet acte ce parti fort et puissant dont on redoute avec raison les énergiques résolutions, et qui, après s'être efforcé de vous déconsidérer dans l'opinion, tenta de vous chasser, par la violence, de cette enceinte, que la volonté du prince peut seule vous faire abandonner?

A gauche : Dites-donc du Roi.

M. *le Président.* De quel prince entendez-vous parler.

M. DE FRANCHEVILLE. Je ne puis entendre parler que du prince qui est sur le trône.

M. *le Président.* On ne doit parler du Roi autrement que par son titre constitutionnel, le Roi des Français.

M. DEMARÇAY. M. le président ; vous ne devez pas interrompre.

Voix à gauche : Parlez, parlez !

M. DE FRANCHEVILLE reprenant. Ce ne peut être une semblable mesure qui peut donner sur ce point quelque sécurité au gouvernement et à la France ; il n'en peut exister que dans la force du pouvoir et l'union de tous les citoyens amis de l'ordre et de leur pays.

Messieurs, dans une discussion aussi solennelle, il est du devoir de chacun de nous de dire ici toute sa pensée, et il est de celui de la Chambre d'entendre avec calme l'expression de toutes les opinions ; je la prie de me permettre d'ajouter encore quelques développemens à la mienne. (Voix nombreuses : Ecoutez ! écoutez !)

J'ai traversé cette révolution dont les phases furent si diverses ; je me rappelle ce que devinrent ces sermens du Jeu de Paume, cette fidélité qu'on promettait à ce roi-citoyen un instant enivré par la faveur populaire, dont le bonheur de la France fut le but de toutes les concessions, que les cachots seuls désabusèrent, et qui expia si cruellement le tort d'avoir cru que les bienfaits commandaient la reconnaissance et fixaient l'attachement des peuples. (Profonde sensation.)

J'ai été témoin de ces jours de douleur qui succédèrent à ces temps d'illusions et d'espérance, où la république grandissant dans le sang, s'appuyant sur des échafauds, se déclarait indivisible et impérissable !... Elle fit place à l'empire que fonda un grand homme, dont le génie et la puissante main enchaînèrent à la fois et les passions des hommes et les rois de l'Europe asservie... Il conduisit ses aigles conquérantes sur les points les plus éloignés... nos frontières dépassèrent le Rhin et la Vistule ; la Baltique et l'Adriatique devinrent les limites des pays soumis à sa puissance. Il voulait aussi éterniser sa grandeur ; mais abandonné par la fortune, fatiguée de tant de victoires, l'Europe à son tour lui dicta ses lois. (Nouvelle interruption à gauche.)

Ce fut alors qu'une dynastie proscrite vint s'interposer entre la France malheureuse et l'Europe irritée... Louis XVIII se présenta la Charte à la main, et nous apparut comme un libérateur... Accueilli avec enthousiasme, les libertés qu'il nous apportait, et dont nous sentions d'autant plus le prix que nous en jouissions réellement pour la première fois, lui promettaient un long règne, que la reconnaissance et l'amour des peuples semblaient lui garantir sans nuages..... Quelques mois après, il fuyait sur la route de Gand, et le géant qui avait brisé ses liens, menaçait, en ressaisissant ses armes, de devenir encore l'arbitre des destinées du monde.

Alors aussi la chambre qu'il convoqua crut devoir, dans un acte additionnel aux constitutions du pays, déclarer à jamais banni de la France le roi-législateur et sa famille... Quelle fut, Messieurs, l'influence de cette déclaration sur les évènemens? cent jours ne s'étaient pas écoulés, que l'illustre exilé nous replaça sous l'empire de cette Charte, qui pendant quinze ans resta la loi de la France.

Du rapide exposé que je viens de vous faire résulte l'incontestable vérité que des précautions de la nature de celles qu'on vous propose sont au moins inutiles... Vous n'avez plus que quelques jours d'existence ; cette décision qui ne serait, par le fait, qu'une insulte gratuite à la faiblesse et au malheur, terminerait mal vos travaux législatifs....

L'assemblée qui doit vous succéder est appelée, vous a-t-on dit, à de grandes destinées; elle doit déployer les talens de l'Assemblée constituante et l'énergie de la Convention (1). Laissez-lui l'initiative de ces mesures extraordinaires, si elle les croit propres à sauver le pays, et ne lui enviez point le triste privilège des lois d'exception et de proscription. (Sensation. M. Odillon-Barrot demande la parole.)

Messieurs, une nouvelle révolution s'est opérée, le pouvoir populaire a élevé sur le trône une nouvelle dynastie ; la branche aînée des Bourbons qui l'occupait a été proscrite et condamnée à l'exil....Aux jours de sa prospérité mon dévouement ne fut jamais servile ; aux jours de son adversité je n'insulterai point à son infortune.

Soumis comme citoyen aux lois de mon pays, mais comme député portant dans mon vote l'indépendance consciencieuse de l'homme de bien, je sens qu'il ne m'appartient pas d'arrêter le temps dans sa marche et de prescrire des lois à l'avenir. (Agitation à gauche.)

Je vote contre la prise en considération.

M. Odillon-Barrot répond à M. de Francheville pour un fait personnel et explique ce qu'il a voulu dire en rappelant l'*énergie* de la Convention. Il ne la veut que pour repousser l'étranger s'il venait

(1) Paroles échappées à la *naïveté* de M. Odillon-Barrot.

à attaquer la France, il n'en veut pas pour rétablir les échafauds de 93. Il vote pour la proposition de son honorable ami M. Baude.

M. D'ESCAYRAC-LAUTURE a la parole. (Mouvement d'attention.)

Messieurs, dit l'honorable membre, la proposition qui vous est faite présente deux points de vue : une question de situation personnelle et une question politique.

En ce qui concerne la situation des personnes, je demanderai si le but que l'on se propose, en obligeant la branche aînée des Bourbons à vendre ses propriétés dans un délai déterminé est utile et convenable? Je ne le crois pas. Il s'agirait, dit-on, de leur enlever toutes relations avec la France; mais quelles sont ces relations? Celles de simples propriétaires qui reçoivent ce qui peut à peine suffire à leur existence. (Bruyantes exclamations à gauche. M. le président rétablit le silence (1).

On ne veut certainement pas ajouter à la gêne qu'éprouvent sur une terre étrangère les descendans d'une longue suite de rois, et les condamner à vendre à vil prix les propriétés personnelles qui leur restent. (Nouvelle interruption à gauche.) Ce serait montrer des sentimens bien peu français que de conserver de la colère et de la haine après la victoire.

Une loi qui ordonnerait l'expulsion de la branche aînée des Bourbons, donnerait-elle une nouvelle force à l'état actuel des choses? J'avoue, Messieurs, que je ne puis le croire.

Si les Chambres concourent à des lois d'utilité générale, elles ne sauraient régler l'avenir, surtout dans une semblable question; et si j'en juge par tous les calculs déjoués depuis quarante ans, je dirai qu'il faut s'en remettre à la Providence, en faisant des vœux pour qu'elle ordonne toutes choses de la manière la plus conforme aux intérêts de notre pays.

Une proposition de cette nature, dans un moment où les partis se montrent si animés, pourrait avoir, non pour motif assurément, mais pour résultat, d'exaspérer ceux que l'on désigne sous le nom de carlistes (Exclamations.), de les pousser peut-être à quelques excès, et de favoriser ainsi les projets des républicains. (Nouvelle interruption.—Voix nombreuses : C'est vrai! c'est vrai!) A toutes les époques une pareille proposition m'aurait paru personnellement peu convenable, et aujourd'hui elle se présente, à mes yeux, comme une véritable faute.

Nous désirons tous un pouvoir fort, la destruction de l'anarchie, la sécurité rendue à l'industrie et au commerce. Cherchons à réaliser ce vœu, et par conséquent repoussons une proposition qui serait un témoignage de colère, peut-être un signe de faiblesse, et surtout une sorte d'insulte au malheur. (Longue et turbulente agitation à gauche.)

M. DELESSERT. Messieurs, il est pénible de venir appuyer une

(1) Pourquoi ces bruyantes exclamations de ces messieurs de la gauche? ne savent-ils donc pas que le pain de l'exil est aussi cher que dur et amer!

proposition de cette espèce; mais l'intérêt du pays en fait une loi, et l'on ne doit jamais reculer devant son devoir. J'ai regretté autant que tout autre qu'on ait mis la France dans la nécessité d'expulser une famille qui a eu pour premier tort d'être revenue avec des baïonnettes étrangères, mais qui nous a donné, il est juste de le reconnaître, la paix et la tranquillité, et nous a fait jouir pendant plusieurs années d'un véritable gouvernement représentatif. (Murmures à l'extrême gauche.)

Mais un mauvais génie l'a entraînée à sa perte, et malgré tous les avertissemens; les fatales ordonnances de juillet ont prononcé le divorce entre elle et le pays d'une manière si violente et si sanguinaire, qu'il est devenu irrévocable.

Il ne doit exister aucune espèce d'incertitude à ce sujet. Il est dans l'intérêt de tous d'élever un mur d'airain, un mur insurmontable entre eux et nous. Toute espèce de transaction à ce sujet ne pourrait qu'amener des malheurs incalculables, en réveillant les espérances d'un parti très faible en lui-même, et qui ne peut devenir inquiétant que par nos fautes.

Les Français veulent l'ordre de choses actuel; ils ne veulent point le retour de la famille déchue; ils savent que si elle revenait en France ce ne serait malheureusement que pour nous apporter la guerre civile et peut-être le démembrement du pays. Ainsi la loi proposée, quelque rigoureuse qu'elle soit, me paraît indispensable, en y faisant, bien entendu, tous les changemens nécessaires pour éloigner tout ce qui pourrait avoir l'air d'une confiscation, idée que nous repousserons toujours de toutes nos forces.

Je vote pour la prise en considération de la proposition. (Très bien ! très bien !)

Observation. Ils ne sont point revenus avec les *baïonnettes étrangères*, il faut le répéter pour la millième fois; les étrangers ne pensaient nullement à nous rendre les Bourbons : mais les Bourbons sont accourus s'interposer entre les *baïonnettes étrangères* et leur patrie pour en empêcher le démembrement, pour arrêter les vengeances de l'Europe ameutée contre elle. Ce sont des Français, des Français seuls qui ont redemandé les fils de France. M. Delessert parle de *mur d'airain*, de *barrière insurmontable:* qu'il relise l'histoire des temps passés, et il sera convaincu qu'il n'y a aucun *mur d'airain* que ne renverse, *aucune barrière* que ne franchisse une volonté nationale légalement exprimée.

M. Bizien du Lézard monte à la tribune.

Voix à gauche : Parlez ! parlez !

Autres voix : Non, non; aux voix ! aux voix !

M. Bizien quitte la tribune.

M. Arthur de la Bourdonnaie l'y remplace.

M. Arthur de la Bourdonnaie. Je demande la parole contre la clôture, parce que la proposition soumise à la Chambre devant provoquer de sa part un jugement, il me semble qu'il est de sa justice, de sa dignité, d'entendre toutes les voix qui veulent s'élever en faveur de la défense. (Parlez ! parlez !)

Au surplus, je n'abuserai pas long-temps des momens de la chambre, et il me reste très peu de chose à ajouter à ce qui a été dit dans le cours de cette discussion ; mais il m'aurait été impossible de consentir à ne repousser que par un vote silencieux la proposition dont il s'agit. (Ecoutez !)

Je regrette cette proposition parce qu'elle me paraît injuste dans plusieurs de ses dispositions, inutile pour le présent, sans autorité pour l'avenir, et qu'elle n'aurait pour résultat que de faire supposer de la part de la France des sentimens de haine et de vengeance dont je suis convaincu qu'elle n'est pas animée. Et qu'on ne vienne pas dans cette occasion chercher à dénaturer mes sentimens et ceux de mes honorables amis ; ceux que j'exprime ici pourraient être professés par les opinions les plus opposées.

On a parlé du bannissement prononcé, en 1816, contre la famille de l'empereur Napoléon ; si dans cette discussion à laquelle a donné lieu cette proposition, quelques députés se fussent élevés pour la combattre, les eussiez-vous traités de rebelles et de conspirateurs ? Eh bien ! Messieurs, il s'en est rencontré, et non-seulement parmi les hommes qui lui devaient attachement et reconnaissance, mais encore dans les rangs opposés ; et on ne saurait oublier que, dans le comité secret du 15 novembre 1815, l'honorable M. Hyde de Neuville s'éleva avec la plus grande énergie contre la proposition du bannissement. (Voix à droite : C'est vrai !)

Certes, personne ne peut supposer que M. Hyde de Neuville eût voulu par là témoigner le désir de voir la famille de Napoléon remonter sur le trône de France ; mais cet honorable député vit dans cet acte inutile une œuvre de haine que répudiait son noble cœur. (Marques d'approbation à droite.) Ces sentimens qui l'animaient alors, sont, je n'en puis douter, partagés par une grande partie des membres de cette chambre et par un nombre immense de Français.

Pour moi, Messieurs, je ne puis voir dans cette mesure qu'une violence sans objet, dictée par la haine, par le désir du scandale, ou par un calcul étroit et trop peu élevé d'une politique mesquine et sans générosité : je ne saurais m'associer à de tels sentimens, et je vote contre la prise en considération de la proposition.

M. Baude demande la parole.

M. Bizien du Lézard se présente une seconde fois à la tribune.

Voix à gauche : Parlez ! parlez !

M. Chaix d'Estanges, vote pour la loi, tout en reconnaissant qu'elle est inutile ; car, ajoute-t-il, la haine et l'antipathie qui existe en France pour la famille proscrite, suffira toujours pour l'éloigner de la France. Cette haine ne date pas seulement des journées de juillet, elle est bien plus ancienne ; la glorieuse révolution n'a fait que la rajeunir et la raviver. (D'après cela nous sommes persuadés que M. Chaix d'Estanges n'a jamais fait aucun serment aux Bourbons.)

Après son discours, on demande de toutes parts à aller aux voix.

M. le comte de Lamézan réclame la parole (le silence se rétablit).

M. de Lamézan. Messieurs, dans un but de paix, et pour m'abstenir à la chambre de tout sujet irritant, j'ai gardé long-temps le silence et me suis résigné à entendre, sans y répondre, des récriminations souvent outrageantes, prodiguées à une cause que nombre d'entre vous, messieurs, avez long-temps servie, comme moi, avec dévouement et bonne foi.

Mon pays! mon pays! me suis-je dit en entrant dans cette chambre. Tel a été toujours mon premier mobile avant et durant la restauration; et comme député, tels sont plus particulièrement encore les devoirs que je me suis imposés.

Que nos opinions se taisent donc, si elles doivent être funestes à notre pays, et que nos regrets personnels se refoulent dans nos cœurs devant les exigences de la patrie.

Mais, messieurs, j'en ai la conviction profonde: nous servirions mal cette patrie en adoptant la proposition de M. Baude. Je ne rentrerai point dans les considérations supérieures qu'ont fait valoir plusieurs orateurs; mais je ferai remarquer à la chambre que, faute de temps, nous aurons voté, sans examen, près d'un milliard de dépenses, et qu'au moment de nous séparer, nous nous condamnons à la discussion pénible d'une loi superflue, dirigée contre qui? contre une grandeur qu'on proclame déchue, à ce point que, suivant l'expression insultante d'un de nos collègues, Charles X, pourrait sans danger pour la paix publique, chasser dans la forêt de Rambouillet. (Vives exclamations à gauche). Mais s'il en est ainsi, messieurs, pourquoi tant de précautions? Ne craignez-vous pas qu'elles manquent leur but et qu'elles ne fassent douter de votre force et des sentimens de la France? Non, non, pour être sauvée la France, attend d'autres mesures de son nouveau ministère, et celle-là blessera de nouveau les cœurs généreux et les citoyens *honorables* qu'il lui importerait de calmer. Je l'ai déja dit dans une autre occasion: magnanimité, générosité, tels sont les attributs de la force et d'un peuple civilisé, tel est le caractère que vous avez voulu donner à la révolution de juillet; et ce n'est en effet qu'aux nations sauvages qu'il appartient de crier vengeance, et toujours vengeance après la victoire. (Clameurs à gauche.) Je vote contre la prise en considération.

M. Bizien du Lézard reparaît à la tribune; un autre membre de la droite y reparaît en même temps. On crie à gauche: Parlez, parlez, M. Bizien du Lézard!

M. le Président. La chambre manque à l'ordre et à sa dignité, en demandant qu'un orateur parle, et en demandant la clôture lorsqu'un autre orateur paraît à la tribune. L'ordre dans lequel les orateurs sont entendus n'est pas une affaire de caprice et de goût, si la discussion continue, la parole n'est pas à M. Bizien du Lézard.

A gauche: M. Bizien du Lézard est inscrit.

M. le Président. M. Bizien du Lézard est inscrit le dernier.

M. Bizien du Lézard. Je demande la parole contre la clôture. Il est juste d'entendre encore quelques orateurs, et si la Chambre consent à m'entendre, je ne serai pas long.

Voix à gauche : La clôture! la clôture!

La clôture est mise aux voix et adoptée.

La Chambre consultée prend en considération la proposition de M. Baude. Elle sera renvoyée à l'examen préparatoire des bureaux, et soumise à l'examen d'une commission.

La séance est levée.

Après la séance du 17 mars, la Chambre ne s'occupa plus de l'importante question qui venait de l'agiter, jusqu'au 22 du même mois, jour où M. Girod (de l'Ain), rapporteur, vint faire connaître que la commission avait été, à l'unanimité, d'accord avec l'auteur de la proposition. Nous donnons textuellement son rapport.

Séance du 22 mars.

Messieurs, dit M. Girod (de l'Ain), le premier soin de votre commission devait être de bien déterminer la nature de la proposition qui vous est faite, et, à cet égard, nous nous sommes trouvés unanimement d'accord avec son auteur lui-même. Ce n'est point un jugement que vous êtes appelés à prononcer, il appartient désormais à l'histoire. Elle dira que les attentats ont légitimé l'insurrection du peuple français, quel fut son courage au combat, sa magnanimité dans la victoire. Ce n'est pas un acte de vengeance qui vous est demandé, il serait trop indigne de vous et de la nation que vous avez l'honneur de représenter. C'est une mesure de haute politique, d'autant plus importante et efficace, qu'elle n'est point dictée par la haine; qu'aucune passion n'y altérera le caractère de la révolution; qu'elle n'est que la sanction légitime et solennelle de faits accomplis dont il faut achever de régler les justes conséquences.

Le prince qui régnait naguère sur la France, et que la violation du pacte juré a précipité du trône, habite un pays voisin; ses descendans l'entourent; sa dynastie a conservé des partisans au milieu de nous, elle cherche au dehors des appuis. Sans doute la nécessité inexorable dissipera les illusions, détruira sans retour les vaines espérances, le moment de la résignation arrivera, mais le temps seul peut l'amener. En attendant, des intrigues, des machinations pourront s'ourdir, l'ambition, la cupidité leur prêteront secours, des sentimens généreux pourraient même s'y rallier dans leur égarement; déja ces prévisions se réalisent. La sûreté de l'Etat n'en sera certes pas compromise, mais il faut que son repos n'en soit pas troublé, et l'on doit dès à présent aviser aux moyens de le maintenir.

Le premier de ces moyens est d'interdire à perpétuité le territoire français à Charles X, à ses descendans, aux époux et épouses de ses descendans. A quel titre pourraient-ils résider parmi nous ? Et à supposer que nous n'eussions rien à redouter de leur présence, quelle sécurité pourrions-nous leur garantir ? Cette exclusion est un fait consommé par la volonté nationale irrévocable, auquel il ne s'agit que d'ajouter surabondamment l'autorité de la loi. Le bannissement vous est proposé. Mais bien que l'auteur de la proposition ait pu ne vouloir lui attribuer d'autre effet que celui de l'exclusion, par cela seul que le bannissement est une peine, et que l'application de dispositions pénales qui ne saurait résulter que d'un jugement, enlèverait à la mesure que nous discutons le caractère que vous devez vouloir lui imprimer, votre commission a cru convenable d'amender la proposition sur ce point.

Devions-nous attacher à l'exclusion la sanction d'une peine ? Nous ne l'avons pas jugé nécessaire. Si les personnes frappées de l'exclusion rentraient sur notre territoire sans intentions hostiles, ce qui est trop invraisemblable, il suffirait de les expulser, nous ne devons les souffrir dans aucune position ; si, au contraire, elles apparaissaient sur le territoire français pour y tramer des complots, ou si elles tentaient d'y pénétrer à main armée, elles subiraient les conséquences de leur témérité, les lois y ont pourvu.

Des considérations de même nature nous ont empêchés d'interdire par une disposition générale et sous de certaines peines, les communications que des Français pourraient avoir avec les personnes dont nous nous occupons. En effet, si dans ces communications il pouvait en être d'innocentes, sans danger pour l'Etat, il ne serait pas juste de les punir ; si elles peuvent être qualifiées d'intelligences coupables, les dispositions des lois existantes leur seront appliquées, et nous devons nous en rapporter à la surveillance sévère du gouvernement pour les réprimer.

Les personnes ainsi, et pour de tels motifs, exclues de notre territoire, ne pouvaient conserver la qualité de Français ; elles se trouvent d'ailleurs dans un cas analogue à celui qui est prévu par l'article 17 du Code civil, puisque l'espoir de retour ne peut leur être permis ; nous avons pensé que cet article devait leur être appliqué.

Cessant d'être Français, notre territoire leur demeurant interdit, ils devenaient incapables d'y acquérir des biens ou des revenus qu'ils n'auraient pu administrer par eux-mêmes et qu'il eût été dangereux de laisser régir par des agens qui auraient trop facilement couvert des manœuvres politiques du voile de cette gestion. On concevrait encore moins que des pensions pussent leur être accordées; les prohibitions que contient à cet égard la proposition nous ont paru justifiées, et nous les avons maintenues.

Quant aux biens que ces personnes possèdent actuellement en France, les dispositions de la Charte, les règles de cette justice qui doit dominer dans toutes les lois, en protègent la propriété et nous l'avons respectée. Mais il nous a paru que l'exercice de ce droit devait être soumis à de certaines conditions qu'exigeait la nature d'une partie d'entre eux et que réclamait la prudence.

Les biens auxquels Charles X n'a qu'un titre apparent, ceux qui pourront être reconnus définitivement lui appartenir sont d'origines diverses, dont les distinctions et les effets donnent lieu à des difficultés sérieuses. Le rapport qui vous a été fait sur la loi relative à la liquidation de l'ancienne liste civile vous a indiqué quelques-unes de ces difficultés. Il peut s'en élever d'autres, sur lesquelles il serait inutile d'arrêter maintenant votre attention, puisque nous ne vous en proposons pas la solution. En effet, Messieurs, il nous semble que ce n'est que lorsqu'on règlera cette liquidation qu'il conviendra de la débattre et de la décider. Il doit en être de même à l'égard du domaine de Chambord, qui, par les circonstances de sa donation et la forme de l'acceptation qui en a été faite par Charles X, rentre dans la même catégorie. Jusque-là les biens seront régis par l'administration de l'ancienne liste civile.

La propriété des biens appartenant aux autres personnes désignées dans l'article de la proposition n'est pas susceptible de semblables controverses, mais il devient indispensable qu'ils soient vendus par les propriétaires dans un délai qui sera ultérieurement déterminé. Les mêmes raisons qui ont fait déclarer ces personnes incapables d'acquérir en France, ne leur permettent plus d'y rien posséder.

Toutefois, nous nous sommes demandé s'il serait sage d'exiger cette vente dans un terme aussi rapproché que le porte la proposition, et de procurer immédiatement aux propriétaires les capitaux si considérables qu'elle produira. Nous ne l'avons pas pensé. On peut assez pressentir quel serait l'emploi de ces capitaux. Il convient donc d'éloigner l'époque de la vente et de prévenir les inconvéniens qui dans l'intervalle pourraient naître de l'administration de ces biens et de la perception de leurs revenus. Nous vous proposons en conséquence de suspendre la jouissance de la disposition de ces biens pendant une année et de décider qu'il sera ultérieurement statué sur les délais dans lesquels leurs propriétaires pourront en disposer et seront tenus de les aliéner. Jusque-là ces biens seront régis par l'administration des domaines.

Il nous restait à pourvoir à la conservation des revenus ; il fallait qu'ils demeurassent intacts jusqu'à leur remise aux propriétaires ou aux créanciers dont les droits seront reconnus par les tribunaux. Nous ne pouvions nous immiscer dans la discussion de ces droits, ni déterminer leur nature et leur étendue. Toutes les actions restent ouvertes, mais nous n'avons pas à les provoquer et elles ne sauraient être accueillies avant que d'être jugées. Ainsi, nous n'avons pu admettre que ces fonds seraient dès à présent affectés aux dommages qui seraient exigibles en raison des évènemens du mois de juillet 1830.

Nous avons pensé d'ailleurs que l'honneur du pays voulait que les victoires des journées de juillet ne reçussent que des indemnités nationales.

En conséquence nous avons estimé que les fonds dont il s'agit, devraient être déposés à la caisse des consignations pour être dans les cas prévus, remis aux ayant-droit, expression qui laisse entiers tous les droits divers.

Telles sont, Messieurs, les modifications que nous avons cru devoir apporter à la proposition qui vous est soumise, en vous demandant de les adopter.

Voici le texte de ces modifications :

Art. 1er. L'entrée du territoire français est interdite à perpétuité à Charles X, à ses descendans, aux époux et épouses de ses descendans.

L'art. 17 du Code civil, relatif à la perte de la qualité de Français leur est appliqué.

Art. 2. Ils ne pourront acquérir en France, à titre onéreux ou gratuit, aucun bien, y jouir d'aucunes rentes ou pensions.

La disposition des biens pouvant appartenir à Charles X, ainsi que celle des domaines de Chambord, seront réglées par la loi qui statuera sur la liquidation de l'ancienne liste civile. Jusque-là ils seront régis par l'administration de cette liste.

Art. 3. Les autres personnes désignées dans l'article 1er ne pourront jouir ni disposer d'aucun des biens qu'elles posséderaient actuellement en France, durant un an, à dater de la promulgation de la présente loi. Pendant ce temps, ces biens seront régis par l'administration des domaines de l'Etat.

Il sera ultérieurement statué sur les délais dans lesquels les propriétaires de ces biens pourront en disposer et seront tenus de les aliéner.

Art. 4. Les revenus des biens spécifiés dans les art. 2 et 3 seront déposés à la caisse des consignations, pour être ensuite, avec les intérêts en provenant, remis aux ayant-droit.

La Chambre ordonne l'impression et la distribution de ce rapport, et décide que la discussion s'ouvrira demain.

Séance du 23 mars.

M. Bizien du Lézard, qui avait demandé la parole dans la dernière séance, et qui n'avait pu l'obtenir, monte à la tribune et dit : Messieurs, j'ajouterai peu de mots à ce qui vous a été dit contre la proposition soumise à votre discussion. Je la crois inutile et contraire à la nouvelle Charte constitutionnelle. Si j'ai bien compris le discours de M. le président du conseil, il vous proposait d'adopter le 1er article et de rejeter le reste de la proposition comme contenant des dispositions qui feraient revivre la confiscation abolie par votre pacte fondamental. J'aurais désiré qu'il eût développé davantage sa pensée, et je l'en aurais prié si j'eusse pu obtenir la parole. La commission, par l'organe de son éloquent rapporteur, déclare surabondante la loi qui admettrait le premier article : c'est, je pense, en reconnaître suffisamment l'inutilité.

Quant à moi, Messieurs, je trouve tous les articles de cette proposition contraires au principe fondamental du gouvernement actuel, la souveraineté du peuple ; et je ne puis deviner quelle est la puissance qui pourrait imposer au peuple souverain une loi qu'il ne lui serait jamais permis d'abroger.

La branche aînée de la famille des Bourbons n'est plus en France, et ne pourra jamais y rentrer que par la volonté nationale, ou par la force des armes. (Murmures et rires.)

Or, je vous le demande, dans l'un et l'autre cas, à quoi peut servir la proposition qui vous est présentée? A rien ; son inutilité est donc évidente.

Messieurs, au temps où nous vivons, les lois inutiles font plus que jamais un mauvais effet. Les peuples ne veulent plus y voir que des mystifications.

A tort ou à raison, que n'a pas dit le monde entier de ces individus qu'on accusait de traiter secrètement avec Louis XVIII, tout en jurant l'acte additionnel aux constitutions de l'empire? (Bruits.)

Rien ne s'oublie aujourd'hui. Les almanachs.... royaux de la restauration, les listes civiles de Louis XVIII et de Charles X offrent un nombre infini de personnages payés par ces rois après avoir signé l'acte additionnel ou fait partie des fédérations ou autres associations qui avaient pour but l'exclusion éternelle de la maison de Bourbon.

Un grand nombre de places salariées par le Roi des Français ont été et sont tous les jours sollicitées et obtenues par des hommes qui ont juré son éternelle exclusion et même haine à la royauté.

Ne craignez-vous pas, Messieurs, par la loi inutile qui vous est proposée, de donner occasion aux personnes qui de toutes parts reprochent aux fonctionnaires publics tant d'arrestations injustes, tant d'illégales inquisitions, tant de poursuites vexatoires, d'achever de les déconsidérer, en les accusant de n'agir ainsi que pour irriter les Français contre le gouvernement actuel, et les porter à rappeler les habitans d'Holy-Rood, avec lesquels ces amateurs de places salariées avaient déja conclu un traité? (Agitation) Je vote contre la proposition et contre les amendemens.

M. DE VAUCELLES a la parole après M. Bizien du Lézard, il approuve la loi proposée comme une des conséquences des journées de juillet, il cherche à prouver que ce n'est point une loi de haine et de vengeance. La commission, dit-il, l'a prouvé en refusant d'employer le mot de *bannissement*. Il ajoute, « il y aurait eu une injustice ré« voltante à frapper d'une peine *infamante*, deux malheureux enfans « qui ne sont pas coupables du crime de leurs pères. Plaignons donc « les enfans du duc de Berri, condamnés si jeunes encore à un exil « perpétuel ; plaignons-les; mais ne négligeons aucune des pré« cautions dont la prudence doit s'armer contre eux. L'expérience « n'a jamais rien appris à cette famille: *la cérémonie de Saint-Ger« main l'Auxerrois*, les complots tentés dans les départemens de « l'Ouest, tout nous prouve que Charles X n'a pas renoncé à ses pro« jets insensés.... (1) »

M. DE BOIS-BERTRAND. Messieurs, une question dont la gravité, si elle pouvait être mise en doute, ne serait que trop démontrée par le recueillement qui régna dans cette enceinte quand on l'y souleva pour la première fois, vient encore occuper tristement les derniers jours de votre existence parlementaire. Nous pensions qu'elle serait renvoyée à une autre époque ; c'était, Messieurs, le vœu secret d'un grand nombre de consciences qui se sentent mal à l'aise quand on les met en présence de ces lois de rigueur que la postérité ne juge pas toujours comme la génération dont elles émanent.

Mais le rapport que nous n'attendions plus est venu hier nous surprendre au milieu de nos autres occupations; et, malgré l'article de votre règlement qui prescrit un délai de vingt-quatre heures au moins entre le moment de la discussion et le moment de la distribution, nous devons discuter aujourd'hui cette proposition si sérieuse, qui se rattache aux considérations les plus élevées de la législation politique.

Quelques heures pour la défense, Messieurs, c'est bien peu quand il s'agit d'ajouter l'anathème de la loi aux rigueurs dont la fortune

(1) On sait aujourd'hui ce qu'était cette cérémonie funèbre, la cour d'assises vient de nous l'apprendre; et quant aux complots de l'Ouest, demandez à M. de Montalivet le résultat de toutes les visites domiciliaires.

accable une famille que trois journées purent arracher du sein de la patrie, mais que les souvenirs et le respect de quarante générations accompagnent dans l'exil.

Cependant tout est calme autour de nous; cette famille ne fait point effort pour rentrer dans la capitale, les masses populaires ne poussent pas un nouveau cri de vengeance, elles ne demandent pas d'autres garanties que celles de la victoire; et vous-mêmes vous n'ignorez pas qu'en effet ces garanties sont les seules qui puissent avoir quelque réalité dans de semblables questions; vous n'aviez pas senti jusqu'à ce jour, et le gouvernement n'avait pas senti plus que vous, le besoin de jeter sur les débris de juillet un de ces actes stériles dont la force sait bien se passer, et dont elle ne s'avisa jamais de reconnaître l'autorité.

Quelle est donc la nécessité qui nous presse de faire ce que le pays ne demande pas, ce que le gouvernement ne propose pas, ce qu'une politique élevée ne conseille pas, ce que la raison et la générosité ne pourraient sanctionner sans se faire une sorte de violence? Il y a six mois, Messieurs, que vous eussiez rejeté cette mesure comme inutile; vous n'eussiez voulu y voir que l'imitation maladroite des résolutions irréfléchies d'une autre époque. Y a-t-il donc dans les temps que nous parcourons quelque chose d'entraînant, quelque chose de fatal, qui paralyse l'essor de l'esprit humain, et qui nous contraint à recommencer, malgré nous, cette vieille histoire des révolutions où les esprits ardens trouvent tant d'exemples à reproduire et les esprits sages tant d'erreurs à éviter?

Messieurs, vous ne l'avez pas oublié, la révolution de 1830 aspirait à d'autres destinées; elle voulait donner d'autres exemples au monde civilisé; elle voulait agrandir le domaine de la raison, commander le respect à tous les esprits généreux, soumettre ses adversaires eux-mêmes à force de grandeur et de magnanimité. Vous semble-t-il que la proposition qui vous est soumise soit empreinte de ce grand et noble caractère?

Messieurs, je ne saurais la discuter cette proposition, puisque le temps m'a manqué pour une tâche aussi sérieuse. Mais avant d'y donner votre adhésion, songez du moins à la route qu'elle devra parcourir avant d'être convertie en loi, à la sanction définitive qu'elle devra requérir, aux effets que cette sanction pourrait produire sur un grand nombre d'esprits, aux conséquences d'un refus qu'il ne nous est pas permis de considérer comme impossible sans nier la liberté de l'un des pouvoirs constitutionnels, et voyez s'il est bien démontré que la proposition soit conforme au génie de la révolution de 1830; voyez si elle porte en effet le caractère de la grandeur, de la générosité, de la dignité nationale.

On nous a dit qu'elle était la conséquence nécessaire du serment. Je répondrais avec plus de raison peut-être que, loin d'imposer de pareilles alternatives à celui qui reçut nos sermens, la fidélité devrait s'efforcer d'en garantir son trône. Mais quoi! lorsqu'au jour où le sol de la patrie tremblait sous l'effort de l'anarchie, nous vînmes engager notre foi, nous aurions contracté l'obligation de prononcer un anathême légal contre ceux qui, pendant quinze ans, avaient reçu nos services et nos hommages ! Messieurs, il y a dans cette enceinte de nobles cœurs qui, dans un temps plus reculé, s'étaient attachés à la fortune d'un grand homme. Eux aussi vinrent, après sa chute, prêter un autre serment; qu'ils nous disent s'ils auraient subi cette obligation que l'on prétendrait nous imposer ? Non, Messieurs, non; cette doctrine ne s'établirait pas dans la patrie adoptive de l'honneur.

Quant à moi, j'ai pu quelquefois offrir quelques consolations aux proscrits; mais, grace à Dieu, ma carrière législative s'accomplira sans que j'aie prononcé contre qui que ce soit cette terrible sentence de proscription que la nécessité la plus urgente peut seule arracher d'un cœur généreux. Je ne terminerai pas cette carrière en privant du titre de Français ceux à qui, malgré des engagemens que je sais respecter, j'ai le droit de payer, dans le malheur, un tribut qui ne porte préjudice à personne. (Marques d'approbation.)

M. Etienne succède à M. de Bois-Bertrand, et assure qu'un sentiment noble et patriotique a dicté à M. Baude sa proposition; il ajoute qu'il *n'insultera jamais au malheur, mais il a plus de larmes pour sa patrie que pour la famille déchue* qui a permis *la terreur de* 1815; il parle de *ses échafauds, de ses exécutions militaires, de Nîmes et de Colmar !* M. Isambert continue dans le même sens, et M. Salverte qui vient après lui appuie aussi la proposition; il termine ainsi : « *On veut* exclure la branche aînée des Bourbons, on ne veut pas la « punir; le bannissement ne saurait être une peine en rapport avec « les actes de juillet; s'il fallait prononcer une peine, ce serait la « mort. Nous ne voulons que constater un fait : c'est que nous avons « rompu avec la famille déchue.»

M. le général Lafond. Messieurs, le temps me semble venu où les gens de cœur, de conscience, doivent aborder cette tribune et voter tout haut. Je le ferai avec franchise et en peu de paroles.

Les honorables amis, dont je partage les principes politiques, n'ont jamais été les organes du parti dit de l'émigration ou de l'absolutisme, en adoptant la restauration, par le motif surtout qu'elle portait en elle des garanties d'ordre et de fixité. Nous l'avons servie loyalement, fidèlement, mais en nous opposant aux fautes qu'elle a commises. On nous a toujours vus les adversaires de l'exagération qui la poussait à sa perte.

Sans remonter au-delà du ministère qui succéda à celui du vertueux duc de Richelieu, nous l'avons appuyé tant qu'il resta dans la ligne constitutionnelle; mais on nous vit nous en éloigner, lorsque, par des lois captieuses, il essaya de détruire nos plus précieuses libertés; en renforçant l'opposition alors si réduite, nous amenâmes la dissolution de 1827, et par suite la formation du ministère de 1828, que nous avons soutenu de tout notre pouvoir. Beaucoup de monde en France regrette aujourd'hui avec nous que, par des attaques violentes, on ait donné des armes contre le ministère à ceux qui ne cherchaient qu'à jeter le pouvoir dans des voies extrêmes. Dès le 8 août, nous nous sommes séparés des hommes que cette triste époque appela à la tête des affaires du pays.

Si à l'occasion des votes d'une mémorable adresse quelques-uns d'entre nous ne furent pas de l'avis de la majorité, c'est qu'ils pensaient que des attaques moins directes et tout aussi sûres, pouvaient changer la face des affaires, sans pousser aux dernières violences le parti alors au pouvoir. Mais l'heure fatale avait sonné, le plus déplorable aveuglement déchira le pacte qui pouvait conserver le bonheur de nos enfans. Trois jours virent évanouir le rêve de notre vie, l'alliance de la légitimité et de la liberté.

Après cette catastrophe, dont nous n'avons été que les témoins, un vil égoïsme ne nous a pas dominés. Membres de cette Chambre, partisans de l'ordre, de la véritable liberté, nous avons compris que nous devions notre appui à tout ce qui pouvait garantir au pays les premiers biens de la civilisation. Français avant tout, nous avons fait taire nos affections, nous avons prêté serment au nouveau gouvernement, et, comme toujours, sans aucune arrière-pensée. Sans ambition d'aucune sorte, sans désir de faire parler de nous, nous avons presque toujours donné nos votes silencieux au pouvoir, dans l'unique but de le voir respecté et consolidé. (Très bien ! très bien !)

Vous pardonnerez ces explications, Messieurs, au vif désir de prouver que je ne suis animé d'aucune idée hostile. Je ne veux certainement pas susciter d'embarras au gouvernement, surtout depuis qu'il a fait entendre à cette tribune des paroles rassurantes pour les gens de bien. En m'opposant à la mesure proposée, je cède seulement aux inspirations de ma conscience et de ma raison. (Nouvelles marques d'approbation.)

C'est l'une et l'autre qui me disent qu'il y a non-seulement sévérité, mais injustice à ne parler de la restauration que pour rappeler uniquement des actes que d'ailleurs je ne veux pas défendre. Que dirait-on de l'histoire qui, taisant les immortelles gloires de l'empire, fatiguerait ses lecteurs des scènes de Vincennes et de la plaine de Grenelle?

Lorsqu'on dépeint en termes que je ne veux pas rappeler l'antipathie de la France pour la restauration, nous ne pouvons oublier que nous avons été les témoins des entrées populaires du 12 avril et du 3 mai, de celle de Charles X à son avènement, du voyage si récent de ce prince dans les provinces de l'est. Si on nous représente le cabinet des Tuileries se traînant sans gloire à la remorque des autres puissances, nous nous rappelons la guerre d'Espagne entreprise malgré l'Angleterre, alors dirigée par l'illustre Canning..... (Bruits divers, interruption.)

Voix à gauche : C'était pour obéir au congrès de Vérone.

M. Lafond. Tout le monde disait que nous étions alors sous la dépendance de l'Angleterre ; je dis seulement que nous avons fait la guerre d'Espagne malgré l'Angleterre elle même. (Tumulte à gauche.)

M. DE TRACY. Je demande la parole.

M. LAFOND, continuant son discours. Nous vous rappellerons la guerre d'Espagne entreprise malgré l'Angleterre, la bataille de Navarin, l'émancipation de la Grèce, enfin la prise d'Alger, évènemens mémorables presque tous en désaccord avec la politique étrangère.

On se demande alors s'il n'y aurait pas injustice à frapper inutilement par une loi spéciale une famille dont le passage aura laissé de telles traces, surtout si on ajoute que la France lui doit les seules années de bonheur matériel dont elle a pu jouir depuis un demi-siècle. (Voix à droite : c'est très vrai.) J'ai dit inutilement, Messieurs, et en effet, qui ne sait que rien ne prescrit contre la force qui déchire les lois, et contre la volonté nationale, qui est la première de toutes.

Un autre motif ne me permet pas de m'associer à la résolution proposée ; ma pensée me la présente comme une ouverture à d'autres lois de proscription. Je sais combien ce mot révolte toutes les ames honnêtes. Mais, Messieurs, il me serait facile de vous montrer par quelle gradation insensible on pourrait passer pour, de ce point de départ, arriver à des lois acerbes dont la proposition immédiate vous ferait tous reculer.

Messieurs, je n'ai pas la présomption de croire que mon opinion puisse influencer la majorité de cette chambre. J'ai voulu seulement prouver qu'avec des intentions droites et publiquement avouées, on pouvait repousser les mesures dont il s'agit. Mais il est un article sur lequel je me permettrai d'appeler votre attention, et que j'espère vous voir rejeter avec moi : c'est celui qui met sous le séquestre les propriétés acquises à titre onéreux, et sur lesquelles aucune controverse ne pourrait établir les droits de l'État. La saisie des revenus, sous un frivole prétexte, me paraît une véritable confiscation d'autant plus dure, qu'ordinairement sur la terre étrangère le malheur ne reçoit pas une hospitalité gratuite.

Je vote contre le projet de résolution.

M. DE BALZAC : Messieurs, la proposition qui vous est soumise est repoussée par nos lois, par nos mœurs, et par la charte de 1830.

Elle est contraire à nos lois, en ce qu'elle tend à créer des peines et des rigueurs inutiles pour un fait *accompli*, qui, par cela même qu'il appartient au passé, est placé hors de la sphère de la puissance législative.

Elle est contraire à nos mœurs, en ce qu'elle insulte au malheur ; sans égard pour le sexe et pour l'âge, elle confond dans la même proscription des femmes et des enfans dont l'infortune et la faiblesse auraient dû désarmer toutes les haines.

La Charte du 7 août protège toutes les propriétés. Si ce principe salutaire recevait la moindre atteinte, quel est le propriétaire en France qui ne s'alarmerait point de ce précédent, et qui pourrait jouir avec sécurité de l'héritage de ses pères? A-t-on bien apprécié les conséquences du principe funeste qu'on voudrait introduire dans notre législation, et tous les cœurs généreux ne seront-ils pas blessés par l'apparition du régime des confiscations? Laissons aux peuples barbares le triste privilège de se partager les dépouilles des vaincus, et gardons-nous d'ébranler la société jusque dans ses fondemens.

Mais, nous dira-t-on, Charles X et sa famille sont placés hors du droit commun. Oui, sans doute, lorsque le chef de la branche aînée de cette antique dynastie régnait sur la France, il était, lui et les princes de son sang, hors du droit commun; sa personne était inviolable, ses droits étaient à l'abri de toute atteinte. Mais la Charte du 7 août, en brisant son trône, a replacé Charles X et sa famille sous l'empire du droit commun. Il est Français, et à ce titre la loi doit le protéger, lui et les siens, à l'égal du moins de tous les autres Français.

Vous penserez donc avec moi, Messieurs, qu'il n'appartient pas au pouvoir législatif de faire la loi et de l'appliquer à des cas particuliers. Par quel étrange abus de la force voudrions-nous nous écarter de cette règle immuable? Serait-ce après avoir invoqué l'article 17 du Code civil, pour couvrir d'une apparente légalité une mesure exorbitante, que nous irions frapper des mineurs auxquels tous les droits sont réservés jusqu'à leur majorité? Non, Messieurs, nous ne foulerons pas aux pieds des droits garantis par les lois de tous les peuples civilisés; nous n'offrirons pas au monde le triste spectacle d'un grand peuple abdiquant sa dignité pour opprimer des principes malheureux et sans défense.

On peut se diviser sur des théories politiques; vouloir assurer le bonheur de son pays par des institutions que de bons esprits repoussent, que d'autres adoptent avec ardeur; mais les règles immuables de la justice doivent soumettre toutes les opinions dans cette enceinte. Vainement on invoque les nécessités de la politique; cette Chambre peut-elle avoir oublié que ces nécessités, telles qu'elle les a comprises, ont été satisfaites par la Charte du 7 août 1830? N'est-il pas évident que toute disposition tendant à remettre en question le sort de la branche aînée de la maison de Bourbon aurait pour effet inévitable d'ébranler le trône que cette Charte a fondé. D'autres voix ont fait entendre que la proposition était inutile et imprudente; elles ont conjuré la Chambre de ne pas adopter une mesure impuissante pour dominer l'avenir, et qui peut agiter le présent.

Que les amis de la dynastie y songent. Ce n'est pas à une époque où les idées de la jeunesse se portent avec enthousiasme vers les théories républicaines qu'il peut être utile de déconsidérer la royauté, de la dépouiller de ce prestige qui l'entoure, qui lui attire le respect des peuples qui rend l'obéissance plus douce et plus facile. Une grandeur déchue mérite des égards, et jamais la politique ne conseilla d'insulter au malheur.

Comment qualifier cette politique méticuleuse qui, pour conjurer des dangers auxquels elle ne croit pas, en ferait naître de réels?

Voudrait-elle donc imposer à toutes les conciences, étouffer la reconnaissance dans tous les cœurs, et donner à l'Europe le spectacle d'une nation puissante qui, après avoir invoqué les droits de la souveraineté, ne saurait en user que contre la vieillesse et l'enfance désarmées? Nous qui voulons que notre pays soit libre et indépendant, nous ne donnerons jamais notre assentiment à la proposition qui vous est soumise, et nous repousserons de tout notre pouvoir une mesure qui blesse sa dignité. Nous n'abaisserons pas l'orgueil national, jusqu'à souffrir qu'une famille qui a régné avec gloire pendant huit siècles sur la France soit réduite à mendier les secours de l'étranger.

Je vote contre la proposition.

M. Baude insiste pour l'adoption de sa proposition entièrement dénaturée par les amendemens de la commission. Il affirme qu'elle est dégagée de tout sentiment de haine et de vengeance. En vous la présentant, dit-il, j'ai voulu réduire un parti à l'inaction par le sentiment de son impuissance; j'ai voulu donner à notre politique intérieure une allure plus franche et plus ferme que nous voudrions voir aussi à notre politique extérieure; mais la commission, en reconnaissant cette nécessité, s'éloigne du but que je me suis proposé, en amendant quelques parties de ma proposition. L'orateur prévient ici qu'il répondra à la commission lors de la discussion des articles. Toutefois il demande la permission à la Chambre de justifier le reproche de confiscation fait à sa proposition. Ce n'est, dit-il, qu'une mesure qui assure les droits des créanciers de Charles X et les dommages-intérêts qu'il doit aux victimes de juillet.

M. le marquis Doria. Après ce qui a été si noblement exprimé par mes honorables amis, lors de la discussion sur la prise en considération de la proposition de l'honorable M. Baude, et ce que vous venez d'entendre, il me reste peu de choses à dire pour vous démontrer l'injustice, la violence et l'inutilité du projet de loi qui vous est soumis.

Il n'est pas même justifié par les circonstances où se trouve la France: la Chambre en avait jugé elle-même ainsi il n'y a pas long-temps; cette loi a d'ailleurs un caractère particulier. Vainement on cherche, en adoucissant les expressions, à écarter ce que cette mesure a de judiciaire; comment ne pas y reconnaître une condamnation portée, non-seulement contre le prince qui a signé les fatales ordonnances, mais encore contre tous les membres de sa famille, à qui vous ne pouvez faire d'autre reproche que leurs liens avec Charles X? Qu'est-ce donc que l'éloignement à tout jamais de la France, et l'interdiction de tous droits civils dans le pays? Certes, Messieurs, il est difficile de ne pas reconnaître les effets d'un jugement dans le projet de loi qui vous est soumis : ce motif seul suffirait pour me faire voter contre cette mesure.

Elle est encore entachée d'un autre vice : c'est que la confiscation y est déguisée sous le sequestre. J'aime à croire que telle n'est pas la pensée des membres de votre commission; mais comment ne pas la redouter, lorsque le souvenir de notre première révolution nous montre le sequestre précédant toujours la confiscation ? L'Assemblée législative ne frappa que des sequestres ; la Convention confisqua!

A une époque bien plus rapprochée de nous, on chercha aussi, sous le nom d'indemnités, à atteindre la fortune de ceux qu'on accusait alors d'avoir contribué au retour de l'homme extraordinaire qui avait gouverné avec une vigueur inconnue avant lui en France; une discussion s'engagea dans la Chambre de 1815 à cet égard : que firent les ministres de Louis XVIII ? Ils vinrent déclarer, en son nom, que le principe de l'abolition de la confiscation était sacré, et ils s'opposèrent avec force à l'adoption de tout amendement qui le détruirait; la majorité de la Chambre fit triompher cette doctrine. Ne protégera-t-elle plus les débris de la fortune de ceux à qui la Fance a dû cette législation ? Il appartient à vous de prononcer.

Mais, nous dit-on, c'est un acte de haute politique; on va plus loin, et l'on représente l'adhésion qui nous est demandée comme une conséquence du serment que nous avons prêté en venant siéger au milieu de vous?

Nous n'avons pas, Messieurs, dissimulé les sentimens qui nous avaient animés lorsque nous nous sommes présentés dans cette enceinte, et les regrets que nous donnions à l'une des plus grandes catastrophes dont l'histoire puisse garder le souvenir.

Mais considérant la situation de notre pays, les malheurs dont il était menacé; nous rappelant les maux causés à la France par l'anarchie, dont le souvenir effrayant vit en caractères sanglans et ineffaçables dans la mémoire d'un si grand nombre d'entre nous, nous n'hésitâmes point à venir dans cette Chambre promettre obéissance au nouveau pacte constitutionnel, et appui à un pouvoir qui prenait pour mot de ralliement : *Ordre public et liberté pour tous.*

Ces engagemens, nous les avons remplis avec franchise et loyauté : j'ai appuyé toutes les mesures propres à atteindre ce grand but de l'ordre social.

A cet égard, c'est à la Chambre entière, dont nous avons partagé les nombreux et importans travaux, que nous nous en rapportons.

Elle sait que nos votes ont défendu la société contre les essais hasardeux proposés par les hommes impatiens de réaliser toutes leurs théories patriotiques.

Travailler à assurer le repos et la liberté de la France fut notre commun désir à tous : c'est l'accomplissement de ce devoir qui nous amena au milieu de vous.

C'est celui que nous remplirons toujours; mais nous ne croirons pas y manquer en nous opposant à une mesure qui n'est que de la haine contre des grandeurs abattues, et de la défiance contre un pouvoir brisé en un instant sur trois têtes; mesure qui n'a pas même le caractère d'une politique forte et prévoyante.

Interrogez, Messieurs, vos souvenirs depuis 40 ans : de pareilles précautions ont-elles retardé, prévenu les étonnantes vicissitudes dont notre époque a fourni tant d'éclatans exemples? A quoi ont servi, je vous le demande, toutes ces proscriptions contre des pouvoirs renversés? Je veux vous en épargner la pénible énumération.

N'ont-elles pas trop souvent fourni des armes à l'oppression, favorisé les divisions intérieures au lieu d'être un moyen de force et de durée pour les gouvernemens qui les avaient invoquées? C'est ce qu'en ont pensé, en général, les hommes éclairés et généreux à toutes les époques; ils les ont regardées au moins comme inutiles.

Ce n'est point sur de pareils actes que les gouvernemens vraiment forts s'appuient : ils savent qu'il n'est donné à aucune puissance d'enchaîner l'avenir, et c'est à la sagesse des institutions, aux maximes de justice qu'elles consacrent et au bien-être social qu'elles procurent à tous, qu'il appartient désormais de fonder solidement l'autorité en France. Le projet qui vous est proposé ne me paraît pas de nature à atteindre ce but; il a de plus une empreinte de colère contre de grandes infortunes, qui n'est pas digne du nom français, et que je ne saurais partager. Je vote contre le projet.

M. de Tracy succède à la tribune à M. Doria, il trouve la loi proposée tout-à-fait inutile. Pour tenir les Bourbons éloignés de la France, l'antipathie nationale, dit-il, est suffisante. Il ne veut reconnaître aucune espèce de gloire à la restauration; selon lui la guerre d'Espagne était impie, celle de Morée commandée au pouvoir par la nation; celle d'Afrique, pour exercer nos soldats, et le roi ne les envoyait cueillir des lauriers à Alger que pour les faire revenir ensuite asservir la France.

De toutes parts : Aux voix, aux voix.

M. de Rauzan monte à la tribune.

A gauche : Parlez! parlez!

Autres voix : Non! non! non! la clôture. M. de Rauzan renonce à la parole; mais voici son discours.

M. LE DUC DE RAUZAN. Messieurs, il y a quelques jours que je suis monté à cette tribune pour m'opposer à la prise en considération de la proposition dont le rapport vous occupe aujourd'hui. Elle ne me paraissait honorable, ni pour la Chambre, ni pour mon pays; elle me paraissait, d'un autre côté, propre à aigrir les esprits, dans un temps où il serait si désirable de les calmer. Je dois rendre à la commission la justice de dire qu'elle a écarté de la proposition une partie des clauses qui devaient la faire rejeter; mais, Messieurs, la loi, telle qu'elle est sortie de ses mains, me paraît encore devoir être rejetée, et, quelle qu'elle fût, je la repousserais également; ce n'est pas au nom des intérêts des princes qu'elle poursuit dans l'exil; ces princes, s'ils reviennent en France, n'y reviendront qu'à la suite de quelques-uns de ces évènemens puissans, devant lesquels les lois se taisent; c'est au nom de l'honneur de la Chambre, que je l'engage à ne pas prendre une mesure pareille contre une grande infortune. Ces mesures, Messieurs, paraissent toujours odieuses; et quand les premières agitations des esprits sont calmées, le souvenir en pèse sur une nation comme celui d'une insulte au malheur.

D'ailleurs, sans vouloir, ce qui serait peu convenable, interpréter les intentions de l'auteur de la proposition, ne peut-on pas craindre qu'il ne se trouve dans cette loi le germe d'autres lois applicables aux particuliers, qui rappelleraient des temps de funeste mémoire?

En fait de justice, Messieurs, tout ce qui est loi d'exception me semble sinistre; et combien plus, quand l'inutilité évidente de la loi donne lieu de lui soupçonner un autre but que celui qu'elle paraît destinée à atteindre.

Je vote contre le projet.

Avant de descendre de la tribune, permettez-moi de relever l'erreur dans laquelle est tombé un de nos collègues qui a parlé avant moi. Il a fait allusion à une pièce du congrès de Vérone, apparemment sur la foi d'un article de journal que je regarde comme entièrement controuvé. (Gazette de France.)

La Chambre passe à la discussion des articles.

Art. 1er de la proposition de M. Baude : « L'ex-Roi Charles X, ses descendans, et les époux et épouses de ses descendans, sont bannis à perpétuité du territoire français, et ne pourront y acquérir, à titre onéreux ou gratuit, aucun bien, y jouir d'aucune rente ou pension. »

Cet article est amendé par la commission de la manière suivante :

Art. 1er. « L'entrée du territoire français est interdite à perpétuité à Charles X, à ses descendans, aux époux et épouses de ses descendans.

« L'article 17 du Code civil relatif à la perte de la qualité de Français leur est applicable.

« Ils ne pourront acquérir, en France, à titre onéreux ou gratuit, aucuns biens, y jouir d'aucune rente ou pension. »

M. Marschall propose d'ajouter à la fin de cet article ces mots :

« Sous les peines portées en l'article 91 du Code pénal (la mort.) »

M. Marschall développe son amendement dans un long discours qui n'est pas écouté.

M. de Lézardière. Je plains l'auteur de la proposition, qui veut appliquer la peine de mort à Charles X et à ses descendans. La peine de mort pour le présent et pour l'avenir (rire général) appliquée à des femmes et à un enfant de dix ans me paraît étrange (une voix : dites atroce!); je doute qu'il fasse passer sa conviction dans l'esprit d'une Chambre française. (De toutes parts : Non! non! non!) Il me semble que le préopinant aurait pu se rappeler avec quelle unanimité cette Chambre accueillit, il y a quelque temps, une proposition sur l'abolition de la peine de mort, il aurait dû se rappeler que l'un des membres qui siège au côté de cette chambre dont il partage les opinions, poursuivit avec persévérance l'abolition de cette peine capitale.

On a souvent adressé à mes honorables amis et à moi le reproche de rétrograder ; aujourd'hui la partie serait belle pour renvoyer ce reproche au préopinant ; car il rétrograde de trente-huit ans. La révolution de juillet n'a point été tachée de sang, la Chambre ne voudra pas en souiller ses lois. (Adhésion générale.)

M. Girod (de l'Ain), rapporteur, insiste pour l'adoption de l'amendement de la commission. Il vote contre l'amendement de M. Marschall.

M. Marschall. Je ferai observer à la Chambre que mon amendement est textuellement copié dans la loi du 12 janvier 1816, qui prononça, sous peine de mort, l'exclusion de la famille de Napoléon.

L'amendement de M. Marschall est rejeté. (Vives réclamations à gauche, et particulièrement sur les bancs où siègent les anciens généraux et fonctionnaires de l'empire.)

M. le général Lamarque. Alors il faut rapporter la loi du 12 janvier 1816.

M. le général Bonnemain. Il faut rapporter la loi de 1816.

M. le général Thiars. Il faut rapporter la loi de 1816.

M. de Rambuteau. Il faut rapporter la loi de 1816.

MM. les généraux Minot, Delort, Rémont, Laguette-Mornay. Il faut rapporter la loi de 1816.

M. le colonel de Briqueville courant à la tribune : Il faut rapporter la loi de 1816.

Une voix au sein du tumulte : C'est cela, le duc de Reichstadt pourra venir chasser dans la forêt de Rambouillet.

M. Barthe, garde-des-sceaux, se lève et demande la parole. On remarque que M. le président du conseil lui parle avec vivacité. M. le garde-des-sceaux reste à sa place.

M. de Briqueville. Je pense que la Chambre, puisqu'elle permet aux Bourbons de revenir... (Exclamation à gauche.) puisqu'elle ne défend pas sous peine de mort aux Bourbons de revenir, reprend l'orateur, on fera disparaître de la loi de 1816 l'article 91 du code pénal qui menace les membres de la famille Napoléon. (Vive et longue agitation.)

Quelques voix : C'est une proposition nouvelle qui doit, comme toutes les propositions, suivre la filière du règlement.

Autres voix : C'est un amendement.

M. de Schonen. Personne ne répond plus que moi du fond du cœur aux belles paroles par lesquelles M. de Lézardière a terminé son discours. Je ne veux, pas plus que lui que les lois soient empreintes de sang humain. J'applaudis de grand cœur aussi à l'abrogation proposée de l'article 4 de la loi de janvier 1816. Ce sera à mon avis une bien tardive justice rendue à la mémoire du plus grand homme qu'ait vu la France ; mais je ne puis voter en ce moment en faveur de l'amendement qui vous est proposé. C'est une proposition nouvelle qui ne peut être adoptée sans avoir été communiquée aux bureaux, conformément au règlement.

M. GAETAN MURAT. Je vais déposer une proposition.

M. DE BRIQUEVILLE. Je vais déposer une proposition.

Autres voix : Je vais déposer une proposition.

M. le garde-des-sceaux se lève une seconde fois et demande la parole. M. Casimir Périer lui adresse quelques paroles, et M. Barthe se rassied encore.

(Pendant ce temps, M. Murat a gagné M. de Briqueville de vitesse et est arrivé au bureau où il dépose une proposition. M. de Briqueville arrive avec la sienne et insiste pour qu'elle soit admise. M. le président lui fait observer qu'il est trop tard.)

La Chambre rejette l'amendement de la commission et adopte l'article premier de la proposition de M. Baude, avec la substitution du mot *exclus* au mot *bannis*.

MM. Isambert et Baude retirent un amendement additionnel par eux proposé et ainsi conçu :

Les dispositions de l'article 4 de la loi du 12 janvier 1816, relativement à l'application de l'art. 91 du code pénal aux membres de la famille de Napoléon sont rapportées.

Art. 2. De la proposition de M. Baude. Les personnes désignées dans l'article précédent, sont tenues de vendre dans les six mois, à dater de la promulgation de la présente loi, tous les biens sans exception qu'elles possèdent en France.

A cet article la commission a proposé l'amendement suivant :

« Art. 2. La disposition des biens pouvant appartenir à Charles X, ainsi que celle du domaine de Chambord, seront réglées par la loi qui statuera sur la liquidation de l'ancienne liste civile ; jusque-là, ils seront régis par l'administration de cette liste civile. »

M. le président du conseil des ministres demande la parole. Lorsque, dit-il, dans une de vos dernières séances le ministère est venu à cette tribune faire une déclaration franche, en s'associant à la mesure qui vous est proposée, il a déclaré toutefois qu'il ne consentirait à aucune mesure qui aurait pour effet de porter atteinte au pacte fondamental, à la Charte, qui a aboli à jamais la confiscation. Nous préférons l'article de M. Baude à l'article proposé par la commission, parce qu'il laisse intacte la question, et que de même qu'on a dit qu'il fallait conserver pure de sang la révolution de juillet, nous devons dire qu'il faut bien se garder de porter atteinte à notre pacte fondamental.

Faisons attention, Messieurs, aux circonstances graves dans lesquelles nous nous trouvons ; prenez garde qu'une fois cette porte ouverte aux partis, ils ne passent à une autre. Je livre ces réflexions à la Chambre dans cette grave discussion. (Chuchottemens à gauche.)

M. de Schonen. Nous sommes appelés en ce moment à statuer sur des questions qui me semblent présenter les plus sérieuses difficultés. J'examine ce qui a rapport à Charles X.

C'est une très grave question de savoir si Charles X, en vertu de la loi de novembre 1814 qui régla la liste civile, a encore des biens dans l'état où il se trouve. Vous savez que la liste civile se composait d'une dotation annuelle, d'un domaine de la couronne inaliénable et d'un domaine privé. Par différentes dispositions de la loi de 1814, le prince qui arrivait à la couronne perdait par son avènement la propriété de ses biens, et quand il mourait, les biens particuliers qu'il avait acquis pendant sa royauté, n'appartenaient pas à ses héritiers : ils appartenaient à l'héritier de son sceptre comme dotation de la couronne. Ainsi donc, il y a ici une question infiniment grave, une question toute politique, de haute politique, et qui semble résolue par cet article de la charte qui dit que la liste civile sera votée pour toute la durée du règne. Il y a là question politique de savoir si la déchéance n'a pas à l'égard du Roi l'effet de la mort.

Quant au domaine de Chambord, il a été donné à l'héritier présumé du trône par une souscription (1) prétendue nationale, et dont nous connaissons les ressorts et le mobile. Comment a-t-il été donné? Pour former son apanage.... (A droite : Non, non.) Ces termes, reprend M. de Schonen, se trouvaient dans l'acte original qui existe dans les archives de la liste civile ; mais comme on a voulu que le don fût entier, on a rayé la condition. C'est dans cet état qu'il a été offert. Charles X a accepté le domaine de Chambord comme apanage. C'est un bien apanagiste, et en vertu des lois anciennes qui règlent cette nature de biens, ils cessent d'appartenir au prince apanagé quand il perd son droit à la couronne.

L'orateur termine en appuyant l'amendement de la commission, en y substituant : Ils seront régis par l'administration de cette liste civile.

M. le président du conseil des ministres. Nous sommes venus à la tribune pour empêcher qu'un principe qui pourrait consacrer la confiscation dans nos lois, ne fût inséré dans celle que nous discutons. Il n'y a aucun dissentiment entre l'honorable préopinant et moi sur cette question ; mais nous n'avons présumé nuire à aucun droit résultant de la position antérieure des biens dont il est question. Nous avons simplement voulu dire que cette loi étant un acte politique ne pouvait pas contenir des dispositions de ce genre.

Nous persistons à appuyer l'article proposé par M. Baude.

M. Duvergier de Hauranne croit devoir, en sa qualité de commissaire de la liste civile, appuyer les observations de M. de Schonen. Il fait observer en fait qu'il existe dans les musées pour trois millions

(1) Que M. de Schonen n'ait pas souscrit pour faire hommage du domaine de Chambord à l'enfant qui venait de naître à la France, je le conçois, mais qu'il regarde que cette souscription n'est pas nationale parce qu'il n'y a pas pris part, c'est trop fort.

d'objets d'art achetés par Charles X, sur lesquels on pourrait élever des prétentions. La question ne saurait être aussi légèrement décidée par un amendement.

M. Montalivet. Je crois devoir répondre quelques mots à mon ancien collègue de la liquidation de la liste civile. Il y a sans doute quelque chose qui n'est pas encore résolu, quant au domaine de Chambord, quant aux dix mille hectares de bois appartenant à Charles X; mais ces choses sont du domaine des tribunaux établis, ou du Conseil d'Etat. Ces droits resteront parfaitement entiers. Que dit l'article de M. Baude? Il dit que l'ex-Roi et sa famille vendront les biens qu'ils possèdent en France. Qu'en résultera-t-il? C'est qu'au moment de la vente, il s'agira de prouver la propriété. Les contestations qui s'élèveront alors seront jugées par les juges compétens.

M. Blin de Bourdon. Je viens m'opposer aux dispositions de l'article 2 qui établissent un véritable séquestre, lequel a l'apparence de confiscation, et je partage sur ce point l'opinion émise par le président du conseil. Quant au domaine de Chambord, M. de Schonen est tombé dans une grave erreur, en soutenant qu'on devait le considérer comme un apanage.

Non, Messieurs, le domaine de Chambord n'a jamais été érigé en apanage; je puis le certifier et le prouver par des pièces officielles que je vais communiquer à la Chambre. (Interruption. Non, non; ce n'est pas là la question.)

Puisque la Chambre ne veut pas que je lui donne les preuves de ce que j'avance, je m'en abstiendrai; mais avant de descendre de la tribune, je crois devoir demander formellement que les biens de Charles X et le domaine de Chambord, appartenant à titre de propriété privée au jeune et malheureux prince que des circonstances inouïes et auxquelles il était entièrement étranger, ont jeté sur la terre d'exil, leur soient laissés sans être mis sous le séquestre, comme le propose la commission.

M. Girod (de l'Ain) combat l'amendement de M. Schonen. M. de Schonen le retire, M. Thill s'en empare et le reproduit.

M. Thill reproduit les observations de M. Schonen. Il profite de la circonstance pour répondre aux reproches, qu'il qualifie d'inconsidérés, qui lui ont été adressés comme rapporteur de la loi sur les pensions de la liste civile. Si la commission dont j'avais l'honneur d'être rapporteur, dit-il, avait su que la session dût se prolonger aussi long-temps, elle ne vous aurait pas proposé, ainsi qu'elle l'a fait, l'adoption de quelques articles provisoires, elle aurait examiné, approfondi toute la loi. Ce n'est pas notre faute si nous n'avons proposé à la Chambre qu'une mesure provisoire qui ne statue rien de définitif. Il faut qu'il soit bien connu et proclamé que la Chambre ne mérite à cet égard aucune espèce de reproche et qu'elle était prête à prononcer sur toutes les questions importantes de l'ancienne liste civile.

M. le garde des sceaux. La loi qui vous est proposée doit contenir deux dispositions : l'une sur les personnes, l'autre sur les biens. Quant aux personnes, vous venez de proclamer une seconde fois l'exclusion perpétuelle de la dynastie déchue. C'est le principe du gouvernement que nous avons fondé et que nous avons juré de défendre.

L'autre disposition est relative aux biens. La Charte a proclamé en principe que désormais il n'y aurait plus de confiscation. Ce principe ne comporte ni sentimens d'affection, ni sentimens de haine ; c'est un principe absolu. Cependant, en même temps qu'on proclame l'exclusion perpétuelle d'une famille, le principe d'une propriété perpétuelle de cette famille en France ne saurait être maintenu. Il y a donc nécessité d'indiquer dans quel délai les propriétés pourront être vendues.

Mais, dit-on, il y a des propriétés contestables. Ce n'est pas là une question de jurisprudence qui vous est soumise. Vous n'êtes pas compétens pour juger. La Chambre ne peut entrer dans les questions de détails.

M. de Schonen ajoute quelques observations.

MM. Dupin aîné, Thiers et Blin de Bourdon demandent en même temps la parole.

M. Thiers pose en fait que Charles X et sa famille ont des biens dont on ne peut leur contester la propriété. Ces biens, il doit être forcé à les vendre, à moins qu'une loi ne les lui enlève. Ce que, dit l'orateur, la loi pourrait très bien faire sans confiscation. (Vive interruption, réclamations nombreuses.) Oui, Messieurs, reprend M. Thiers, je crois qu'il n'y aurait pas de confiscation à l'égard de la maison de Bourbon, parce qu'elle est hors du droit commun. (Nouvelles interruptions.) Si la famille de Charles X n'était pas hors du droit commun, on ne pourrait l'exclure du territoire. Si elle est hors du droit commun, (Nouvelles interruptions.) quant à sa liberté individuelle, elle peut y être quant à ses propriétés.

L'orateur vote pour la proposition et contre l'amendement de la commission.

M. Duvergier de Hauranne monte à la tribune. (Aux voix ! aux voix ! aux voix !)

M. Blin de Bourdon. Je crois devoir m'opposer à la clôture, parce que la question ne me paraît pas encore complètement discutée. (Parlez ! parlez !) M. Thill a proposé de confier l'administration des biens privés de Charles X et le domaine de Chambord à l'administration des domaines de l'Etat, attendu que celle de la liste civile semble maintenant n'exister que de nom.

M. de Schonen a pensé au contraire qu'il valait mieux que ces biens fussent réunis à la liste civile, comme le propose la commission.

Quant à moi, Messieurs, je suis d'avis de ne la confier ni à l'une ni à l'autre, attendu que ce serait un véritable séquestre, et je demande que ces biens soient régis par les personnes que les princes propriétaires ont chargées ou chargeront de ce soin. En conséquence, je propose un amendement qui consisterait à supprimer les derniers mots de l'article 2, c'est-à-dire ceux-ci :

Jusque-là ils seront régis par l'administration de cette liste.

Voix nombreuses : La clôture !

M. Dupin aîné demande la parole. (Parlez ! parlez !) Vous faites, dit l'orateur, une loi politique. Il ne s'agit ni de jugement ni de décision administrative. C'est, si je puis m'exprimer ainsi, une séparation de corps et de biens que vous voulez consacrer. Ce qui touche les personnes est voté : pour ce qui regarde les biens, je suis d'avis d'adopter l'article de M. Baude. Pourquoi ? parce qu'il finit la question pour les biens. Les biens seront vendus. Le prix en sera touché par les propriétaires. En cas de négligence de leur part, le gouvernement ne s'emparera pas de ces biens, il les fera vendre. Il en laissera le prix à la caisse des dépôts et consignations à la disposition des propriétaires.

L'amendement de la commission, au contraire, ne décide pas la question : il ajourne tout. Il ne faut pas plus long-temps que la famille de Charles X, sous prétexte d'avoir en France des personnes pour gérer ses biens, ait des prête-noms politiques. J'appuie la proposition de M. Baude.

M. le président. Plusieurs amendemens ont été présentés par MM. Amilhau, Revelières, etc.

Voix nombreuses : A demain ! à demain !

La discussion est renvoyée à demain.

La séance est levée.

Séance du 24 mars.

L'ordre du jour est la suite de la délibération sur la proposition de M. Baude.

La discussion s'est arrêtée hier sur l'art. 2 de cette proposition et sur l'amendement de la commission, ainsi conçus :

Art. 2, amendé par la commission : « La disposition des biens pouvant appartenir à Charles X, ainsi que celle du domaine de Chambord, seront réglées par la loi qui statuera sur la liquidation de l'ancienne liste civile ; jusque-là ils seront régis par l'administration de cette liste. »

Huit à dix amendemens ont été proposés sur cet article ; plusieurs propositions sont encore déposées sur le bureau.

M. Salverte, sans s'occuper des amendemens, examine la question sous le point de vue politique.

Pouvez-vous, dit-il, remettre à la famille déchue des Bourbons le prix des biens qui leur appartiendraient ? Pour résoudre cette question, il suffit de jeter les yeux sur votre position extérieure : malgré toutes les promesses de paix qui nous ont été faites, je ne puis voir sans inquiétude le grand mouvement des troupes prussiennes dans les provinces rhénanes. Le prix de la vente des bois sera très considérable : il pourra, d'après une approximation faite, s'élever à dix millions. Que feront de cette somme les hommes à qui vous la rendrez avec tant de facilité ? Pour le savoir, rappelons-nous ce qu'ils ont fait jusqu'à présent.

En 92, il n'y avait plus d'amis pour eux ; mais il n'en est pas de même aujourd'hui : les hommes qu'ils ont placés sont presque tous encore en place. En vain, nous dit-on, on peut compter sur leur probité ; mais ne sait-on pas où peut les entraîner la reconnaissance et l'espoir des récompenses ?

Rappelez-vous quelle fut la conduite des Bourbons dans les temps de la révolution. En 1804, ils trouvent les moyens de soudoyer un corps d'armée, de propager la guerre civile dans les provinces françaises, d'instituer la chouanerie. Réduits à l'impuissance de ces grands moyens, ils font éclater la machine infernale, sorte de prélude des mitraillades de juillet ; ils soudoient une grande conspiration dont le dénouement devait être l'assassinat du chef de l'État. Voilà leurs actes, c'est à vous à juger par ces précédens de l'emploi des sommes que vous mettrez à leur disposition. Quant à moi, je sais que je n'accepterai jamais la responsabilité de cette excessive générosité.

J'appuie la proposition de la commission.

M. André de la Lozère combat l'amendement. Il faut, à son avis, laisser à la décision des tribunaux ou du Conseil-d'État, les questions de propriété qui peuvent s'élever. Au surplus, l'honorable membre ne partage en aucune manière les craintes de plusieurs orateurs. Il saisit cette occasion pour manifester sa désapprobation sur les visites domiciliaires ordonnées dans un grand nombre de localités, et exécutées par plusieurs fonctionnaires avec un excès de zèle qui leur a souvent fait dépasser les bornes de la justice et de la légalité. Que le gouvernement soit fort, dit-il en terminant, qu'il marche toujours dans les voies légales, et le concours des gens de bien ne lui manquera jamais.

MM. Duvergier de Hauranne, Jacquinot de Pampelune, Pataille, Amilhau et Gaëtan-Larochefoucauld montent successivement à la tribune pour proposer des amendemens.

M. Baude. Si j'ai bien compris, en votant la prise en considération de ma proposition, vous l'avez considérée plutôt comme une loi politique que comme une loi réglant une question de propriétés, et la liquidation de l'ancienne liste civile. Ma proposition n'a voulu que rompre tous les fils qui unissaient à notre pays une famille qui n'était plus française. Ce principe que vous avez reconnu dans ma proposition est ainsi posé, il faut en appliquer les conséquences ; or, l'amendement de M. Amilhau l'éloigne de ces conséquences. Je crois donc qu'il est nécessaire de conserver la rédaction que j'ai indiquée. Le délai de six mois que donne ma proposition pour la vente des biens ne préjuge rien sur les droits des tiers.

La chambre entend encore MM. Jacquinot de Pampelune, Amilhau, de Berbis et Pataille.

M. le garde des sceaux. Il y a des biens qui sont incontestablement la propriété de Charles X, il y en a d'autres dont la propriété est douteuse. Quant aux biens dont la propriété est incontestable, on peut fixer un délai pour la vente ; quant aux autres, on est préoccupé de l'idée du procès auquel cette propriété pourra donner lieu. Si ce domaine élève des difficultés, il sera sans contredit évident pour tous que la vente ne pourra pas être faite avant que les difficultés n'aient été levées. On pourrait donc indiquer un délai commun pour tous. Si la difficulté s'élevait, soit de la part du domaine, soit de la part des particuliers, il est bien clair que le délai ne pourrait courir que de la solution de cette difficulté. Sous ce rapport j'appuie la proposition de M. Baude, qui établit un délai fixe pour tous. Il est bien entendu que les droits des tiers seront toujours réservés.

Au milieu de ce déluge d'amendemens contradictoires et de sous-amendemens, M. le vice-président paraît fort embarrassé. Un nouvel amendement, proposé par M. Thill, retiré bientôt par lui, et reproduit par M. Marschall, vient ajouter à l'embarras général. Les propositions de MM. Duvergier de Hauranne et Jacquinot de Pampelune sont rejetées. Une discussion importante s'établit sur l'amendement de M. Thill, reproduit par M. Marschall.

Cet amendement est ainsi conçu :

« Jusqu'au moment où il sera définitivement statué, ces biens seront provisoirement régis par l'administration des domaines. »

M. Marschall développe les motifs de cet amendement.

On ne peut s'empêcher, dit-il, de soustraire l'administration des biens des Bourbons aux agens qu'ils chargeraient de ce soin. Vous n'avez pas voulu donner à cette loi une sanction générale, au moins ôtez-lui cette couleur contre-révolutionnaire qu'elle conserve, si on n'adopte pas l'amendement de M. Thill. Votre loi, telle qu'elle est, a une couleur contraire à notre révolution. En laissant la loi telle qu'on vous la propose, vous laissez des moyens de communication entre Charles X et la France. Le seul moyen d'empêcher ces communications est de charger l'administration des domaines du soin de régir les biens de la famille des Bourbons.

M. DE RIBEROLLES. La proposition de loi qui vous occupe, Messieurs, a une analogie parfaite avec la loi du 12 janvier 1816, prononçant l'exclusion de la famille Napoléon du territoire français ; il s'agit comme alors d'une mesure purement politique ; et puis la solution de cette question, le principe sacré de l'inviolabilité des propriétés doit demeurer hors de toute atteinte : aussi l'article 3 de la proposition qui vous est soumise se borne-t-il à ordonner la vente des biens de la famille de Charles X dans un délai de six mois, qu'il serait peut-être plus convenable d'étendre à un an, comme cela a été demandé, pour lever toutes les difficultés auxquelles peut donner lieu la liquidation de l'ancienne liste civile. L'intervalle de six mois a été accordé par la loi de 1816 aux membres de la famille de Napoléon ; ce délai a été prolongé de beaucoup, puisque l'aliénation des domaines de la Malmaison et de Mortfontaine ont eu lieu à une époque assez rapprochée de nous ; je ne sache pas que pour l'administration de ces biens on ait cru devoir prendre alors les précautions qui vous sont proposées aujourd'hui. Pourquoi vous montreriez-vous plus ombrageux en ce moment ? Ne craindriez-vous pas de donner par là un démenti à cette assertion si souvent avancée à cette tribune que la famille des Bourbons n'avait point de racines dans le sol ?

(Vives rumeurs à gauche. Exclamations, conversations particulières).

M. Baude. Les divers amendemens adoptés par la commission ont tellement dénaturé ma proposition, que je déclare la retirer. (Exclamation générale).

A gauche : Très bien ! très bien ! bravo !

A droite : Très bien ! très bien ! bravo !

Quelques voix : Vous n'en avez pas le droit.

Autres voix : Il en a le droit.

(Un grand embarras paraît se manifester dans l'assemblée. M. Benjamin Delessert feuillette son réglement. Plusieurs membres s'écrient : Tout est fini).

M. Gaëtan de la Rochefoucauld court à la tribune le réglement à la main. Ce que vient de vous dire M. Baude, dit-il au milieu du tumulte, me semble une plaisanterie : la Chambre, depuis deux jours, s'occupe de la proposition ; déja deux articles ont été adoptés ; il est impossible que, dans les termes où nous nous trouvons, la proposition soit retirée. Voici comment s'exprime le réglement...

M. Delessert, agitant la sonnette : Je vais lire le réglement.

M. Gaetan de la Rochefoucauld. Je vais lire l'article, permettez.

M. Delessert. Laissez-moi, Monsieur, remplir mon devoir ; c'est au président à qui il appartient de faire exécuter le réglement. L'article 50 du règlement est ainsi conçu :

« Quoique la discussion soit ouverte sur une proposition, celui qui l'a faite peut la retirer ; mais si un autre membre la reprend, la discussion continue. »

M. Odillon-Barrot à M. de la Rochefoucauld : Eh bien ! reprenez-la !

Voix nombreuses à gauche : Eh bien ! reprenez-la ! reprenez-la !

L'extrême gauche paraît enchantée. Plusieurs membres de la droite manifestent hautement les sentimens que leur inspire une pareille détermination, après deux jours de discussion.

Voix nombreuses à M. Gaëtan de Larochefoucauld, qui est resté à la tribune : Reprenez la proposition.

M. Gaëtan de Larochefoucauld témoigne par ses gestes qu'il n'a nulle envie de reprendre la proposition,

Voix à gauche : Qui la reprend ?...

MM. de Vaucelles, Hély-d'Hoissel et Dubois Aimé montent ensemble à la tribune.

M. Hély-d'Hoissel. Il me semble qu'on tire une fausse conséquence de l'article 50 du réglement. Ce n'est véritablement plus la proposition de M. Baude qui est en discussion. La proposition a été amendée et déja deux articles ont été adoptés. Dans une telle situation, je ne crois pas qu'il soit loisible à M. Baude de retirer sa proposition. (Mouvement en sens divers).

M. Odillon-Barrot. Il s'agit de se fixer sur le sens d'un article de votre règlement. Je ne conçois pas la controverse qui s'élève sur un texte aussi formel. La discussion sans doute est commencée ; mais certainement on ne dira pas qu'elle soit terminée. L'auteur de la proposition est donc encore en droit de la retirer.

Il est aisé de comprendre, Messieurs, quel est le motif de cet article. Il peut arriver (et c'est justement ce qui arrive en ce moment) qu'une proposition soit tellement dénaturée par des amendemens, que son auteur ne veuille plus en accepter la responsabilité. Dans une telle situation, voudriez-vous le forcer à soutenir jusqu'au bout une proposition qui répugnerait à ses opinions ?

(On remarque ici un fréquent échange d'huissiers entre M. le président et M. Dupin aîné ; ce dernier monte au fauteuil, et remplace M. Benjamin Delessert).

M. Philippe Dupin soutient, le règlement à la main, que l'article 50 a été mal interprété par la Chambre. M. Dupin aîné parle à son frère, qui s'empresse de quitter la tribune.

M. le Président. M. Marschall a la parole pour soutenir son amendement.

Voix nombreuses : Mais il n'y a plus de proposition.

M. le Président. M. Delessert a repris la proposition de M. Baude, c'est pour cela qu'il a quitté le fauteuil. (Ah ! ah !).

Une voix à droite : C'est là du dévouement !

M. Marschall répond à ce qu'a dit M. de Riberolles avant l'incident qui vient de s'élever. On s'est, dit-il, singulièrement mépris sur la position de Napoléon et de sa famille avec celle des Bourbons. Après la première abdication, Napoléon conserva le titre de souverain ; en cette qualité il était dans son droit. (Eclats de rires prolongés à droite.)

Lorsque Bonaparte, prisonnier en 1815, fut transporté à Sainte-Hélène, il y aurait eu dérision à prendre des mesures contre des intrigues qui étaient devenues désormais impossibles. La branche aînée des Bourbons ne se trouve pas, comme Napoléon, dans l'impossibilité absolue de tramer des complots sur la terre de France.

M. Gaëtan de Larochefoucauld proteste qu'il n'est animé, ainsi que ses honorables amis, que par le desir de conserver purs et intacts les principes de la révolution de juillet.

M. Cunin-Gridaine appuie l'amendement.

M. Blin de Bourdon. La loi qui vous est proposée est déjà tellement rigoureuse contre l'auguste et malheureuse famille qui en est l'objet, qu'il est impossible que la Chambre puisse adopter un amendement qui mettrait le comble à cette rigueur ; je dirai à cette injustice. (Rumeur à gauche.)

M. Marschall prétend que cette disposition est aussi dans l'intérêt des propriétaires. Il vote contre l'amendement.

L'amendement de M. Thill, reproduit par M. Marschall, et ayant pour effet de faire dès à présent régir provisoirement les biens de Charles X par l'administration des domaines est mis aux voix et adopté à une assez forte majorité. (Mouvement de surprise à droite.)

La Chambre adopte la disposition suivante sur la proposition de M. Bouchotte.

Art. 3. Cette vente ne se fera qu'avec publicité et aux enchères.

L'art. 3 de la proposition, réduit aux termes suivans par les votes précédens de la Chambre, est adopté, et devient l'art. 4 :

« Si la vente desdits biens n'est pas effectuée dans le délai prescrit, « il y sera procédé dans les formes déterminées pour l'aliénation des « biens de l'état, par l'administration des domaines. »

L'art. 5 est adopté dans les termes suivans sur la proposition de M. Girod, de l'Ain.

Art. 5. Le produit des ventes et le revenu des biens spécifiés par l'art. 2 seront déposés à la caisse des dépôts et consignations pour être ensuite, avec les intérêts en provenant, remis aux ayant-droit.

M. Marschall propose l'article additionnel suivant :

« La loi du 19 janvier 1816 sur le deuil annuel du 21 janvier est abrogée. » (Vive opposition à droite.)

M. Boisbertrand. Cette proposition, déja présentée par vous, a été rejetée par tous les bureaux.

Autres voix : C'est l'apologie du régicide.

A gauche : Appuyé ! appuyé !

Voix à droite : C'est une proposition de loi.

M. Marschall développe son amendement. Vous avez ordonné qu'une solennité nationale aurait lieu à l'occasion des évènemens glorieux de la fin de juillet. Une loi ordonne une cérémonie expiatoire à l'occasion du 21 janvier. Ces deux solennités ne pouvaient avoir lieu ensemble. La loi sur le 21 janvier est abrogée par le fait. Vous devez l'abroger expressément.

Plusieurs voix : Votre amendement est une véritable proposition de loi.

M. Marschall Ma proposition est un véritable amendement dont l'importance légale ne saurait être révoquée en doute. Il faut qu'il soit décidé par la loi si le 21 janvier continuera ou non à être un jour férié. Des discussions contradictoires se sont élevées à ce sujet devant les tribunaux.

Après les courts développemens de cette proposition, qui par le peu d'attention qu'on prête à l'orateur, paraît devoir être rejetée à la presqu'unanimité, M. le président la met aux voix.

Le côté gauche et une grande partie du centre gauche vote pour la proposition.

Le côté droit tout entier proteste contre la proposition par son vote.

M. le Président. L'amendement est adopté.

Vives réclamations à droite.

MM. Boisbertrand, Blin de Bourdon, Larbalestrier et de Clarac : C'est une surprise, une illégalité.

Autres voix : C'est une véritable proposition de loi.

La chambre passe au scrutin secret sur l'ensemble de la loi.

En voici le résultat :

Nombre des votans,	332
Boules blanches,	210
Boules noires,	122 (Mouvement.)

La Chambre a adopté.

Séance du 25 mars.

Le procès-verbal de la dernière séance est lu.

M. le comte Alexis de Noailles demande la parole sur la rédaction du procès-verbal : cet honorable membre s'exprime en ces termes :

Messieurs, je sollicite l'indulgence de la chambre afin qu'elle me permette de prendre la parole sur le procès-verbal dans une question qui intéresse ma conscience et tous mes devoirs comme député.

Je ne saurais protester ni contre les décisions de la chambre, ni contre les mesures qu'elle ordonne; je n'accuse qui que ce soit : je viens m'accuser moi-même, tout affecté que je suis d'un profond regret; je demande la permission de l'exprimer et d'exposer comme nos usages et le règlement m'y autorisent, ma pensée tout entière.

Je dois à mon pays, à mes commettans et à moi-même, de dire la vérité sur ce qui s'est passé hier en cette assemblée, et sur la manière dont je me suis comporté en cette occasion.

Surpris inopinément par le dernier amendement de M. Marschall, j'ai cru que la chambre me saurait gré d'éviter une discussion au sujet du plus affreux évènement des temps modernes; j'ai pensé que la proposition serait rejetée ; j'ai gardé le silence, bien d'autres ont aussi gardé le silence; qu'en est-il résulté ? une loi importante, toute morale, a été rapportée sans délibération par un amendement fugitif présenté à l'improviste. La douleur du peuple français se trouve interdite dans ses témoignages au moyen d'une résolution prise par assis et levé, sans qu'on ait même eu recours à une seconde épreuve.

Le supplice juridique du premier des fonctionnaires ; non responsable, non justiciable, condamné par les délibérations d'une assemblée sanguinaire, ne sera plus le sujet de nos publics regrets ; il sera interdit et sera coupable peut-être de s'en occuper.

L'objet du plus affreux scandale, du plus grand abus de pouvoirs qui ait été produit, ne sera pas chez le peuple le plus civilisé et le plus sensible du monde, un jour de deuil et de regrets.

Messieurs, une telle mesure diffère de ces actes politiques, sévères, extrajudiciaires, hors de nos institutions et des droits communs, sur lesquels vous discutiez hier. Il y a loin encore de la prudence et des mesures prises contre des vivans, à la vengeance et à la réaction contre les morts. On a voulu expliquer les premières rigueurs par une discussion prolongée; que n'a-t'on essayé de justifier celle-ci ! Que l'on traite cette question, il en est encore temps; le peuple français de la postérité jugera et les motifs et la valeur de cette mesure.

Que le 21 janvier, soit en faveur du commerce, des tribunaux et de la Chambre un jour férié ou non, peu importe à la dignité comme à la sensibilité de la nation; qu'on fasse ou non des cérémonies publiques et des expiations, je n'en réclame pas non plus. Les ames sensibles, les esprits sages ennemis des réactions, de la terreur et des violences, sauront toujours déplorer assez les infortunes d'une ame innocente et d'un prince si dévoué à la France, immolé il y a 40 ans sous nos yeux. Ainsi, que le 21 janvier ne soit plus pour vous un jour férié, c'est chose sur laquelle il est bien permis de statuer; mais qu'on veuille prononcer, au nom d'un des pouvoirs de la société, qu'il ne sera plus un jour de deuil et de regret, c'est statuer contre les vœux de la nation et commander ainsi, pour n'être pas obéi.

Le grand homme dont cette tribune célèbre chaque jour les talens et les victoires, a dit plus d'une fois qu'il avait destiné pour une cérémonie expiatoire ce temple majestueux qu'il bâtissait, où il comptait appeler toutes les dignités de son Empire; il s'est plus d'une fois glorifié des liens qui l'unissaient à son oncle martyr. Messieurs, sa politique connaissait mieux que nos amendemens les pensées, les vœux de la France, et surtout les leçons qu'il faut donner à la postérité.

L'Angleterre, ce pays classique de la liberté, qui a fondé aussi un trône par une révolution, garde religieusement le jour du meurtre de Charles Ier; elle l'honore par les plus lugubres et les plus solennelles cérémonies; comment pourra-t-on comprendre cet excès de sévérité contre les morts, cette dureté pour ceux qui ne sont plus, cet acte, contre un prince exécuté en France, dans cette ville? Comment les nations civilisées du monde comprendront-elles cette résolution?

Une loi ne possède toute sa valeur qu'après avoir été dictée par le besoin des peuples, que si elle se trouve appuyée sur la justice, acceptée par vous, sanctionnée par la Chambre des Pairs, approuvée et promulguée par le Roi. Votre proposition n'a encore aucun de ses caractères. J'ai encore droit de faire des vœux contre sa ratification. Je demande que le procès-verbal dise exactement que le dernier article a été présenté inopinément, voté sans délibération. J'ai dit pourquoi j'avais gardé le silence: je remercie la Chambre d'avoir écouté ma justification.

A l'extrême gauche: Ce n'est pas là une demande de rectification du procès-verbal!

M. Lemercier. C'est une élégie!

M. Alexis de Noailles. Ce n'est pas non plus une rectification que je demande; c'est ma conduite et mes sentimens que je veux expliquer.

M. B. Delessert: C'est une opinion que vous auriez pu exprimer dans la séance d'hier.

M. Alexis de Noailles : J'aurais voulu qu'on dît simplement que le 21 janvier n'est plus un jour férié.

La rédaction du procès-verbal est adoptée.

L'ordre du jour appelle à la tribune les rapporteurs de diverses commissions spéciales.

A la Chambre dont nous venons retracer les séances, l'opposition, jusqu'à ce jour, n'avait jamais pu réunir depuis la dernière révolution plus de 60 à 70 députés, et contre la proposition Baude 122 se sont spontanément levés. Honneur à eux! car il est toujours bien, il est toujours noble de ne pas vouloir aggraver les peines des exilés.

Dans la discussion, quelques orateurs de la gauche *ont dit que l'argent provenant des revenus de Charles X servait à solder des sicaires!* A solder des sicaires! ah! que ceux qui ont dit ces paroles demandent à tant de familles de Paris; à tant de familles de nos provinces, qui sont aujourd'hui sans pain et sans argent, qui les logeait, qui les vêtissait, qui les nourrissait? Elles vous diront : Ce sont ceux qui ne sont plus en France! Ah! qu'on les accuse de trop de faiblesse, de trop de crédulité, de trop de piété (je le conçois par le temps qui court), mais qu'au moins l'on proclame que jamais famille de princes n'a été si bienfaisante! et que les mains qui s'élevaient vers eux, en recevaient des bienfaits et non des poignards! Les poignards ont été donnés contre eux, et non par eux.

Le souvenir du rigoureux hiver de 1830 n'est pas encore effacé : que ceux qui doutent de ce que j'avance ici, aillent demander aux pauvres honteux de la Capitale, qui leur envoyait du pain, du vin, du linge et du bois? ils vous nommeront la fille de Louis XVI.

Aux artistes sans ouvrage, que l'on demande qui les encourageait? qui visitait leurs ateliers? qui achetait leurs statues ou leurs tableaux? et vous entendrez le nom de la duchesse de Berri. Ses enfans étaient déja ingénieux à faire le bien, et mêlaient la charité à leurs jeux; et le duc de Berri n'avait-il pas dit la veille de sa mort, *Il n'y a pas de fête si les pauvres n'ont leur part!*

Qu'on les bannisse, mais qu'au moins on les respecte, l'exil est assez dur sans qu'on y joigne l'injustice et la calomnie, et la générosité n'affaiblit point un parti vainqueur.

Il est à regretter que la publication d'un ouvrage qui devait être intitulé : *Bienfaits de la famille royale*, ait été arrêtée par des raisons d'une prudence peut-être trop méticuleuse, on aurait vu par le dépouillement des registres que tenaient les personnes chargées des différentes cassettes de la famille aujourd'hui exilée, à combien se montaient leurs aumônes et leurs bienfaits. Il y aurait eu une grande éloquence dans ces simples chiffres, et qui aurait répondu à bien des calomnies.

CHAMBRE DES PAIRS.

Rapport fait à la Chambre par M. le duc DE BROGLIE, *au nom d'une commission spéciale* (1), *chargée de l'examen du projet de loi relatif à l'ex-Roi Charles X et à sa famille.*

Messieurs, le 29 juillet 1830 s'est accomplie dans Paris, et grace au courage des habitans de cette grande cité, une révolution mémorable entre toutes celles dont l'histoire gardera le souvenir. Jamais crime plus odieux n'avait marché le front plus haut : jamais châtiment plus exemplaire ne suivit le crime de plus près. Chose sans exemple, peut-être, la légitimité de cette révolution pourrait être plaidée devant un tribunal les tables de la loi à la main. La gloire était pure, parce que la cause a été juste. La Providence a béni le bon droit en lui donnant la victoire, et, ce qu'il faut mettre à plus haut prix encore, en le préservant de la violence qui le dénature, et de la vengeance qui le dégrade. Puisse le gouvernement né sous de tels auspices demeurer fidèle à son origine! C'est aux grands corps de l'État, c'est aux grands conseils du pays à ne pas se montrer au-dessous d'un tel exemple; c'est à eux de conserver, dans leurs actes, ce caractère de hardiesse et de bon sens, de douceur et de résolution qui a tant honoré le peuple de juillet. Qui ne saurait, comme lui, faire à la nécessité sa part, et en même temps tout refuser aux passions, ne serait digne de marcher à sa tête, ni de parler en son nom.

Cette révolution, Messieurs, a précipité du trône toute une famille de rois.

Frappés du même coup, trois princes, deux princesses ont quitté à pas lents le sol de la France, sans qu'un cheveu soit tombé de leurs têtes, mais sans qu'un bras se soit armé pour les défendre, sans qu'une voix se soit élevée pour les retenir. L'exil est devenu leur partage; et cette fois l'exil sera sans retour. Celui-là seul en pourrait douter, dont l'œil contemplerait sans horreur, dans un avenir plus ou moins prochain, ou la guerre civile, ou la conquête étrangère.

C'est ce grand fait, Messieurs, c'est ce fait irrévocablement accompli que la Chambre des Députés vous propose de déclarer

(1) Cette Commission était composée de MM. le duc DE BROGLIE, le marquis DE JAUCOURT, le maréchal comte JOURDAN, le vicomte LAINÉ, le comte DE MONTESQUIOU, le comte DE PONTÉCOULANT, le duc DE PRASLIN, le baron SÉGUIER et le maréchal duc DE TARENTE.

par un acte solennel, d'inscrire au livre de la loi, afin qu'il y demeure ferme, stable, et à toujours.

Devez-vous donner votre assentiment à cette proposition ?

Votre commission n'en a pas douté.

Si nous étions condamnés à voir dans une telle déclaration autre chose qu'une pensée d'ordre public, autre chose qu'une garantie contre de frivoles et criminelles espérances; si le but, et simplement si le résultat d'une telle déclaration pouvait être d'aggraver, sur la terre étrangère, le sort des princes que la France a rejetés de son sein, notre sentiment serait différent. La main de Dieu s'est appesantie sur eux : faibles humains, qu'y pourrions-nous ajouter qui ne fût odieux et misérable ? Si les termes dont la Chambre des Députés s'est servie, en impliquant l'idée d'un jugement prononcé par la puissance législative, portaient atteinte à l'inviolabilité des personnes royales et au principe de la divison des pouvoirs; si quelque expression lui était échappée que l'esprit de parti pût transformer en injure, notre résistance ne serait pas moins énergique. Jamais l'injure envers le malheur, quelque mérité que le malheur puisse être, ne souillera les actes d'une législature française. La division des pouvoirs est la sauve-garde de toute liberté; l'inviolabilité des personnes royales est une chose sacrée, que les peuples, pour leur propre honneur comme pour leur propre sécurité, ne sauraient trop profondément respecter.

Mais l'article 1er du projet de loi qui nous est soumis ne mérite aucun de ces divers reproches.

Son but est simple, direct, évident; ce but s'y trouve énoncé dans un langage grave et mesuré. Il prononce l'exclusion, rien de moins, rien de plus.

A ces titres, nous le croyons digne de votre approbation.

Lorsqu'en effet cette question nous est posée : Faut-il que les princes de la branche aînée de la maison de Bourbon puissent rentrer en France, si tel est leur plaisir ? faut-il qu'ils y puissent rentrer sous aucun prétexte ; nous ne concevons, nous ne pouvons concevoir qu'une seule réponse : Non, le ciel en préserve; non jamais, à aucun prix, sous aucun prétexte quelconque.

On a demandé quelle pouvait être l'utilité d'une loi pareille ; si le fait à lui seul ne parle pas assez haut ; s'il y a moyen d'ajouter à l'impossibilité qui résulte de la nature même des choses.

C'est méconnaître tout à la fois et l'état de la question, et ce qu'il y a de légitime dans l'exigence actuelle des esprits.

Les princes de la branche aînée de la maison de Bourbon ne

peuvent rentrer en France aujourd'hui. Pourquoi ? Parce que la France entière se souleverait pour les en repousser. Mais ce n'est là, Messieurs, qu'une simple impossibilité de fait. En droit, l'interdiction n'est pas prononcée. Aucune expression imposante, réfléchie, régulièrement énoncée du vœu national ne ressort de cette situation violente et précaire. L'autorité du commandement y manque.

La loi seule consacre les faits; c'est là loi qui les érige en droits, qui leur imprime un caractère obligatoire, qui les revêt, autant qu'il dépend de l'homme, du sceau de la perpétuité.

On a dit encore :

Qu'est-ce qu'une loi dépourvue de toute sanction pénale ?

Étranges reproches, Messieurs, et plus étranges, s'il se peut, dans la bouche de ceux qui les profèrent !

C'est faire injure à la majesté de la loi, de penser que la loi n'ait d'autorité que par la menace. C'est faire injure à la nature humaine, ne croire qu'elle n'obéit à la loi que sous le coup du châtiment. La parole du législateur a puissance par elle-même. Souvent il lui sied de dédaigner le secours des sanctions pénales. Souvent sa propre énergie lui suffit : qu'on l'entende, et c'est assez.

Du reste, où trouver dans l'histoire un gouvernement qui, nouveau comme le nôtre, soumis comme le nôtre à l'épreuve des agitations intérieures et des périls du dehors, n'ait pas jugé sage, utile, indispensable, de placer l'une des premières conditions de son existence, le gage même de sa sécurité et de son avenir, sous la garantie de la volonté publique, solennellement exprimée par les organes légitimes du pays? Qu'y a-t-il là d'extraordinaire ou d'exorbitant? Où est le tort ? D'où proviendrait le scrupule? Et lorsque le gouvernement de la restauration, par exemple, s'est trouvé debout en face de Napoléon tombé et de sa famille dispersée, n'a-t-il pas eu recours à des précautions du même genre ? N'a-t-il pas invoqué, à l'appui de ces précautions, des mesures tout autrement rigoureuses ?

Exclus à perpétuité, de fait aujourd'hui, de droit, si vous adoptez la loi qui vous est présentée, les princes de la branche aînée de la maison de Bourbon peuvent-ils continuer à posséder des biens, soit meubles, soit immeubles, sur le territoire du royaume ?

Votre commission ne l'a pas pensé,

Nous ne dirons point, ainsi qu'on l'a dit ailleurs, et, selon nous, inexactement, qu'il implique contradiction de contester la légitimité du gouvernement actuel, et de se placer sous sa protection ; qu'on ne saurait être admis à réclamer le bienfait de nos lois, lorsqu'on en dénie l'autorité. Notre gouvernement, Messieurs, par cela seul qu'il est gouvernement, protège quiconque se trouve à la portée de son bras. Nos lois, toutes les lois de tous les peuples policés, par cela seul qu'elles sont des lois, des règles, des principes généraux, proclamés sans acception de personnes, protègent ceux-là mêmes qui les violent, ceux-là mêmes qu'elles frappent ou qu'elles ont frappés. Ami et ennemi, innocent et criminel, tous ont un droit égal à les invoquer.

Mais il existe d'autres raisons, des raisons puisées dans l'intérêt général, nous dirions volontiers des raisons puisées dans un intérêt réciproque, qui protestent contre la durée de l'état de choses actuel, en ce qui touche les biens possédés par les princes déchus.

Cette possession ne pouvait manquer d'introduire, entre eux et les personnes qui jouissent en France de leur confiance, des rapports continuels; des correspondances s'établiraient régulièrement; chaque jour on entendrait parler de voyages, de retours ; les lettres, les envois de tout genre traverseraient sans cesse le détroit. Or, Messieurs, de telles correspondances seraient dangereuses pour l'Etat, car elles pourraient couvrir et faciliter des complots ; qui sait même ? elles en pourraient faire naître la pensée. Ces correspondances seraient dangereuses pour l'ordre public, car elles exciteraient sans cesse la méfiance ; elles entretiendraient l'irritation ; elles fourniraient, dans les temps de trouble, un prétexte à des actes de violence. Ces correspondances, enfin, seraient dangereuses pour la liberté, car elles pourraient rendre quelquefois moins inexcusables des mesures arbitraires.

Quelques personnes ont paru s'effrayer de cette interdiction de posséder, comme d'une sorte de mort civile.

C'est une grande méprise, Messieurs. La mort civile n'est et ne peut être que l'accessoire d'une condamnation judiciaire ; elle n'oblige point celui qui en est frappé à vendre ses biens ; elle l'en dépouille au profit de ses héritiers naturels, parce qu'elle le retranche, lui, de la société en général.

L'interdiction de posséder dans l'étendue d'un territoire déterminé n'a rien qui ressemble à la mort civile ; elle n'émane point du même principe ; elle n'entraîne point les mêmes conséquences ; et s'il lui fallait chercher quelque analogie dans la législation, nous dirions que c'est plutôt une sorte de droit d'aubaine limité à certaines personnes, au lieu d'être étendu à tous les étrangers sans distinction. Or, on sait que le droit d'aubaine, conservé jusqu'ici dans tous les pays de l'Europe, auquel la France n'a renoncé que depuis peu d'années, peut être attaqué comme une institution fâcheuse en économie publique, mais non comme une chose dont l'honneur s'indigne, et que la justice réprouve.

La Chambre des Députés vous propose de donner un an au roi Charles X, et aux princes ou princesses de sa famille, pour se défaire des biens qu'ils possèdent en France.

Faute par eux de s'être conformés, dans le délai d'un an, aux prescriptions de la loi, il serait procédé à la vente de leurs biens par les soins de l'Etat, mais en leur nom, et à leur profit.

C'est à ceci, Messieurs, c'est à ce petit nombre de dispositions claires, simples, d'une utilité évidente et pratique, d'une portée facile à saisir, d'une tendance impossible à méconnaître ou à dénaturer, que nous vous proposons de réduire le grand acte politique auquel la Chambre des Députés vous invite à prendre part.

La raison d'Etat, à notre avis, ne réclame rien au-delà.

Ce que la raison d'Etat ne réclame point, la justice le défend; l'esprit de concorde et l'intérêt bien entendu le repoussent.

Pourquoi ordonner, par exemple, que, durant le cours de l'année qui va s'écouler, les biens possédés par la famille du roi Charles X soient administrés par le domaine de l'Etat ?

Soyons sincères, Messieurs. Il faut savoir ce que l'on fait ; il faut vouloir ce que l'on prescrit; et pour savoir ce que l'on fait, rien n'est tel que d'appeler les choses par leur nom : c'est ordonner un sequestre.

Un sequestre! A Dieu ne plaise que nous imputions aux auteurs de cette disposition, des desseins qu'ils ont formellement désavoués; à Dieu ne plaise que nous ne leur prêtions des intentions qui ne sont pas les leurs. Mais prenons-y garde, et qu'ils y réfléchissent eux-mêmes : au lendemain d'une révolution, le mot sequestre est un mot redoutable ; c'est une parole sinistre, et qui semble, en quelque sorte, prophétique.

Messieurs, la Charte de 1814, la Charte de Louis XVIII a prononcé l'abolition de la confiscation. Elle fut octroyée, cette Charte; ça été son tort; en bonne justice, que ce soit aussi son mérite. Puisqu'elle fut octroyée, toutes les dispositions qu'elle renferme, et l'abolition de la confiscation en particulier, y furent insérées par Louis XVIII, librement et de son plein gré. Il y a plus : lorsqu'en 1815 une faction inique et violente, comme le sont dans tous les temps toutes les factions, s'efforça de réintroduire la confiscation par des voies obliques et sous des noms déguisés : il est de notoriété universelle que Louis XVIII repoussa cette tentative avec une indignation généreuse.

Ce n'est pas sous le règne de Louis-Philippe Ier, ce n'est pas sous l'empire de la Charte de 1830, que la confiscation peut atteindre, que l'ombre même de la confiscation peut menacer le frère et les neveux de Louis XVIII.

Nous ne saurions vous proposer davantage d'admettre l'article 3 du projet de loi, celui qui veut que les biens des princes déchus soient vendus aux enchères publiques.

Nous voyons bien ce que cet article a de rigoureux : il réduirait la valeur des propriétés, ainsi vendues, à très peu de chose.

Nous voyons bien ce que cet article a d'impolitique : il jetterait dans la circulation de nouveaux biens nationaux, dont l'acquisition, d'une part, et le discrédit, de l'autre, deviendraient une affaire de parti et une source intarissable de haines et de récriminations.

Nous ne voyons pas quels avantages on s'en promet. Si l'on a voulu parer aux ventes fictives, aux fidéi-commis, le moyen semble insuffisant. Qui empêche, en effet, un prête-nom de se porter surenchérisseur? Et celui-là même n'est-il pas assuré d'être le dernier à surenchérir, qui, par le résultat d'une convention avec le vendeur, n'aurait absolument rien à payer?

La véritable garantie contre les ventes fictives, c'est l'intérêt des tiers expressément réservé par la loi, c'est l'intervention des créanciers, c'est la nécessité de déposer le prix et de le tenir à la disposition des ayant-droit. Or, du moment qu'il y a des créanciers, cette garantie s'applique à tous les modes de vente indistinctement.

Reste enfin, Messieurs, une dernière disposition; reste l'article qui porte abrogation de la loi du 19 janvier 1816, touchant le deuil annuel du 21 janvier.

A cet égard, votre commission s'expliquera sans détour.

L'histoire a prononcé sur l'événement qui fait l'objet de la loi du 19 janvier 1816; son arrêt est inexorable et sans appel. Il n'est besoin du secours d'aucune loi pour que le 21 janvier soit un jour de deuil pour toute la France; il n'est au pouvoir d'aucune loi de lui enlever ce douloureux caractère.

La loi du 19 janvier 1816 est donc inutile. N'est-elle qu'inutile? Tel n'est point notre sentiment : nous la regardons comme impolitique et dangereuse.

Raviver d'année en année des passions que d'année en année le temps travaille à assoupir ; placer chaque année, à jour fixe, en face les uns des autres, s'il est permis de s'exprimer ainsi, des souvenirs tout remplis d'animosité et d'amertume, c'est aller manifestement contre l'esprit de sagesse qui avait dicté l'article 11 de la Charte de 1814, cet article dont les termes exprès défendent la recherche des opinions et des votes émis durant le cours de nos troubles civils et en commandent l'oubli aux tribunaux et aux citoyens ; c'est trahir plus directement encore l'esprit de magnanimité et de mansuétude qui respire empreint dans le testament de Louis XVI.

Sous ces divers rapports, nous ne pourrions qu'approuver l'abrogation de la loi du 19 janvier 1816, si cette poposition nous était faite dans une loi spéciale.

Mais est-ce bien dans la loi qui nous occupe que cette abrogation doit trouver place ?

Nous ne saurions le penser.

Quel rapport est-il possible d'apercevoir entre la mesure de haute politique sur laquelle la Chambre des Pairs se trouve appelée à statuer, et la loi du 19 janvier 1816 ?

Entre deux ordres d'idées si profondément différens, où donc est le lien logique? où se rencontre le point de contact? par quelle voie l'esprit serait-il conduit de l'un à l'autre?

Il ne peut entrer apparemment dans la pensée de qui que ce soit d'établir un rapprochement quelconque entre la catastrophe, terrible sans doute, mais légitime dans son principe et glorieuse dans ses résultats, qui a coûté le trône au roi Charles X, et la catastrophe sanglante et criminelle qui a coûté la vie au roi Louis XVI. Il ne peut entrer dans la pensée de qui que ce soit d'établir une solidarité quelconque entre la révolution de juillet et les forfaits de 1793. Mais c'est par cette raison précisément que le souvenir du 21 janvier doit être tenu loin, bien loin de la loi qui prononce l'exclusion d'une famille dont nous avons respecté les droits, lorsqu'elle avait foulé aux pieds les nôtres. C'est au nom de la révolution de juillet que nous repoussons ce souvenir. Point d'armes à nos ennemis, point de prétexte à la calomnie.

Messieurs, il ne faut pas le dissimuler : la loi qui nous est soumise a sa rigueur ; elle froisse des sentimens honorables, et qu'il est juste de respecter, lors même qu'on ne les partage point : elle rouvre des blessures encore saignantes. C'est surtout par de tels motifs qu'il importe de la renfermer dans ses vraies limites, et de lui conserver son vrai caractère. Nous le répétons en finissant : c'est une acte de prudence et de conservation. Honte et malheur à qui voudrait en faire une expression de haine ou un instrument de vengeance !

Votre commission a l'honneur de vous proposer l'adoption du projet de loi, réduit aux quatre articles qui suivent :

PROJET DE LOI.

ARTICLE 1er

L'ex-roi Charles X, ses descendans et les époux et épouses de ses descendans, sont exclus à perpétuité du territoire français, et ne pourront y acquérir, à titre onéreux ou gratuit, aucun bien, y jouir d'aucune rente ou pension.

ART. 2.

Les personnes désignées dans l'article précédent sont tenues de vendre, dans l'année, à dater de la promulgation de la présente loi, tous les biens, sans exception, qu'elles possèdent en France ; les droits des tiers et ceux de l'Etat demeurant expressément réservés.

Jusque-là les biens immobiliers seront régis par l'administration des domaines.

ART. 3.

Les biens désignés dans l'article précédent ne pourront être vendus qu'avec publicité et aux enchères.

ART. 4.

Si la vente desdits biens n'est pas effectuée dans le délai prescrit, il y sera procédé dans les formes déterminées pour l'aliénation des biens de l'Etat, par l'administration des domaines.

ART. 5.

Le produit des ventes, ainsi que les revenus des biens spécifiés dans l'article 2, seront déposés à la caisse des consignations pour être ensuite avec les intérêts en provenant, remis aux ayant-droit.

ART. 6.

La loi du 19 janvier 1816, sur le deuil annuel du 21 janvier, est abrogée.

AMENDEMENS.

ARTICLE 1er.

L'ex-roi Charles X, ses descendans et les époux et épouses de ses descendans, sont exclus à perpétuité du territoire français, et ne pourront y acquérir, à titre onéreux ou gratuit, aucun bien, y jouir d'aucune rente ou pension.

ART. 2.

Les personnes désignées dans l'article précédent sont tenues de vendre, dans l'année, à dater de la promulgation de la présente loi, tous les biens, sans exception, qu'elles possèdent en France, les droits des tiers et ceux de l'Etat demeurant expressément réservés.

ART. 3.

Si la vente desdits biens n'est pas effectuée dans le délai prescrit, il y sera procédé dans les formes déterminées pour l'aliénation des biens de l'Etat, par l'administration des domaines.

ART. 4.

Le produit des ventes sera déposé à la caisse des dépôts et consignations, pour être ensuite remis aux ayant-droit.

Le 12 avril avait d'abord été fixé par la Chambre des Pairs pour la discussion de la proposition de l'ex-préfet de police, le public le savait et témoignait un grand intérêt et une vive curiosité; 19 orateurs s'étaient fait inscrire *contre* la proposition, un seul *pour*.... Tout à coup Messieurs les Pairs reçurent du président de la Chambre haute, l'avis que la discussion n'aurait pas lieu le 12 *avril*.... Quel pouvait être le motif de ce retard? quelques personnes l'ont expliqué ainsi.

M. le baron Pasquier a bien des raisons pour se souvenir de la restauration et de toutes ses époques, il s'était peut-être rappelé que le 12 avril était l'anniversaire de l'arrivée du comte d'Artois à Paris, et avec le tact qui le distingue il aura pensé qu'il était inconvenant et maladroit de prendre pour *proscrire à perpétuité Charles X*, l'anniversaire même du jour de sa rentrée en France; de ce jour où ce prince, *ce Français de plus* fut entouré de tant d'amour, de tant de protestations, et de tant de sermens!! Parmi les nobles membres de la Chambre actuelle qui pouvaient se croire obligés de voter pour la proposition, il y en avait peut-être plusieurs qui étaient allés porter leurs vœux empressés au précurseur de Louis XVIII, peut-être même que M. le baron Pasquier avait été du nombre: il fallait donc remettre la sentence de bannissement à un autre jour, les anniversaires rappellent des souvenirs, et les souvenirs gênent quelquefois.

Que ce soit cette raison ou une autre, toujours est-il que, sans motif apparent, la discussion annoncée est portée à l'ordre du jour pour le lendemain 13 avril, la foule était serrée aux tribunes. Il y avait eu un vif empressement à y venir, et le désappointement fut grand, lorsque M. le Président de la Chambre, se levant de son fauteuil, prit la parole, et dit :

L'ordre du jour appelait la discussion du projet de loi relatif au Roi Charles X et à sa famille, les ministres désirent et demandent que la discussion sur ce projet de loi soit remise à un autre jour, étant obligés de se trouver demain et après demain à l'autre Chambre, pour la discussion des lois de finances. La Chambre consent-elle à ajourner cette discussion ?

Quelques voix s'élevèrent alors, et demandèrent : *A quel jour ?*

M. Pasquier répondit : *Lorsque les ministres pourront être présens, le projet sera mis à l'ordre du jour.*

Aussitôt les tribunes furent évacuées. Ce n'avait pas été pour entendre discuter une aride question de finances que la foule s'y était portée; et que nous importait de savoir si l'on accorderait au ministère quelques millions de plus! Au point où nous en sommes, avec un budget de quinze cent millions, on ne compte plus, et les bagatelles n'arrêtent pas !

En descendant des galeries, quelques-uns des curieux désapointés disaient : Cette remise indéfinie de la proposition Baude a un autre motif que la loi financière. Le ministère, qui a été forcé de l'adopter, mais qui ne l'a pas conçue, est froid à son égard, et veut l'acculer à la fin de la session, pour que la discussion soit moins longue, ou même pour qu'elle n'ait pas lieu du tout. Et l'on concevait, et l'on approuvait ce calcul, en pensant à la composition actuelle de la Chambre des Pairs et au personnage élevé qui serait appelé, après elle, à sanctionner la sentence de proscription, si elle était prononcée.

Il faut le dire, il y a dans le public, quand on le laisse à lui-même, un grand fond de bon sens. Parfois on serait tenté de le croire un bon conseiller; et, dans cette occasion, il pensait qu'il était facile d'expliquer comment la proposition en question avait pu passer à la Chambre des Députés, reconnue hostile à la branche aînée des Bourbons, puisque c'était elle qui lui avait déclaré la guerre par son adresse des 221; mais que l'on ne concevrait pas, que l'on ne pourrait jamais concevoir à la Chambre haute une décision pareille à celle de l'autre Chambre. Les Députés n'avaient eu leurs mandats ni de Louis XVIII, ni de Charles X; beaucoup même d'entre eux avaient été envoyés à la Chambre par des ennemis des Bourbons. Ils n'avaient pour les attacher à la légitimité ni les grands cordons, ni les plaques, ni les titres, ni les pensions, ni les manteaux brodés d'or et doublés d'hermine.... ils n'étaient liés que par leur serment; et aujourd'hui quel lien faible et usé!

A la noble Chambre, c'était tout le contraire: ses membres avaient été choisis par la royauté, et leur mandat était de défendre même l'ombre disparue du monarque. Aussi là, quelle immense difficulté à vaincre! car je n'en connais pas de plus grande que de mettre en oubli les bienfaits, que de faire taire les souvenirs et la reconnaissance. Je puis même dire qu'en consultant mon propre cœur, je trouve que c'est plus qu'une difficulté, c'est une impossibilité.

Et la Chambre des Pairs n'était pas tout.

Et il fallait aller et plus loin et plus haut.

Toutes ces considérations, quelques propos échappés à quelques confidens des ministres, avaient fait croire que cette grande pierre d'achoppement avait été jetée à l'écart... Et l'on s'en réjouissait, on se disait: les peines de l'exil, la tristesse d'Holy-Rood ne seront point aggravées par cette inutile démonstration de haine et de proscription. Déja on était reconnaissant de ces égards du ministère Périer, et l'on allait croire à sa force en le voyant généreux. Cette opinion de la remise était si répandue, que plusieurs nobles pairs quittèrent Paris, croyant que tout était fini à ce sujet. Tout à coup, le 18, la fameuse proposition revint sur le tapis; et, comme la séance royale était annoncée pour le 20, c'était faire voir comment on voulait *étrangler* la discussion.

Si nous n'avons pas tout le temps nécessaire pour nous livrer religieusement à l'examen approfondi d'une question si grave et si solennelle, il vaut mieux, dirent quelques Pairs, l'ajourner que de prononcer, pour ainsi dire en courant, le jugement (car c'est bien un jugement qu'on nous demande) de trois générations de rois.

De là, sans doute, toutes ces longueurs, tous ces retardemens, tous ces discours en hors d'œuvre de la discussion de la veille sur la loi de finances. N'ayant pas *assez* de temps, on voulait ne pas en avoir *du tout*.

Mais si la proposition Baude avait été ajournée, remise indéfiniment, le parti qui l'avait conçue s'en serait irrité, et aurait crié : *Vous le voyez, ceux qui ont le pouvoir ne veulent pas rompre avec ceux qui l'ont perdu. Le Palais-Royal ménage Holy-Rood, et conserve quelque arrière-pensée.*

Cette accusation (il faut l'avouer, qu'on n'aurait pas manqué de lui faire), décida le ministère, et, le 19 avril, il vint au complet se présenter à la Chambre des Pairs, pour en finir avec la fameuse proposition. La foule, comme je l'ai dit, avait été grande le 14 avril; mais elle était plus considérable encore à ce dernier jour de la session. Enfin, à deux heures moins quelques minutes, le baron Pasquier, président, avec son cordon rouge et ses plaques brillantes, parut au fauteuil. Pour cette mémorable séance, il y avait peu de retardataires. Les bancs de la noble Chambre étaient tous garnis, et du haut de notre tribune de spectateurs, c'était chose merveilleuse que de voir tant de décorations honorables, qui attestaient à la fois et les mérites de ceux qui les portaient, et la justice et la munificence des princes qui les avaient accordées. Sur ces insignes de gloire et d'honneur étaient gravées les images de St.-Louis et d'Henri-Quatre. Et c'était des descendans de St.-Louis et d'Henri-Quatre qu'on allait s'occuper ! ! !

Après quelques mots d'une loi financière, la lecture de quelques pétitions, qui ne furent point écoutés (ils auraient pu donner lieu à quelques discours; mais M. le Président semblait impatient d'aborder la grande question), la parole appartenait à M. le duc de Doudeauville, ministre de Louis XVIII et de Charles X, honoré de leur plus intime confiance, et digne, par son dévouement et sa loyale franchise, de monter le premier à la tribune, pour défendre la mémoire de ses anciens maîtres.

Au milieu d'un religieux silence, il dit :

Messieurs, depuis plusieurs années j'ai gardé le silence dans cette Chambre; plusieurs motifs faciles à concevoir, mais qu'il est inutile de rappeler ici, m'ont fait prendre ce parti, nommément le nombre des collègues éloquens dont nous nous glorifions depuis long-temps, et qui devraient de préférence occuper la tribune.

Mais ce silence semblerait plus qu'extraordinaire aujourd'hui. Tout se réunit pour m'obliger à prendre la parole contre l'affligeant projet de loi qui nous est présenté, et ma raison comme mes sentimens me défendent de me taire.

Je ne me dissimule pas combien la discussion est pénible, combien la position de l'orateur est délicate : quoi qu'il veuille faire, quoi qu'il fasse, les uns trouveront qu'il en dit trop, et les autres trouveront qu'il en dit trop peu; mais c'est un devoir que j'accomplis, et, pour vos Seigneuries comme pour moi, c'est le meilleur des raisonnemens et le plus pressant des motifs. Je ne combattrai que la proposition de l'autre Chambre; je laisserai à d'autres orateurs à discuter les amendemens et les conclusions de votre commission, dont je me plais à reconnaître les louables intentions.

N'a-t-il pas le droit d'élever la voix, en cette occasion, celui qui, en 1814, commissaire du Roi avec les pouvoirs les plus étendus, n'en a usé qu'avec la plus grande réserve;

Celui qui, dans toutes les places qu'il a occupées, a empêché toute mesure violente, toute pénible réaction, tout injuste déplacement;

Celui qui, dans ses proclamations, ne s'est pas permis le moindre mot offensant contre l'homme extraordinaire dont l'ambition avait couvert la France de lauriers et de cyprès?

Si je ne me suis pas permis de l'attaquer après la restauration, on me permettra de voir avec douleur qu'on attaque, après la révolution de juillet, les princes qu'elle a renversés et qui avaient succédé à cet homme célèbre, mais dont la célébrité nous a coûté si cher.

Je n'entreprendrai pas leur éloge, mais des faits parleront, ainsi que l'histoire; ils diront si, depuis 1814, leur règne a été dépourvu de bonheur, et même de gloire; s'il y a eu moins de sécurité, moins de liberté que pendant les vingt-cinq ans qui l'avaient précédé.

Moi aussi j'aime et j'ai toujours aimé la liberté; mais sans la licence, qui la défigure, la déshonore et la détruit.

Moi aussi j'aime depuis bien des années, j'en ai donné des preuves, j'aime les institutions constitutionnelles, mais sans les excès qui les feraient haïr et redouter.

Long-temps témoin des actions, et je pourrais dire des pensées de ces augustes proscrits, je peux, je dois certifier que leurs intentions étaient pures, que leurs erreurs étaient involontaires, et mon témoignage n'est pas suspect, puisqu'une de ces erreurs si fatale pour eux m'a décidé à un sacrifice très grand, du moins pour mon cœur.

Dans tous les partis, ceux qui aiment la vérité et qui professent la bonne foi ne peuvent blâmer ce langage.

Le brave général Rapp, premier chambellan de Louis XVIII, entendant parler de l'exil de Bonaparte, poussa un profond soupir. « Vous en êtes donc fâché? » lui dit le Roi. « Comment ne le serais-je pas, répondit-il avec sa loyale franchise ; il me traitait avec bonté, je lui étais très attaché, et il est malheureux. »

Personne n'a blâmé ni cette réponse ni cette conduite.

Pourquoi vouloir les poursuivre, ces princes malheureux, jusque dans l'exil auquel les évènemens les ont forcés?

Ils ont cherché, après deux redoutables invasions qui n'ont été faites ni par eux ni pour eux, tout le monde le sait, quoique tout le monde ne le dise pas, à adoucir nos malheurs; ah! ne cherchons pas à aigrir les leurs!

Respectons l'âge, respectons l'infortune. Qui de nous voudrait accabler un ennemi vaincu; et quels ennemis que ceux qui, dans la sévère retraite à laquelle la Providence les a condamnés, ne cessent de l'invoquer pour la patrie qui les a repoussés de son sein !

Ces sentimens généreux dans cette Chambre seront vraiment français, les sentimens contraires ne le seraient pas, j'ose le dire, et j'en appelle avec confiance à tous ceux qui m'entendent.

Que reviendra-t-il de ce bannissement proposé, et dont le nom seul me coûte à prononcer ; mais il faut appeler les choses par leurs noms? de cette confiscation déguisée sous le nom de *sequestre;* car vous n'avez pas oublié, Messieurs, que tous les sequestres ont jadis été suivis de confiscations innombrables. Que reviendra-t-il de cette vente forcée de leurs domaines, presque tout en forêts? Dans les circonstances présentes, elle sera très désavantageuse, même pour ceux qui l'ordonnent, car elle fera baisser encore le prix des bois qui vont perdre beaucoup de leur valeur par l'aliénation des trois cent mille hectares des forêts de l'Etat.

Les mesures proposées à l'égard de ces biens sont beaucoup plus sévères que celles adoptées autrefois pour les biens de la famille Bonaparte : n'est-ce pas une grande injustice sur tous les rapports?

Que dirai-je, ou plutôt que ne dirai-je pas de cet article additionnel sur l'infortuné Louis XVI ; de cette affligeante improvisation qui aurait exigé du moins bien des jours de réflexions, bien des heures de délibération ?

Ordonner que la mort, que le supplice du premier fondateur de nos libertés, du généreux prince dont l'échafaud a été la récompense, ne sera plus un jour de deuil pour le pays qui l'a vu périr en frémissant, est un pouvoir au-dessus du nôtre, au-dessus de tous les pouvoirs. N'est-ce pas une insulte pour le pays, que l'on voudrait par cette décision en rendre complice, et qui, depuis quarante ans, a hautement, a constamment protesté contre cette injuste inculpation ?

Quel est l'homme qui, même en approuvant la première révolution et ses résultats, n'en ait pas blâmé les moyens et les excès ; n'a pas déploré les forfaits épouvantables dont elle a été souillée? Et l'on prétendrait absoudre le plus terribles de ces forfaits, celui qui a amené tous les autres !

Quel est l'homme, applaudissant à la révolution de juillet, qui ne tremblât, en voyant une pareille détermination, de voir renouveler les scènes déplorables qui ont déshonoré les sanglantes années de 93, de 94 ?

N'est-ce pas ôter à cette seconde révolution le caractère de modération et d'humanité qu'on a désiré lui imprimer, et qu'on paraissait désirer lui conserver ?

Nos voisins ont fait un jour solennel de deuil du jour qui a vu tomber leur roi sous la hache du bourreau, et la liberté la plus désirable dure chez eux depuis plus d'un siècle : la nôtre, commencée sous d'aussi cruels auspices, n'a duré qu'un jour. Craignons qu'il n'en arrive encore autant, en n'adoptant pas ce pieux et touchant exemple, en n'encourageant pas toutes les idées d'ordre, de sagesse, de religion et de vénération pour tout ce qui a des droits à notre respect.

Une institution établie sur le crime, et quel crime que la condamnation du vertueux Louis XVI, ne peut prospérer. Elle n'est pas plus solide que l'édifice bâti sur le sable, et surtout si ce sable est détrempé de sang.

Ah ! n'essayons pas d'étouffer la douleur, de défendre les larmes ; n'essayons pas de bannir le remords de dessus la terre : cette entreprise serait infructueuse, et nos efforts heureusement seraient inutiles.

Si par malheur nous avions ce lamentable succès, le peuple, qu'il faut servir et non flatter, le peuple en serait-il plus tranquille, plus moral, plus soumis aux lois, plus fidèle à ses devoirs, plus fortuné?

Et si nous adoptions cette proposition, dont la discussion seule est déja une calamité, le gouvernement en serait-il plus fort, la France plus respectée ? Nos Chambres en seraient-elles plus honorables, les esprits plus calmes, les partis plus rapprochés ?

Non assurément. Cette loi, inconvenante sous tous les rapports, illusoire sous tous les points de vue, produirait tout le contraire. Elle inspirerait de l'intérêt pour la famille qu'elle veut poursuivre inutilement, jusque sur une terre étrangère ; qu'elle veut poursuivre même au-delà du tombeau, comme déja elle inspire l'obligation de la défendre, et la nécessité de la peindre telle qu'elle est ; car être courtisan seulement du malheur et ne louer que ceux qui sont persécutés, est chose tentante à mes yeux, et du moins excusable, aux yeux même des individus les plus passionnés, qui ne la croiront pas contagieuse.

Cette mesure aigrira les plus modérés, elle éloignera ceux qui sont les plus disposés à se rallier aux hommes de tous rangs, de toutes classes, dévoués à leur patrie, et voulant l'ordre et la tranquillité ; elle fera l'opposé de ce que l'on veut faire, du moins de ce que l'on doit faire pour obtenir paix, confiance et considération.

Les mériter est ce que désire la Chambre des Pairs, plus calme par sa nature, plus stable par sa composition.

Elle se rendra recommandable à l'extérieur comme à l'intérieur, en repoussant une proposition que des combinaisons qui lui sont étrangères ont fait naître, et que des motifs qui doivent lui être indifférens ont fait accueillir.

Elle se refusera à prononcer contre trois générations, dont une de dix ans, déja bien sévèrement punies, et l'on ne punit pas deux fois ; elle se refusera, dis-je, à prononcer le bannissement, une des peines les plus fortes de notre Code ; le bannissement, qui n'est jamais prononcé que contre les criminels les plus avérés ; le bannissement, qui ne paraîtrait motivé que par la *peur* qu'aurait la nation, et que la nation tout entière désavouerait ; car depuis long-temps ce mot est rayé de son dictionnaire. C'est surtout par les partisans de la république qu'est désirée cette condamnation des derniers rejetons de cette dynastie qui, depuis des siècles, a procuré tant d'éclat, tant de prospérité à la France, et qui l'a portée au point de puissance où nous la voyons.

Or, nous ne savons que trop ce qu'a produit la république, il y a quarante ans, dans notre malheureuse patrie, et nous ne devinons que trop ce qu'elle produirait encore.

Mais rassurons-nous à la vue d'un ministre, d'un ministère qui, avec talent, sagesse et fermeté, veut réprimer les désordres, étouffer l'anarchie, et conserver la paix au dedans comme au dehors.

Par un sage et noble refus, la Chambre des Pairs évitera à la France une proscription bien affligeante, et au prince qui la gouverne, une décision bien pénible pour sa délicatesse et pour sa position.

Cette mesure, on ne saurait trop le répéter, est une injure toute gratuite ; un acte de rigueur sans objet, un acte de colère sans motif, et nullement un acte politique ; car il ne change rien, rien absolument à l'état des choses et à la situation des affaires.

La popularité qui n'est pas fondée sur l'estime, l'honneur et la raison, est bien peu durable, est bien peu désirable : combien d'exemples n'en avons-nous pas sous les yeux depuis plus d'un demi-siècle ! Que la nation française n'oublie pas combien cette popularité, idole du jour, idole à laquelle on offre malheureusement beaucoup trop de sacrifices, combien la popularité, divinité aussi trompeuse que dangereuse, lui a coûté de victimes, il y a quarante ans, par tous les excès qu'elle a produits.

Celle des Pairs doit se chercher, si ce n'est s'acquérir, par leur empressement à adopter tout ce qui peut être utile, par leur fermeté à rejeter tout ce qui peut être nuisible, par leur courage à remplir leurs devoirs, quelque difficiles qu'ils soient, quelque pénibles qu'ils puissent être.

Ils en ont peut-être naguère donné quelques preuves, et ils sont loin d'avoir à s'en repentir.

Fais ce que dois, advienne que pourra, doit être leur devise favorite.

En y étant fidèle, on est au-dessus, je ne dirai pas seulement de toutes les critiques, mais de tous les évènemens ; en y étant fidèle, on obtient tôt ou tard du temps, qui détruit tout, excepté la vertu, une justice qui n'en est que plus durable et plus satisfaisante ! En y étant fidèle enfin, l'on vit, quoi qu'il arrive, sans inquiétude, et on meurt sans regret.

Oui, respecter l'infortune, ménager la vieillesse, protéger la disgrâce, braver le pouvoir injuste, dédaigner la faveur peu méritée, royale ou populaire, est la plus précieuse des libertés, est *le plus saint des devoirs*.

A chaque circonstance difficile bien des gens nous parlent de la position, difficile aussi, de la Chambre des Pairs ; comme cette espèce de circonstance ne sera pas certainement la dernière, je veux faire à cet égard connaître une fois pour toutes mon opinion bien arrêtée. Je répéterai du fond du cœur pour cette Chambre, ou pour moi du moins, ce que pour la Suisse menacée, disait il y a trente-cinq ans au grand conseil le vénérable avoyer Steiger : *Il vaut mieux finir comme Sagonte que comme Venise.* (Rumeur.)

Ce discours a besoin de votre indulgence, je le sens, Messieurs, mais elle ne sera pas refusée à mes anciens sentimens, à ma vieille expérience.

Elle ne sera pas refusée à celui qui, dans ce grand et triste procès, car c'en est un véritable, joue le rôle d'avocat, et doit en avoir toute la latitude, toute la liberté. Elle ne sera pas refusée votre indulgence, à un Pair de France qui, dévoué à son pays, dévoué à l'honneur, dévoué à la reconnaissance, compte pour rien l'ambition, les calculs personnels, l'intérêt particulier, les considérations intéressées, la vie même, si elle n'est pas sans reproche, et qui compte pour tout, le désir du bien, l'amour de la patrie, la bienveillance de ses collègues, l'estime de ses concitoyens, et le témoignage de sa conscience.

Je vote le rejet du projet de loi proposé par l'autre Chambre.

Je n'ai pas conçu les rumeurs qui se sont élevées lorque l'orateur a prononcé ces mots : *Vaut mieux finir comme Sagonte, que comme Venise*; certes, ce n'est pas à la Chambre haute, que souvent se trouvent des hommes qui aimeraient mieux végéter sans éclat, que de finir avec gloire. Le discours de M. le duc de Doudeauville a été écouté avec une extrême attention, *on y retrouvait tout l'homme.* Il était pur, plein de sagesse et d'honneur.

M. *le président du conseil.* Messieurs, le rapport de votre commission ne laisse rien à ajouter pour le développement des quatre principes qui constituent la loi en discussion.

L'exclusion à perpétuité de la branche aînée des Bourbons;

L'obligation qui leur est imposée de vendre, dans un délai déterminé, les biens qu'ils posséderaient en France ;

Le droit acquis à l'État, de disposer, en leur nom et à leur profit, au-delà du délai fixé;

Enfin, le dépôt du produit de la vente, à la caisse des consignations, pour être remis aux ayant-droit, selon les lois civiles.

L'honorable rapporteur a repoussé avec toute l'autorité des principes de justice qui protègent même ceux qui les ont violés, la proposition de soumettre à l'administration de l'État, c'est-à-dire au sequestre, les biens de la famille déchue, et la nécessité exceptionnelle que l'on voulait lui imposer de vendre ces biens dans une forme déterminée qui n'offrait même pas la garantie qu'on y cherchait contre la fiction d'un fidéicommis.

De hautes convenances, puisées dans le respect de la révolution de 1830, ont paru également à votre commission frapper d'incompatibilité les souvenirs du 21 janvier 1793 et les conséquences de cette révolution, dont la magnanimité fait la gloire. Elle les a sagement séparés, en écartant un article que rien ne semblait rattacher à la loi actuelle.

Le gouvernement croit devoir manifester, Messieurs, son assentiment à toutes les conclusions du rapport, et par conséquent à la rédaction nouvelle de la loi, telle que votre commission l'a proposée.

D'accord sur les moyens d'exécution, il n'éprouve plus le besoin que de motiver son adhésion au principe essentiel de la loi, l'exclusion à perpétuité de la famille déchue.

Il l'a adopté ce principe, dès le premier moment, non pas comme une garantie nécessaire pour la liberté, qui, on vient de le voir, puise ses garanties dans sa puissance et dans l'impuissance de ses ennemis; mais comme une garantie de paix publique, quoiqu'il n'appartienne plus à la branche aînée des Bourbons de jamais troubler le repos de la France; et surtout comme la proclamation solennelle d'un fait qui atteste aux peuples et aux gouvernemens le véritable caractère de la révolution de 1830, de cette révolution assez forte, assez éclairée, assez généreuse pour se préserver de l'esprit de vengeance, pour dédaigner des satisfactions vulgaires, pour n'humilier les seuls vaincus qu'elle ait voulu faire, que sous l'autorité des lois qu'ils avaient outragées.

Que l'Europe, qui a éprouvé des impressions si diverses du grand évènement de juillet, mesure avec calme, avee réflexion, l'intervalle immense qui sépare le 21 janvier du 29 juillet, et la tour du temple du port de Cherbourg; elle comprendra ce qu'il y a de grandeur et de force dans la liberté conduite par la civilisation.

Il faut, pour l'histoire comme pour l'Europe, que la loi consacre ce fait grave du divorce d'une dynastie et d'un peuple, divorce prononcé dans les formes constitutionnelles que cette dynastie même avait voulu détruire, et que ce peuple a rétablies.

Il le faut pour prouver à tous que les sermens de la nation française n'avaient pas été vains, et qu'elle n'en a été déliée que par le manque de foi de son gouvernement.

Il le faut surtout pour apprendre à ceux qui, soit au dehors, soit au dedans, méconnaissent la révolution de 1830, en s'obstinant à la juger par les souvenirs que renferme ce mot de révolution, plutôt que par les leçons qui résultent des trois journées; pour leur apprendre que la loi seule était l'objet du combat, et le prix de la victoire, puisque la loi est encore aujourd'hui la seule arme dont le vainqueur fasse usage contre le vaincu.

Quant à la nécessité de placer une menace pénale à côté de l'arrêt d'exil, personne n'en a besoin, ni les exilés, ni le pays. Il y a entre eux et nous un de ces abîmes qu'on ne franchit jamais.

Le gouvernement ne s'oppose pas, Messieurs, au vote des quatre articles proposés par votre commission.

M. le marquis de Dreux-Brézé. Messieurs, j'apprends qu'un très grand nombre d'orateurs sont inscrits contre la loi que nous allons discuter. Je n'abuserai donc pas des momens de la Chambre et je me contenterai d'appuyer mon vote négatif par quelques courtes considérations. Presque tout a été dit par mes honorables amis de l'autre Chambre, contre la proposition qui vous est présentée; une opposition de 122 voix est venue la rejeter en dernier ressort. N'attendez pas de moi, Messieurs, des phrases de sentimens, qui cependant seraient légitimes dans ma bouche, mais peut-être peu appréciées hors de cette enceinte; et nous ne devons jamais oublier qu'en parlant à cette tribune, c'est à la France entière que nous nous adressons.

L'inutilité de la proposition a été démontrée jusqu'à l'évidence; je n'insisterai pas sur ce point. Le seul caractère qui lui reste n'est donc à mon avis que celui de la vengeance, ainsi que l'a dit un journal, organe habituel du gouvernement. En excluant à perpétuité du territoire national les membres de la branche aînée des Bourbons, on leur enlève le titre de Français, et on les traite plus rigoureusement que la Convention ne traita les émigrés, que les Bourbons à leur tour ne traitèrent les hommes de la Convention. Ce caractère de vengeance est-il inhérent à la révolution de juillet, personne ne l'a jamais cru; et ceux qui comme moi étaient loin de l'appeler de leurs vœux, se sont plu à accorder à la population armée ce juste tribut d'éloges que, jusqu'aux évènemens de février, elle a usé de sa victoire avec une modération qui l'honore.

Le grand argument qu'on met en avant contre notre opposition à sanctionner la mesure en délibération, est celui qu'ayant prêté serment au nouveau gouvernement, nous devons y souscrire comme à une conséquence naturelle et nécessaire de notre position. Si je ne me trompe, c'est là le point le plus délicat de cette discussion. C'est précisément alors celui qu'il faut aborder; car dans ces temps d'orage on doit moins que jamais éviter les difficultés des questions, mais au contraire s'en saisir; et quand on le croit de son devoir, les combattre avec autant d'énergie que de loyauté.

Oui, nous avons prêté serment au nouvel ordre de choses, et nous ne l'avons pas fait avec restriction; car, je le déclare, quand il y a restriction, il n'y a pas de serment. Plusieurs d'entre nous avons motivé le nôtre. Il était juste, il était naturel de le faire. Ce sentiment a été apprécié à cette époque par toute la Chambre. Je dirai plus, ces motifs ont été pour les provinces l'explication de la position du moment.

Quelques-uns de nous ont adopté avec franchise les principes de liberté conformes au bonheur et à l'intérêt de tous; sous ce rapport, je ne crois pas avoir de reproches à me faire.

Mais de ce que nous avons prêté serment dans le but de concourir à tout ce qui pouvait contribuer à l'ordre et à la paix de la France, s'ensuit-il que nous ayons donné d'avance notre assentiment à toutes les lois d'exception qui pourraient être présentées, à toutes celles que le caprice pourrait faire naître? Non, Messieurs, voilà où gît l'erreur. C'est, tout au contraire, qu'éclairés par les malheurs de la première révolution, nous n'avons pas voulu abandonner notre poste de bons Français. Nous avons voulu qu'en toute occasion des voix désintéressées dans le partage des faveurs de la révolution pussent s'élever contre les mesures injustes et arbitraires qui pourraient apparaître, n'acceptant jamais le rôle d'une opposition systématique. Nous avons désiré aussi prêter notre appui au gouvernement, toutes les fois qu'il sera réclamé dans l'intérêt bien entendu de la patrie.

Admettons un moment que nous donnions notre assentiment à la loi en délibération ; certes, c'est alors qu'on s'éleverait contre nous ; certes, c'est alors qu'on ne manquerait pas de dire : « Voyez ces an-« ciens amis de la famille des Bourbons, aujourd'hui qu'elle ne « peut plus rien pour eux, ils l'insultent ; aujourd'hui qu'elle est « malheureuse, ils l'accablent dans son infortune ! » Oui, Messieurs, je ne crains pas de le dire, la proposition est tout autant dirigée contre nous que contre les malheureux princes qui en sont l'objet. L'intention première qui l'a dictée a été celle de nous mettre dans cette alternative, d'être voués au mépris de nos concitoyens, ou d'être en possibilité de calomnier nos intentions. Si je recherchais bien, j'y trouverais des vues hostiles qui s'éleveraient encore plus haut ! En pareil cas, le choix ne peut être douteux ; et le jour où je suis venu prêter serment dans cette enceinte, je me suis attendu à toutes les calomnies, de quelque bord qu'elles pussent venir.

On nous accusera de manquer de patriotisme : est-ce en manquer que de donner chaque jour notre concours au gouvernement pour maintenir la paix au-dedans, pour faire la guerre avec honneur, si la nécessité l'exige. Ah ! Messieurs, je ne crois pas, et j'oserai dire que la France ne croit pas au patriotisme qui consiste à s'écrier : Malheur aux vaincus ! Je ne comprends pas celui qui a pu faire dire que les Bourbons avaient, pendant quinze années, soulevé le cœur de tous les Français. Je ne comprendrai jamais le patriotisme qui peut faire proclamer à la tribune des sentimens d'injustice ou d'ingratitude.

Franchement, Messieurs, quand on nous dit de telles choses, nous prend-on pour des fous ou des visionnaires? Les quinze années qui se sont écoulées n'ont-elles été qu'un vain songe?

Un honorable général a parlé dans l'autre chambre du voyage d'Alsace ; moi, Messieurs, peu de jours avant la nomination du fatal ministère du 8 août, j'ai été témoin, dans une ville où certainement les sentimens au nouvel ordre de choses ne sont pas douteux, dans la capitale de la Normandie, des sentimens d'amour, des bénédictions avec lesquelles était accueillie une princesse que l'accumulation de ses malheurs, comme l'a si bien dit un illustre écrivain, a rendue une des gloires de la France.

Il n'entre pas dans mon intention d'examiner dans ses détails le projet de loi dont nous nous occupons, je ne me suis attaché qu'à son esprit ; il me semble révélé tout entier par la disposition additionnelle qui est venue s'y placer d'une manière incidente, et que M. le Président du conseil vient de retirer tout-à-l'heure.

Je repousse la proposition, comme la croyant aussi contraire aux intérêts bien entendus du gouvernement, qu'aux sentimens qui m'animent.

Ce jeune orateur dont la voix sonore et le débit assuré s'emparent de l'attention générale, est un digne représentant de notre jeune France ; non de cette jeune France qui rejette tout ce qui est ancien, qui ne veut plus de la religion de nos pères, qui répudie nos vieux souvenirs de gloire, et qui ne veut dater que de 1789... mais de cette jeune France qui apprécie tout ce que le temps a amené d'améliorations, et qui veut en profiter ; qui sait que les siècles doivent nécessairement changer les mœurs et les institutions, mais dont rien au monde ne peut changer les principes de religion, d'honneur et de dévouement.

M. le duc de Plaisance : Messieurs, lorsque j'ai prêté serment à la Charte de 1830 et au Roi des Français, j'ai compris toute l'étendue de l'engagement que je prenais.

J'ai compris, qu'en prononçant l'exclusion de Charles X, je prononçais en même temps celle de ses descendans, et que, dans l'intérêt du pays et de la nouvelle dynastie, le territoire français devait être interdit à ces princes, dont la présence pourrait y devenir une occasion d'inquiétude et de trouble.....

Je laisserai de côté les causes qui contribuèrent à ramener les Bourbons. Chacun juge cette époque, suivant ses impressions particulières, sa position, les lieux où il s'est trouvé. J'ai entendu retentir dans les rues de Paris les cris de *vivent les Bourbons !* J'ai vu les croisées pavoisées de drapeaux blancs. Mais j'ai vu aussi nos soldats pleurant sur leur empereur. J'ai entendu, dans les campagnes, regretter celui dont on a dit pourtant qu'il avait pris aux Français et leur dernier enfant, et leur dernier écu. Entre les opinions qui se heurtent, ce retour, l'arme au bras de l'île d'Elbe, ce drapeau tricolore, volant de clocher en clocher, semblent devoir décider la question........

Nous ne serons pas injustes envers la restauration ; c'est à son concours, nous l'avouons, que le pays a dû plusieurs années de paix et de prospérité.

Nous tiendrons compte à Charles X des secours donnés aux Grecs, de cette expédition d'Alger, dans laquelle la France s'est montrée la noble protectrice des droits et des nations, et qui a relevé aux yeux de l'Europe la gloire de nos armes.

Mais passerons-nous sous silence cette prodigalité qui multipliait, sans nécessité, les faveurs, les pensions, les emplois, les hauts traitemens, lorsque nos places fortes, nos routes, nos canaux étaient entièrement négligés ? Passerons-nous sous silence ces grades militaires prodigués, sans mesure, et qui laissent au trésor public l'énorme poids de 47 millions, seulement pour les pensions de l'armée de terre? Oublierons-nous cet esprit de prosélytisme bigot, qui peu à peu avait tout envahi, et dont l'effet le plus funeste a été l'atteinte portée à la religion? N'est-ce pas, en effet, à la réaction qui en a été le résultat inévitable, que nous devons ces profanations qui naguère affligèrent tous les gens de bien?

Vous avez déploré, Messieurs, des fautes multipliées; vous avez été blessés surtout du licenciement de cette garde nationale que Charles X, qui l'avait commandée, aurait dû apprécier mieux que tout autre; de cette garde nationale, double sauve-garde du trône, en présence de laquelle les ordonnances n'auraient pas été rendues, et qui peut-être, après les ordonnances, aurait encore sauvé sa dynastie, en le forçant à faire à temps les concessions qui seules pouvaient la sauver.

J'ai parlé de ces fatales ordonnances, que pourrai-je dire encore sur leurs résultats, sur ces trois journées de gloire à la fois et de douleurs?

Charles X a brisé le pacte qui l'unissait à la France; le sang a coulé; désormais un éternel divorce existe entre elle et lui.

Qu'un vieillard, que des femmes, des enfans puissent, avec sécurité, quitter le sol français; qu'ils parcourent la route qui les conduit au lieu de leur embarquement, sans qu'aucun cri, aucune parole malveillante frappe leur oreille; qu'ils reçoivent même des marques silencieuses du respect dû à une grande infortune; là je reconnais une nation généreuse, qui comprend la liberté, et qui est digne d'en jouir; mais après avoir donné une marque si éclatante de ses nobles sentimens, c'est pour elle un devoir de veiller à sa propre sûreté......

On a dit ailleurs, et des voix éloquentes pourront le répéter ici, à quoi bon affliger une royale vieillesse par des rigueurs stériles? Tout n'est-il pas consommé? Charles X a quitté la France: un seul bras s'est-il levé pour défendre sa couronne ou celle rêvée pour un enfant? Depuis, la guerre civile a-t-elle agité vos provinces? non. La guerre civile n'est plus chose facile à faire surgir en France. Louis-Philippe règne, il régnera, car un trône constitutionnel, fondé par un Roi sincère, homme de bien, repose sur des bases inébranlables; qu'on l'attaque, tous les intérêts, toutes les nuances d'opinions se réuniraient pour le défendre. Cependant la malveillance s'agite; elle invente les bruits les plus absurdes: pour les propager elle prend toutes les formes, le masque même de la popularité. Elle voudrait faire naître des défiances; elle suppose une régence cachée derrière un trône. Vos actes doivent lui donner un démenti.

J'ai du regret, je l'avoue, que la proposition qui nous occupe ait été faite. Non, que je ne la croie fondée en raison et en principe, mais parce que ses conséquences me paraissent ressortir d'une manière si manifeste du serment, qu'aucun doute ne peut rester à cet égard.

Ceux d'entre nous (et un noble duc qui a fait entendre à cette tribune des regrets si touchans, accompagnés de sentimens si français), n'ont-ils pas, en prêtant ce serment qu'ils ont cru commandé par l'intérêt du pays, compris toute sa portée ?.....

M. LE DUC DE NOAILLES. Nobles Pairs, ce n'est pas sans quelque émotion que j'ose pour la première fois paraître à cette tribune; et la noble Chambre, en appréciant le motif qui m'y détermine, voudra bien accorder quelque indulgence à mes paroles dans une discussion si délicate et si solennelle. Admis jeune encore au sein de cette grave assemblée où tant de science et de lumières se trouvent réunies, l'inexpérience de mon âge me faisait en quelque sorte une loi du silence. En assistant depuis plusieurs années à ces délibérations si savantes et si approfondies, où s'agitaient les plus grands intérêts de l'Etat, je cherchais à me former silencieusement à votre école; je m'efforçais de profiter de tant d'exemples de sagesse, de modération, d'amour du bien public, d'intelligence parfaite de l'esprit et des besoins du temps, de la véritable interprétation des principes de notre constitution politique, qui promettait à la France un long avenir de puissance et de bonheur, si partout on les eût interprêtés de même. C'est ainsi que j'espérais pouvoir un jour parvenir à servir aussi de ma faible voix les intérêts de mon pays, sans être trop indigne des modèles qui m'auraient été offerts. La proposition qui vous a été adressée par l'autre Chambre me force aujourd'hui à rompre ce silence, parce que mon âge ne me permettant pas de protester contre elle par mon vote, je ne puis résister au besoin de protester par mes paroles. Quant à ceux qui, par raison d'Etat, pourraient être d'un avis différent du mien, ils ne se méprendront pas sur les motifs de mon opinion, parce qu'elle prend sa source dans des sentimens généreux qui ne seraient désavoués par personne, et qui n'excluent pas le patriotisme le plus sincère. Quelque passionné qu'on soit pour la liberté, quelque haine que l'on porte à l'apparence même du despotisme, quelque indignation qu'ait pu faire naître chez les plus ardens défenseurs de nos institutions l'apparition des ordonnances de juillet, quelque justice même qu'on puisse trouver dans leur terrible résultat, la main peut hésiter encore, ce me semble, à signer l'espèce d'arrêt qu'on vous propose contre les descendans de nos anciens Rois.

Autre chose est de s'être soumis aux évènemens, d'avoir adopté même les conséquences de ces funestes entreprises qui ont amené la chute de ces princes, éternels jouets de la fortune; autre chose de les poursuivre aujourd'hui par des rigueurs inutiles. Les évènemens de juillet n'ont pu anéantir le passé, ils n'ont pu faire que cette royale famille, réfugiée aujourd'hui sur la terre d'Angleterre, ne soit la descendance de cette antique dynastie qui a gouverné la France pendant huit siècles, associée pendant cette longue période à ses conquêtes, à ses travaux et à sa gloire. Ce passé, Messieurs, est un titre inviolable de respect, qui doit couvrir comme d'une égide sacrée de si grandes infortunes, aux yeux même de ceux qui les trouvent les plus méritées. Je dirai plus, il est un sentiment d'honneur qui ne permet pas à un pays de déverser le mépris sur une famille qui l'a gouverné pendant huit cents années, sans qu'il en rejaillit quelque chose sur lui-même. Celui-là serait étranger à tous sentimens généreux, et ne serait pas de son siècle, qui ne saurait comprendre le sentiment qui peut porter à repousser la mesure qui vous a été adressée, et qui s'étonnerait que dans cette Chambre il s'élevât quelques voix pour la combattre. Je le répète, la loyauté dans les engagemens, le plus sincère amour de la patrie peuvent s'allier avec les sentimens que j'exprime. La guerre, a-t-on dit, en réponse à quelques réclamations sur le droit d'un enfant au trône, la guerre a prononcé ! et c'est huit mois après la victoire, lorsqu'on se vante, avec justice, qu'elle a été pure de toute violence, sans vengeance et sans haine, qu'on viendrait par des mesures rigoureuses et sans motif nouveau, poursuivre jusque sur la terre étrangère ces derniers rejetons de race royale qui cachent dans les montagnes d'Ecosse le plus triste tableau des vicissitudes humaines !

Messieurs, dans les perturbations politiques, quelles qu'elles soient, un bon citoyen doit toujours songer d'abord à son pays; et quand je jette les yeux sur cette noble assemblée, la présence de tous les membres qui la composent encore aujourd'hui, m'atteste que cette maxime est ici dans tous les cœurs. Lors donc qu'une proposition quelconque nous est présentée, qu'elle blesse ou non nos affections particulières, notre première pensée doit être de savoir si l'intérêt du pays l'exige impérieusement. L'intérêt du pays doit dominer toutes nos résolutions. Une réflexion un peu approfondie démontre ici que l'intérêt de l'Etat est beaucoup plus étranger qu'il semble l'être à la proposition qui vous occupe.

Aussi, Messieurs, je regarde cette proposition premièrement comme inutile; je la regarde ensuite comme indigne du caractère français, et comme renfermant des dispositions contraires à la constitution et dangereuses pour les intérêts publics.

On peut d'abord marquer quelque étonnement de ce que parmi les plus zélés défenseurs de la mesure proposée aujourd'hui, il se soit trouvé d'ardens adversaires d'une mesure semblable proposée peu de jours après les évènemens du 14 février. Cette proposition d'alors se bornait à interdire aux princes réfugiés en Angleterre, l'accès du sol français et le droit de posséder en France; et cependant ceux-là même qui ont défendu la mesure actuelle dans ce qu'elle a de plus rigoureux, repoussaient la première comme injurieuse à la révolution qu'elle montrerait craintive, injurieuse aux sermens prêtés, injurieuse à la France même.

Mais pour en venir aux raisons qui peuvent s'opposer à l'adoption de la loi présentée, votre commission en a déja exposé une grande partie, en vous développant les motifs qui l'avaient engagée à vous proposer des modifications notables.

Quant à l'article 1er., permettez-moi de m'en étonner, Messieurs ; car malgré ce qu'a dit votre noble rapporteur, je cherche encore en vain quel peut en être le but et l'intérêt. Sans doute cet article semble n'être que la conséquence des évènemens ; il ne les aggrave ni ne les modifie ; il ne change rien aux destinées. Mais après ces évènemens, de quoi peut-il servir ? Un grand fait de notre histoire a été consommé ; ce fait est accompli, ce fait est tout. La nation, dit-on, s'est levée tout entière pour ressaisir ses droits méconnus ; elle a été unanime dans l'expression de sa volonté. Ne se fierait-on pas à ce sentiment universel ainsi exprimé ? Votre noble rapporteur a dit que l'obstacle qu'apporterait la France au retour de la branche aînée de la maison de Bourbon ne formerait qu'une impossibilité de fait, que la loi seule pouvait consacrer les faits, les ériger en droits, et leur imprimer un caractère obligatoire. Mais quoi ! tout ne serait-il donc pas achevé ? La nation n'a-t-elle pas tout dit, en élevant Louis-Philippe sur le trône ? Serait-il nécessaire qu'une loi vînt aujourd'hui donner une sanction nouvelle aux faits accomplis ? L'exclusion de la branche aînée de la maison de Bourbon et l'élévation de Louis-Philippe au trône de France, est une seule et même chose, un seul et même acte. Si le sentiment national est ce qu'on le publie, il est complètement inutile de faire une loi d'exclusion, ou si cette volonté générale venait à changer, de quel droit les défenseurs de la souveraineté nationale prétendraient-ils l'enchaîner par un décret *perpétuel*, et de quel obstacle serait ce décret rendu ? Plusieurs partisans de la proposition dans l'autre Chambre l'ont reconnu, cet obstacle serait de nulle valeur. Ne faut-il donc pas se garder de ces lois inutiles qui n'ajoutent aucune force aux faits, et prennent aux yeux des peuples un caractère de faiblesse ou de passion ? Ne serait-il pas de la dignité de notre époque de se préserver du cachet dont sont restées empreintes, dans nos changemens continuels, ces diverses proscriptions contre des pouvoirs renversés ? Et dans ce siècle si fécond en évènemens terribles sur le peu de durée des choses d'ici-bas, nous avons vu tant de débris divers s'amonceler sous nos yeux, où la fortune s'est tant jouée de la volonté des hommes, n'y aurait-il pas, en présence des quarante années qui viennent de s'écouler, quelque chose de dérisoire à inscrire sur les tables de nos lois le mot *perpétuité ?*

Ce projet de loi, a-t-on dit, n'est point inspiré par un esprit de vengeance et de haine contre un vieillard et un enfant ; mais il est nécessaire pour faire obstacle aux intrigues, aux complots d'un parti dont ils sont l'âme et le drapeau, le mobile et le but ; il est indispensable pour couper le fil des trames cachées, et en arrêter le développement, ôter toute espérance à ceux qui conspirent ; c'est une mesure de haute politique, que la sûreté de l'Etat exige ; et quant à la disposition relative aux propriétés, elle est assez justifiée par les inconvéniens qui peuvent résulter pour le repos public de la jouissance de biens qui serviraient à solder des désordres, et à entretenir des émissaires politiques sous le nom d'agent d'affaires. Mais quoi !

ces trames cachées, ces complots contre l'ordre établi ne paraîtraient-ils donc pas criminels aujourd'hui, parce que la loi proposée n'est pas encore rendue? Quelle criminalité nouvelle leur ajoutera-t-elle? S'il y a des conspirateurs, préviendra-t-elle, empêchera-t-elle les conspirations? L'autorité n'est-elle pas dès aujourd'hui armée pour les punir? Quel obstacle nouveau cette loi apportera-t-elle aux menées d'un parti que le gouvernement lui-même a reconnu à la tribune être incapable de rien entreprendre de sérieux, être si peu nombreux et si faible? Pourquoi donc vouloir conjurer des dangers auxquels on ne croit pas? On ne craint certainement point que le jeune descendant d'Henri IV se glisse en France d'une manière furtive et isolée; et si une entreprise armée compromettait la tranquillité du pays, le gouvernement croirait-il avoir besoin de la loi que nous discutons pour la réprimer? Quant à la disposition relative aux propriétés, on reculerait avec raison devant une confiscation véritable. Or, quelle plus grande sûreté l'Etat peut-il trouver à remettre aux possesseurs le capital de leurs biens, ou à leur laisser la jouissance des revenus de ces mêmes biens, sur lesquels d'ailleurs ils peuvent emprunter. Je ne suis pas frappé non plus, comme a semblé l'être votre noble rapporteur, de l'obstacle que ces mêmes dispositions apporteront à la correspondance d'Holy-Rood avec la France; je ne vois pas que la ressource que présente le prétexte de lettres d'affaires soit si grande, ni que la privation de cette ressource doive former un si grand empêchement à cette correspondance, si elle a lieu. Je ne vois point dans tout cela de motifs suffisans pour justifier les mesures rigoureuses qu'on vous propose, ni autoriser la confiscation déguisée qui résulte de la loi qui vous a été transmise.

Je reste donc frappé de l'idée que cette loi est sans intérêt réel pour l'État, que le bien du pays ne la réclame point; et si elle est inutile, si elle est sans but et sans objet, elle me paraît n'être plus qu'une insulte gratuite à un pouvoir tombé; dès-lors elle me paraît indigne du caractère français.

Cette proposition, telle surtout qu'elle vous a été envoyée, rigoureuse dans plusieurs de ses détails, serait, ce me semble, désavouée par le sentiment national; elle le serait même par les plus vrais partisans de la révolution de 1830, dont elle dénaturerait l'esprit et le caractère. Nous n'avons point oublié que la révolution de 1830 s'est annoncée comme voulant donner au monde des exemples de grandeur et de générosité, agrandir le domaine de la raison, commander le respect par la sagesse, la justice, la modération de ses actes, soumettre ses adversaires eux-mêmes par sa magnanimité: on ne retrouverait point dans la loi que nous discutons ce grand et noble caractère. Non, il ne sera pas dit que le peuple français, quelque criminels qu'aient pu lui paraître les derniers actes du gouvernement légitime, aura poursuivi par des mesures de rigueur, jusque sur la terre hospitalière qui lui aura donné asile, la famille sous le sceptre de laquelle il a vécu pendant quinze ans. Et, sans se faire l'apologiste de tous les actes de la restauration, serait-il de la bonne foi de dire que ces quinze années furent sans repos, sans bonheur, sans prospérité ? Le peuple français sera fidèle à la noblesse et à la générosité de son caractère, en ne disputant pas à ses anciens rois les restes de leur patrimoine ; il se respectera lui-même, en ne donnant pas un pareil spectacle aux nations voisines ; et n'en est-ce pas trop déja que ce plaidoyer que je vous adresse ici, pour obtenir que vous repoussiez des mesures qui apporteraient la gêne et le besoin dans une famille qui a si long-temps régné sur nous, et livrerait à la merci de l'étranger les petits-fils de St.-Louis, d'Henri IV et de Louis XIV.

Mais ce qui est grave surtout, en ce que cela est contraire aux principes de notre constitution, et formerait un antécédent dangereux pour les intérêts publics, ce sont les dispositions qui ordonnent l'administration des biens par les domaines, le dépôt des revenus à la caisse des consignations, l'obligation de vendre sous une forme spéciale. Ce qui est grave, ce sont les doctrines émises hors de cette Chambre, il est vrai, à l'occasion de ces dispositions sur la confiscation. Le noble rapporteur de votre commission a déja développé une partie des motifs qui s'opposent à leur adoption, mais en une matière si importante, vous me permettrez de retenir encore un instant votre attention. Nous touchons ici, Messieurs, à des intérêts majeurs, à des intérêts qui sont ceux de tous les citoyens : il s'agit de principes, il est important de les bien établir.

Un des plus beaux progrès de la civilisation moderne, un des titres les plus glorieux de notre constitution, c'est l'abolition de la confiscation, cette peine barbare qui attaque les principes constitutifs de la société, punit les enfans innocens du crime de leur père, perpétue les haines et les vengeances, éternise les maux des révolutions. Il nous faut garder avec soin ce précieux privilège de notre perfectionnement social, et veiller à ce que la plus légère atteinte ne lui soit jamais portée. Cette horreur pour la confiscation est passée dans les idées du siècle, une confiscation positive et brutale révolterait tous les esprits ; mais il faut prendre garde d'agir par surprise, d'adopter des mesures où se glisseraient, à travers des dispositions motivées sur des exceptions et des cas spéciaux, des attentats déguisés mais réels à la propriété. C'est évidemment le cas qui nous occupe. Obliger à une forme spéciale pour vendre, retirer l'administration des biens aux possesseurs, et charger le domaine public de cette administration, en verser le revenu et même le produit des ventes dans les caisses publiques pour satisfaire aux prétentions subséquentes de divers réclamans, sont autant d'attentats à la propriété qui constituent une véritable confiscation ; car la confiscation ne consiste pas seulement à s'emparer à tout jamais du bien matériel, mais à priver, hors le cas d'arrêt judiciaire, momentanément ou à perpétuité, d'un des droits inhérens à la propriété.

M. le président du conseil a averti la Chambre des députés de la voie dangereuse où elle s'engageait, il lui a fait observer qu'une pareille porte ouverte, les partis pourraient en abuser. Il appartient à la Chambre des Pairs qui a toujours veillé avec vigilance sur les intérêts du peuple comme sur les intérêts du trône, et dont le zèle à défendre les droits de la nation lui a valu aussi des applaudissemens populaires, il appartient à sa prévoyance d'enlever à l'avenir un antécédent qui pourrait devenir funeste. Il est important, il est dans l'intérêt de tous, qu'elle repousse ici toute mesure où apparaîtrait l'ombre même de la confiscation. Qui sait en effet où pourrait conduire le premier pas, et si on ne reviendrait point, par une gradation insensible à un régime dont la France abhorre même le souvenir? Le principal argument par lequel on a voulu justifier les dispositions dont je parle a été trouvé dans la condition même des princes, en les signalant comme étant hors du droit commun. Terrible argument, Messieurs, dont l'abus n'a pas été inconnu à nos pères. Avec ce principe, il suffirait d'une déclaration semblable pour autoriser à volonté la spoliation des biens ; et si vous le consacriez aujourd'hui, vous dépouilleriez de ses garanties les plus précieuses, le corps social tout entier. Je sais qu'on a repoussé avec un empressement sincère toute idée d'un pareil danger par les différences de tout genre qui peuvent exister entre les hauts personnages dont nous nous occupons ici, et les citoyens ordinaires. Mais les longs malheurs de notre patrie nous ont donné en cette matière une triste expérience. Le sequestre, dans les diverses phases de la révolution de 89, n'a-t-il pas toujours précédé la confiscation? a-t-on, dans les crises politiques, manqué de prétextes et de cas spéciaux pour mettre hors du droit commun? Otons à jamais, en sanctionnant les principes de notre constitution, ôtons une pareille arme aux mains des partis, qui, dans leurs triomphes divers, pourraient faire de si profondes blessures à la société. Ce n'est plus pour un intérêt particulier que je parle, c'est au nom de tous les citoyens. Toutes les propriétés sont égales, et partant solidaires.

On a dit, d'une part, que les membres de la famille de Charles X étaient hors du droit commun, parce que cela tenait à leur condition de princes, condition qui est toujours régie par des lois exceptionnelles ; que c'est ainsi que lorsqu'ils parviennent à la couronne, leurs biens sont réunis au domaine de l'État, que c'est à ce titre qu'ils ont des rentes apanagères, et sont entretenus dans de somptueux palais. Etrange argumentation! c'est lorsque vous leur ôtez leur couronne, et qu'en les excluant à jamais du trône, vous les réduisez à la condition de simples citoyens, que vous voulez les traiter en conséquence des lois qui régissaient leur condition de princes et de souverains! Trouverait-on là les conséquences d'une logique bien rigoureuse, et le caractère d'un peuple généreux? D'une autre part, on a dit qu'il n'y aurait point de confiscation en s'emparant même des biens, parce que des princes déchus sont toujours hors du droit commun. On n'a pas besoin de réfuter devant vous cet argument, tout opposé à l'autre, et qui se montre d'abord contraire à tout principe, à toute justice, et dont les conséquences pourraient être sans bornes.

Je ne puis croire, Messieurs, que ces réflexions, jointes à celles qui vous ont été développées par votre noble rapporteur, ne laissent quelque impression sur vos esprits. Vous ne croirez sûrement pas devoir agir en la matière qui nous occupe, plus sévèrement qu'on n'a agi en 1816 par une loi semblable, au sujet de la famille de Bonaparte. Cette loi, en effet, plus sévère sous d'autres rapports, était moins rigoureuse quant à la disposition relative aux biens, sans doute par respect pour les principes que j'ai cherché à établir dans ce discours, que si cette loi contre la famille de Napoléon paraissait à quelques personnes entraîner la nécessité de celle qu'on vous propose, je dirais que la conséquence ne me paraît pas rigoureuse. Je ferais remarquer qu'outre bien des différences entre les deux familles, la loi de 1816 n'a été portée qu'après l'époque du 20 mars, où Napoléon avait reparu en France à main armée, pour ressaisir une couronne qu'il avait abdiquée; époque qui a entraîné tant de malheurs pour la France! et que sans s'arrêter à des comparaisons qui offrent tant de dissemblances, nous ne devons être guidés dans la résolution qui nous occupe que par l'intérêt urgent du pays.

Enfin, Messieurs, votre commission vous a déja fait souvenir que l'abolition de la confiscation, cette amélioration législative appelée depuis long-temps par les esprits les plus éclairés, et conservée précieusement dans la Charte de 1830, est apparue pour la première fois dans notre législation en 1814, qu'elle a été un bienfait de la restauration, et que c'est Louis XVIII qui l'a apportée de l'exil. Il y aurait honte et ingratitude à y déroger aujourd'hui contre sa famille.

Parlerai-je, Messieurs, du dernier article de la loi qui vous est soumise? D'autres motifs que la fin de non-recevoir qui vous a été présentée par votre commission, pourraient vous engager à ne le pas admettre. La France, en effaçant aujourd'hui la loi sur le 21 janvier, proclamera-t-elle que ce triste anniversaire n'est plus un jour de deuil? Depuis long-temps les Stuarts ne règnent plus en Angleterre, et l'anniversaire de la mort de Charles Ier est resté un jour de deuil chez les Anglais. Une des raisons qui a paru motiver la présentation de cet article, a été l'incompatibilité qu'il y aurait entre la fête nationale instituée pour célébrer l'anniversaire des journées de juillet, et la solennité du 21 janvier. Messieurs, si la France a des joies pour le jour où elle a fait triompher ses droits, elle peut avoir des larmes pour le jour où elle a vu commettre un si grand attentat.

Messieurs, sans que ma position personnelle auprès des princes dont il est question dans la loi ait jamais entraîné une reconnaissance particulière de ma part, j'ai cru devoir au nom que je porte et aux souvenirs de ma famille de plaider une cause à laquelle le malheur seul suffirait pour donner quelque chose de sacré. Je l'ai fait surtout parce que le sentiment qui m'y portait m'a paru d'accord avec la justice, et non contraire aux intérêts de mon pays. S'il n'y a pas péril pour lui en l'état actuel des choses, si son intérêt ne réclame pas impérieusement les mesures qui vous sont proposées, il est permis d'obéir à la répugnance qu'elles peuvent inspirer, de s'abandonner au sentiment qu'elles peuvent faire naître, et que respecteront ceux même qui ne le partagent pas. Pour moi, je ne regretterai jamais que dans une question qui, envisagée comme je l'ai fait dans ce discours, me paraît une question d'honneur pour la France, ce plaidoyer en faveur de toute une famille de Rois ait signalé mon début à cette tribune.

Ce serait une grande erreur de croire qu'une loi semblable dût donner de la force au gouvernement nouveau. Ce ne sont point de pareils actes, inutiles pour le présent, impuissans pour l'avenir, qui peuvent être la vraie garantie de sa durée. Il sera fort quand il s'appuiera sur les principes qui donnent la stabilité aux empires, quand il saura guider la nation d'une manière ferme et invariable dans la voie de la vraie liberté qui se concilie avec les conditions nécessaires à l'existence du pouvoir, sans se laisser dominer par les exigences des partis, sans se laisser séduire par des théories non réalisables, dont l'essai n'enfanterait que des malheurs. Il sera fort quand il saura comprimer les factions qui cherchent à déchirer la France, quand il aura complètement ramené l'ordre et les principes de l'ordre, quand sa fermeté et sa sagesse, révélant à la nation des conditions de durée, et rassurant l'étranger sur les dangers dont nous le menaçons, lui rattacheront les partis et ramèneront la confiance, et il est de la justice ici de féliciter la nouvelle administration des efforts qu'elle a déja faits pour atteindre ce but.

Je ne veux pas, Messieurs, me faire le défenseur de tous les actes de la restauration, mais parmi les plus ardens partisans de la révolution de 1830, il en est qui s'abandonnent sans cesse contre le passé à des récriminations souvent injustes et contraires aux faits. La loi que nous discutons en a été elle-même plusieurs fois l'occasion. Quand un gouvernement succède à un autre, ce n'est pas en déversant à tout instant le blâme et le mépris sur celui qui l'a précédé, qu'il doit chercher à fonder son pouvoir, c'est en faisant mieux que lui. Aussi dirons-nous à ces ardens apologistes de ce qui est, et accusateurs de ce qui n'est plus : Donnez-nous plus de liberté que nous n'en avions sous la restauration, puisque vous trouvez que nous en manquions alors; donnez-nous plus d'ordre public, plus de sécurité, plus de calme; donnez-nous une administration plus éclairée, plus vigilante, moins centralisée, moins coûteuse; soulagez les contribuables; diminuez ce milliard d'impôts contre lequel vous vous éleviez sans cesse; faites que nos finances soient en un meilleur état, notre comptabilité plus en règle, notre crédit plus élevé, notre commerce et notre industrie plus prospères; faites que tout atteste que l'aisance est plus générale; rendez enfin à la France cette prépondérance et cette dignité à l'étranger, que vous reprochiez tant à la restauration de nous avoir fait perdre, et vous serez plus en droit alors de blâmer ce qui vous a précédé, ou du moins, si vous voulez qu'on vous tienne compte des difficultés inséparables d'une perturbation semblable à celle que nous avons éprouvée, et ce que d'ailleurs réclame la justice, ne renouvelez pas sans cesse des accusations qui pourraient provoquer des comparaisons quelquefois fâcheuses. Les peuples aujourd'hui sont éclairés sur leurs véritables intérêts, ils jugent et comparent; les faits pour eux parlent plus haut que les discours, et ils savent qu'en définitive, le meilleur gouvernement est celui qui donne à la nation la plus grande somme de bien être.

C'est parce que j'aime mon pays, Messieurs, que je tiens ce langage, et j'espère que pas une de mes paroles, dans ce discours, n'aura paru dictée par un autre sentiment.

Lorsque, dans ce mois de juillet qui retentira dans l'histoire, nous avons vu le trône renversé et la monarchie légitime s'avançant en silence vers l'exil, nous avons songé à notre pays, nous nous sommes rappelé ses anciens malheurs, quand l'anarchie le dévorait, et, faisant taire nos affections et nos souvenirs, nous sommes accourus, pour empêcher que, dans cette commotion profonde, dont la chute du trône avait ébranlé notre sol, l'ordre social ne s'écroulât tout entier, et n'écrasât encore une fois la nation sous ses ruines. Nous avons cru que, dans le poste qui nous appartenait, nous nous devions à la France. La France reste, a dit dernièrement un orateur à la tribune de la Chambre élective, la France reste, et les orages passent sur sa tête. Espérons que cela sera vrai toujours, et que, si l'orage gronde encore, il se dissipera bientôt, pour rendre à notre pays le calme dont il a tant besoin.

C'était la première fois que M. le duc de Noailles montait à la tribune. C'était un noble début que d'y paraître pour faire un plaidoyer en faveur d'une famille royale proscrite et malheureuse. Les sentimens de son cœur l'ont bien inspiré. Son discours très remarquable a été écouté avec une grande attention par la Chambre... Les ministres ne fronçaient pas encore le sourcil.

M. LE MARÉCHAL MACDONALD. C'est moins pour répondre aux nobles orateurs qui m'ont précédé ici que pour motiver mon opinion, et vous présenter quelques considérations générales, que je monte à cette tribune. Je sais respecter le malheur, et personne ne m'accusera d'en méconnaître les droits sacrés. Je respecte aussi toutes les opinions consciencieuses, j'ai le droit d'obtenir les mêmes égards pour les miennes.

Quoique l'habileté ordinaire du noble duc, rapporteur, ait laissé peu de choses à dire à ses collègues dans le développement qu'il a donné des motifs d'adhésion de la majorité de la commission ; comme l'un de ses membres, je crois devoir prendre un instant la parole dans cette grave, solennelle et pénible discussion, pour ajouter quelques mots qu'il eût bien mieux exprimés que moi.

Sur neuf qui la composaient, les sept présens ont été unanimes pour le maintien ou le rejet des divers articles du projet, et une seule séance a suffi pour l'examiner et l'élaborer.

En le modifiant, en le jugeant froidement, sans esprit de parti comme sans passion, nous avons d'abord reconnu qu'il n'y avait ni besoin ni urgence, et nous avons été d'opinion et d'accord que l'on pouvait très bien s'en passer; car nous ne trouvions pas qu'il y eût péril en la demeure.

Mais puisque la proposition a surgi du sein de l'autre Chambre, et que le gouvernement l'a adoptée, nous avons cru que c'était aussi pour nous une obligation, une nécessité, même un devoir de concourir à calmer des inquiétudes, à faire cesser des craintes bien ou mal fondées, en vous présentant des moyens qui nous ont paru suffire aux exigences du moment, et nous avons accepté pour chacun de nous, et tous ensemble, la solidarité de nos raisons.

Pour ma part, comme je n'ai jamais dissimulé ma pensée, c'est avec franchise que je proclame ici la mienne tout entière. J'avouerai donc, sans nul détour, que j'ai déploré le funeste aveuglement de ce ministère qui a préparé la plus étonnante et la plus subite catastrophe dont l'histoire fasse mention, en ouvrant l'épouvantable abîme dans lequel il a précipité ses anciens maîtres avec lui.

Je déclare avec la même sincérité que je ne crois point à la possibilité de jamais relever un trône renversé avec un tel fracas, qu'il a comme ébranlé presque tous les trônes absolus et despotiques de l'Europe.

J'étais loin de Paris lors de la révolution de juillet : je l'appris presque en même temps que ses conséquences. Je crus avec tant d'autres que l'on pouvait rétablir le trône en faveur d'un jeune prince avec une régence; je voyais en lui un gage de tranquillité intérieure et de sécurité extérieure.

Rappelé par des devoirs, j'eus peine à démêler en route ce que l'on voulait; on criait simultanément : *Vive le duc de Bordeaux! vive le lieutenant-général du royaume! vive Napoléon II! vive la république!*

Mais en approchant de la capitale, et à chaque relai de poste, le premier de ces cris s'affaiblissait tellement, qu'en y entrant il n'en était plus question.

Je ne tardai pas à reconnaître les progrès rapides qu'avait fait la révolution; comme un immense incendie, elle s'avançait embrasant toute la France.

Mais dans son foyer, l'anarchie était active, menaçante... La patrie était tout alors... Je dus étouffer mes souvenirs; je m'associai à l'opinion qui avait le pouvoir et la volonté de l'en garantir, et je me ralliai au prince patriote et constitutionnel qui se dévoua pour son pays en acceptant le trône vacant.

Dégagé de mes liens, j'embrassai franchement la cause nationale ; je prêtai, sans arrière-pensée, le serment prescrit par la nouvelle Charte, je le tiendrai avec fidélité.

Je le demande maintenant aux hommes sans passion et de bonne foi, une régence eût-elle eu plus de force que le gouvernement établi, pour s'opposer à l'effervescence des esprits et à l'agitation des partis ? Non, certainement !

Que ceux qui rêvent des retours se désabusent. Dans ma manière de voir, d'apprécier les évènemens et de les juger, deux circonstances uniques peuvent ramener la branche aînée.

Le rappel par le vœu national ou les baïonnettes étrangères.

Mais, à moins de fermer les yeux à la lumière, comme il est impossible de se méprendre sur la disposition générale de l'esprit public, on doit demeurer convaincu qu'il n'a aucune tendance vers cette direction.

Les baïonnettes étrangères ! A ce souvenir tout mon sang se réchauffe, s'allume, et je le sens bouillir dans mes veines.

Cependant la guerre a ses chances, et quand on voudrait le méconnaître, 1814 et 1815, de douloureuse mémoire, sont trop près de nous pour l'avoir oublié.

Non que je doute du succès, si la guerre devenait inévitable ; car mon entière confiance dans la valeur héroïque de nos troupes, ma ferme croyance dans l'unanimité de l'élan national, lorsqu'il s'agit de la patrie, me porte à croire que pour craindre que le sol de la France soit foulé par les armes ennemies, il faudra que toutes les siennes soient brisées, que ses frontières de fer, que ses murailles d'airain soient renversées, détruites, et que tous ses défenseurs aient péri avec la liberté.

Si un tel malheur était réservé à la France, si elle devait un jour succomber sous le poids de toute l'Europe armée, écoutez, Messieurs, retenez bien cette prédiction :

Alors, il ne serait plus question de Bourbons ; le sein de la patrie une fois déchiré, les étrangers s'en partageraient les lambeaux ; de nouvelles Fourches-Caudines feraient passer les débris sous leur joug !... Je m'arrête.... Peu de nous, sans doute, demeureraient les témoins d'une si honteuse humiliation, et voudraient vivre encore quand la France ne serait plus.

Je vote pour les amendemens de la commission.

Malade et souffrant, le maréchal Macdonald s'était empressé d'arriver à la Chambre des Pairs pour voter la régence de Henri V. Dans ce jeune prince il voyait *comme tant d'autres* (c'est lui qui nous le dit) *un gage de tranquillité intérieure et de sécurité extérieure.*

M. LE DUC DE MAILLÉ. Messieurs, c'est avec crainte que je monte pour la première fois à cette tribune ; une juste défiance m'a empêché jusqu'à présent de prendre la parole; mais lorsqu'un sentiment profond d'honneur et de justice vous pénètre, il est impossible de ne pas l'exprimer comme on l'éprouve; alors l'amour-propre se taît et l'on surmonte facilement tout embarras. Lorsque par mon serment je me suis uni franchement à la Chambre des Pairs, j'étais convaincu qu'elle n'aurait jamais à délibérer que sur des mesures tendant à soutenir l'honneur de la France et à repousser tout esprit de désordre, d'anarchie et d'injustice.

Or, je vous le demande, Messieurs, n'êtes-vous pas frappés comme moi de l'inutilité et de l'injustice, pour ne pas dire plus, dont est empreinte la proposition qui vous est soumise. Sous le rapport de la sûreté du gouvernement qui existe, son inutilité est si évidente, que je croirais abuser de vos momens en insistant sur ce point. Mais elle est plus qu'inutile, Messieurs, elle est injuste et dure. Car si Charles X a commis une grande faute, celle d'avoir donné sa confiance à un ministre qui l'a perdu, il l'expie d'une manière d'autant plus cruelle pour son cœur, qu'il trouvait, je le sais plus que personne, que le plus beau fleuron de sa couronne était d'être né prince français. Serait-il généreux d'aggraver ses malheurs par une loi faite après huit mois d'exil? Pour traiter ainsi un Bourbon, il faudrait avant tout faire oublier l'histoire. Quant à ceux dont la pensée pourrait être préoccupée de quelques ressentimens, ils ne sauraient au moins nier quinze années de tranquillité qui ne furent ni sans gloire ni sans prospérité.

Je vote contre la loi.

Dans cette mémorable discussion, la noble Chambre voyait monter à la tribune plusieurs de ses membres qui n'y avaient jamais paru. C'est que le jour de n'écouter que son cœur était arrivé; c'était une dernière dette de reconnaissance à payer, et l'on ne consultait pas son talent, mais son devoir.

M. LE COMTE DEJEAN. Je ne viens pas défendre le projet de loi soumis à votre délibération; car, pour tout ce qui a été dit par les nobles pairs qui l'ont combattu, je m'en réfère entièrement aux motifs donnés en sa faveur par votre rapporteur, par M. le président du conseil et par les orateurs qui l'ont défendu à cette tribune; mais je viens m'opposer aux amendemens présentés par votre commission. Je crois que la loi, telle qu'elle vous a été envoyée par la chambre des députés, est juste, bonne, et surtout nécessaire.

Il y a quelques jours, nous avons voté contre notre conscience les retenues qui avaient été proposées sur les pensions et sur les traitemens militaires. (*Voix diverses :* la Chambre n'a pas voté contre sa conscience.) Elle a voté cet amendement parce qu'il était joint à une loi de finances qui était indispensable. Si l'amendement avait pu se détacher de la loi, nous ne l'aurions pas adopté.

Je crois que dans la loi actuellement en discussion nous ne devons rien retrancher ; c'est ma conviction, et je lui refuserai mon assentiment, si elle était réduite au projet de la commission.

M. le duc de Fitz-James s'avance vers la tribune. Le souvenir de ses derniers discours, la noble indépendance de son caractère, ses anciennes relations avec ceux qu'il s'agit de proscrire, tout excite une vive curiosité. On s'en aperçoit à un frémissement qui parcourt la salle et les tribunes.

M. LE DUC DE FITZ-JAMES. Nobles pairs, la proposition qui vous est soumise est-elle nécessaire aux intérêts du pays, indispensable à son salut? lui est-elle même utile? Dans le cas où elle ne serait ni utile ni nécessaire, est-elle sans inconvéniens? Et dans les circonstances graves, de l'aveu de tout le monde, où se trouve la France, ce qui est inconvénient pour elle, n'est-il pas danger? C'est là ce que je me propose d'examiner.

Si le projet de loi, né dans l'autre Chambre, en était sorti sous les seuls auspices des passions violentes qui l'inspirèrent, je sais faire la part des passions dans le temps où nous sommes; et peut-être que, sans prendre part à la discussion, j'aurais laissé à la sagesse de cette Chambre le soin de l'apprécier à sa juste valeur; mais l'empressement de M. le président du conseil à se précipiter au-devant de la proposition, à peine sortie de la bouche de son auteur, l'a rendue, en quelque sorte, l'œuvre du ministère. Adopté, par lui, défendu avec amour par M. le ministre de la justice, le projet a pris dès lors un caractère infiniment plus grave; et le langage tenu dans cette triste et solennelle discussion venant remuer tout ce que j'avais de sang et de cœur, a brisé en même temps le silence que d'autres considérations m'engageaient à observer.

Cette discussion fut le début d'un ministère qui s'était présenté sous les bannières de la force. Elle est venue attrister et décourager les cœurs généreux, sincèrement voués à leur pays. Disposés qu'ils étaient à soutenir ce ministère, ils l'ont vu avec douleur se croire obligé de donner une garantie de telle nature à un parti qu'il aurait dû connaître assez pour savoir que rien ne peut le satisfaire ; un parti qui ne recule jamais, qui ne s'arrête jamais, et dont la dévorante activité supplée à la faiblesse réelle. Il avait cru peut-être par cette concession faire reculer les associations. En lui accordant le premier article de ses statuts, il avait pensé confondre dans ses projets cette ligue nouvelle qui le brave, le met en surveillance et le déclare suspect à la France entière. (Sensation.)

Qu'en pense aujourd'hui le ministère? Ayant cédé à sa première exigence, n'a-t-il pas senti sa force diminuée, quand il s'est vu, quelques jours après, obligé de combattre corps à corps ce contre-gouvernement, cette république qui s'élève insolemment auprès du trône? Cependant, la manière dont cette lutte a été soutenue par M. le président du conseil, a droit à tous nos remercîmens. Dans une telle route, il me trouvera toujours prêt à le seconder de mes faibles moyens ; et si je viens aujourd'hui combattre un projet que j'aimerais à ne pas lui attribuer, j'éprouve un vif regret de le trouver parmi mes adversaires, et je me plais à espérer qu'il en a déja senti l'inconvenance, l'inutilité et même le danger. (Très bien.)

C'est une triste passion que la haine, Messieurs! d'autant plus triste, qu'un des caractères distinctifs de cette maladie de l'humanité, est de ne jamais trouver satisfaction dans les succès même qu'elle obtient : au contraire, ils semblent redoubler sa violence et son intensité ; de sorte que l'homme à qui l'on a fait le plus de mal est presque toujours celui que l'on poursuit avec le plus implacable acharnement ; et quand la fable nous montre le foie de Prométhée se ravivant sans cesse sous l'insatiable voracité du monstre qui le dévore, elle a voulu peut-être nous présenter, dans cette fiction, le cœur d'un homme atteint au plus haut degré de cette déplorable frénésie. Je sais que, par des tournures oratoires habilement ménagées, on a cherché d'abord à répudier de tels sentimens; mais la discussion venant à s'échauffer, la rhétorique a bientôt fait place à la passion : les sentimens intimes se sont réveillés, ils ont brisé toutes les entraves; et comme dans ce qui a été dit il y avait de tout, excepté de la générosité. qu'il me soit permis de saisir la vérité où je la trouve, et de ne voir dans ces discours que ce qu'ils contenaient en effet.

Non, ce n'est plus une loi politique que l'on vous présente ; c'est une loi de haine et de vengeance, et, à ce titre, elle est indigne et du roi au nom de qui on nous l'apporte, et de cette Chambre à qui on la propose, et de cette noble France, plus grande et plus généreuse que ceux qui se font aujourd'hui ses organes. Le vrai caractère de cette loi est dans l'art. 6 ; il en est le cachet. Quel rapport, quelle connexité y avait-il entre le 21 janvier et la proposition primitive? aucun. Tant de lois sont tombées en désuétude depuis quarante ans ! Et à ce sujet, quel a été mon étonnement d'entendre M. le rapporteur condamner cette loi, comme une résolution de l'article de la Charte de 1814, qui défendait la recherche des votes et des opinions! (Ici, M. le duc de Broglie, rapporteur, fait des signes d'approbation.) Comment! une fête dont la célébration n'entraînait aucune manifestation publique et antérieure ; où tout était renfermé dans le silence du temple ; où, ce me semble, on ne proférait aucune malédiction contre les hommes du 21 janvier ; où les consciences délicates, si elles pénétraient à pareil jour dans l'église, entendaient pour toute injure le pardon qui, du haut des cieux, descendait sur leur tête à la voix de leur victime, voilà ce que l'on appela une recherche des votes et des opinions ! et la seule lecture du pardon aurait été une infraction au pardon lui-même ! (Vive sensation.)

M. le rapporteur n'a pas pu penser ce qu'il nous a dit. Si la loi dont on demande l'abolition dans l'art. 6 pouvait troubler la tranquillité publique, il avait suffi d'une circulaire ministérielle, et l'anniversaire n'avait été célébré nulle part. Que voulait-on de plus? Mais une loi antérieure commandait la joie à pareil jour, et c'est ce que certaines gens n'ont pas oublié. Aujourd'hui on défend le deuil, c'est-à-dire que l'on invite à l'indifférence. N'y comptez pas. L'indifférence est impossible en présence du plus terrible évènement des temps modernes : on ne soumet plus ainsi les cœurs, et c'est plus qu'une loi ne peut obtenir. Il faudra toujours en revenir à la joie ou à la douleur. Ou le parti qui nous menace finira par triompher, et alors on battra des mains le 21 janvier sur la place de la Révolution, ou la France sera ce qu'elle veut être, libre, grande et généreuse; alors elle se couvrira de deuil à chaque anniversaire de ce jour lugubre qu'elle voudrait rayer de ses annales. (Morne silence.)

L'exclusion de la branche aînée des Bourbons est un fait accompli. Trois générations de rois ont été jugées, condamnées, exécutées, on peut le dire. (Sensation.) Que veut-on de plus? Fortifier ce fait, lui donner de la durée, de la permânence, de l'éternité, en le faisant prononcer par une loi? Détrompez-vous. Ce fait, il durera autant que Dieu lui permettra de durer : pas une minute au-delà. (Sensation.) Que sont devenus les sermens de haine à la royauté, les lois de mort contre quiconque oserait prononcer le nom de *roi?* Napoléon vint, les biffa d'un trait de son épée, et les législateurs de la mort furent les premiers à tomber à ses pieds.

J'ignore les destinées que la Providence réserve à mon pays; j'ignore ce qu'elle a décidé de l'avenir de cet enfant sorti du tombeau de son père, et que la calomnie la plus abjecte a poursuivi déja jusque dans son berceau, et je sens qu'il est téméraire de vouloir sonder des profondeurs mystérieuses dont Dieu seul a la clef. De deux choses l'une : ou l'exil de cet enfant doit être éternel, ou la France le replacera sur le trône de ses pères. Dans le premier cas, ce ne sera pas la loi proposée qui cimentera sa condamnation : ce sera la liberté, la paix, le bonheur dont le gouvernement qui a succédé à la branche aînée saura faire jouir la France. Rendez la France heureuse, si vous le pouvez (sensation), et les pensées ne se porteront point ailleurs. Dans la seconde supposition, comme il ne pourrait jamais être rappelé que par la force des choses, par la conviction intime de tous les Français, par une loi unanime de salut qui sortirait à la fois de toutes les bouches, une telle puissance est irrésistible, et votre loi serait alors entraînée par le torrent qui en a déja englouti tant d'autres. Ah! Messieurs les ministres! assurez au pays son existence de demain, si vous le pouvez, et ne lui faites pas de l'éternité! (Ici la voix de l'orateur dénote une profonde émotion.)

M. le rapporteur n'est pas de mon avis à cet égard. Loin de reculer devant l'éternité politique, il ne craint pas de pénétrer dans les ténèbres de l'avenir; et il a déclaré que l'exil de la branche aînée sera éternel, puisqu'*aucun bras ne s'est armé pour la défendre*, puisqu'*aucune voix ne s'est élevée pour la retenir*.

C'est ainsi que la victoire a toujours parlé. Depuis quarante ans, toutes les révolutions qui tour à tour ont changé la face de notre monde politique, ont toujours attesté, en témoignage de leurs succès, le silence qui régnait autour d'elles et l'unanimité de la France, sans jamais oser la consulter librement. A chacune de ses grandes catastrophes, s'il eût fallu en croire les adresses qui, de tous les points de la France, n'ont jamais manqué de voler au secours des vainqueurs, pas une voix ne s'élevait pour les contredire; et puis le temps, une révolution nouvelle faisait bientôt justice de cette fausse unanimité.

Il ne s'était pas élevé une seule voix en France, lorque le trône fut renversé le 10 août 1792 : faudrait-il en conclure que toute la France, sans exception, était républicaine à cette époque? Je le demande à ceux qui vivaient alors. Il n'y avait donc plus un seul républicain en France, quand Napoléon fit sa révolution du 18 brumaire? Quel bras s'arma pour le combattre? quelle voix s'éleva pour l'accuser? La restauration fut la seule révolution qui, dès son aurore, trouva des voix pour l'injurier; des ennemis pour la combattre. Et pourquoi? c'est, il faut bien le dire, c'est qu'elle avait donné la liberté à la France, tandis que toutes les révolutions précédentes l'avaient soumise au joug de l'esclavage. Aujourd'hui, c'est un jugement solennel que l'on veut prononcer; et M. le rapporteur prétend qu'il doit être *ferme, stable et à toujours*. Eh bien! il n'y a qu'un seul moyen de lui imprimer un tel caractère : osera-t-on le mettre en usage? Que l'on choisisse entre deux exemples que j'ai à citer. (Mouvement d'attention.)

A l'époque du jugement de Louis XVI, ceux qui désiraient le sauver demandèrent l'appel au peuple; et la sanction solennelle de ce peuple, à qui l'on disait alors, comme aujourd'hui, qu'il était le seul souverain, fut refusée par le parti qui, heureux d'avoir un roi à tuer, savait bien que la France consultée repousserait avec horreur cette monstrueuse iniquité. A son retour de l'île d'Elbe, Napoléon se garda bien d'imiter un pareil exemple. Il ne s'agissait pas cependant d'une condamnation à mort, mais de son acte additionnel; acte semblable en tout point à celui que l'on propose aujourd'hui : mais cet homme, qui pouvait cependant compter sur sa force, qui savait au besoin jeter le poids de son épée dans la balance, pensa que le vote des Chambres ne suffisait pas pour prononcer l'exil éternel d'une dynastie qui se rattachait à la France par tant de liens et de souvenirs. Il le soumit à la sanction générale de la nation, ou du moins à un simulacre de sanction; car la condition d'apposer son nom sur les registres, à côté de son vote, enlevait à cette mesure toute sa liberté apparente. La griffe du lion se faisait voir sous sa feinte complaisance, et l'on savait bien que cette griffe était de fer. (Sensation.)

Aujourd'hui, de tels moyens seraient impossibles et généralement réprouvés; on n'oserait pas les employer. La question adressée à la France, serait libre aussi bien que le vœu qu'elle aurait à exprimer.

Eh bien ! imitera-t-on Napoléon, ou cet autre exemple flétri par la réprobation du monde? Osera-t-on consulter la France? si on ne l'ose pas, on n'a plus le droit de me parler d'unanimité. (Ici l'orateur s'irrite en regardant le banc des ministres, il s'écrie de nouveau : l'osera-t-on?)

Qu'on ne me parle plus davantage *d'une barrière insurmontable, d'un mur d'airain* que l'on veut élever entre la France et la branche aînée. Je ne connais pas de barrière insurmontable à la volonté de l'homme, quand il cherche son bonheur ou son salut; à la volonté d'un peuple dont vous avez placé le principe de la souveraineté en tête de vos lois. C'est méconnaître le principe que de prétendre enchaîner son avenir; que de lui dire, sur une question toute de souveraineté, toute relative au droit qu'il a de la déléguer : « Tu iras « jusque-là, tu n'iras pas plus loin ; tu voudras toujours, tes enfans « voudront toujours ce que tu veux aujourd'hui. » (Sensation.)

Je voudrais bien une fois que l'on se mît d'accord avec soi-même. Depuis six mois je vois que l'on emploie les mêmes efforts, d'une part, à rassembler, à recomposer les élémens et les débris dispersés du principe que l'on a proscrit; de l'autre, à paralyser les conséquences absolues du principe que l'on a proclamé. Eh bien ! ce principe proclamé, c'est l'instabilité. On l'a voulu, on y est, on n'en sortira pas. (Mouvement au banc des ministres.)

Lorsque dans une crise terrible, on invoquait chaque jour la loi suprême de la nécessité, on s'ôtait le droit d'enchaîner les nécessités à venir; et puisqu'on s'est lancé sur un océan de sables mouvans, il est ridicule de prétendre bâtir sur un tel fond des édifices stables et des murs d'airain. Il n'appartient pas d'ailleurs aux hommes de construire de tels remparts. Une fois, dit-on, des insensés, n'écoutant que leur orgueil, tentèrent d'élever une Babel audacieuse pour braver la Divinité en empiétant sur ses droits imprescriptibles. Bientôt la confusion et le désordre se mirent parmi eux; Dieu avait retiré sa main; et l'édifice était à peine commencé, que l'on s'égorgeait à ses pieds. Cette image terrible des passions des hommes abandonnées à elles-mêmes serait-elle donc, en effet, le tableau de notre situation présente? On pourrait le croire, en voyant la confusion des idées et des doctrines qui se heurtent et se livrent la guerre dans notre malheureuse patrie.

On a cité, dans cette discussion, l'exemple des Stuarts, et je m'en suis d'autant plus étonné, que je m'étais également promis d'invoquer les souverains du siècle dernier en Angleterre, mais à l'appui de mon opinion sur l'inutilité et le danger de la loi. En effet, il y eut après la révolution de 1688 des lois rendues contre le retour des Stuarts. De nos jours, on a vu les derniers descendans de cette race malheureuse mourir à Rome dans l'exil, et le palais de Wite-Hall ne revit jamais leur front découronné. Tout cela est vrai; tels furent le début et le dénouement de cette histoire; mais on a oublié l'intervalle entre les deux époques. Si la loi de proscription rendue contre les Stuarts ne fut pas la cause première des déchiremens et des guerres civiles qui troublèrent durant soixante ans la paix de l'Angleterre (et il me serait peut-être facile de prouver qu'elle y contribua beaucoup), on conviendra du moins qu'elle ne les a pas empêchés. Loin de s'effrayer de la loi, la tête des jacobites n'en fut que plus animée; et plus leur sang coulait sur les échafauds, plus la cause du Prétendant leur devenait chère et sacrée. (Sensation.)

La loi n'empêchait pas qu'en plein parlement les partisans des Stuarts ne trouvassent mille moyens d'exprimer leurs vœux et leur espoir. En 1716, elle n'empêcha pas Bolingbroke, alors ministre, de travailler ouvertement à la restauration, de concert même, dit-on, avec la reine Anne, dont la mort seule fit échouer les projets. Enfin, lorsqu'en 1745, cinquante-sept ans après la révolution, le prince Charles Edouard se jeta en Ecosse, lorsqu'il fut couronné à Edimbourg, lorsqu'à la tête d'une armée il s'avança jusqu'à cent milles de Londres, ce ne fut pas la loi rendue contre sa famille qui fit avorter son entreprise. La fortune lui devint contraire, et c'est elle seule qui prononcera toujours dans de tels évènemens.

La loi, malgré ses cinquante-sept ans de date, avait poussé si peu de racines dans l'esprit des peuples, qu'il ne se manifesta nulle part dans le pays aucune opposition aux progrès du prince. La nation anglaise paraissait être résignée à tout évènement. A Londres, la résignation et l'indifférence étaient les mêmes. Le roi Georges avait fait préparer un vaisseau pour le transporter en Hollande, et le peuple ne paraissait pas s'en apercevoir; je le répète, la fortune seule décida la question. Bien d'autres lois de rigueur furent rendues contre le prince à la même époque; sa tête fut mise à prix; mais cent mille livres sterling ne tentèrent la fidélité de personne; et lorsque, sans pain et sans asile, il errait dans cette pauvre Ecosse, il ne se trouva pas un traître dans toute cette population de montagnards, dont la fidélité, la constance et les malheurs peuvent avoir été égalés, mais n'ont pas été surpasés par cette autre population que vos souvenirs vous ont déja nommée. Il faut donc en conclure que les lois contre le malheur sont impuissantes, parce qu'elles sont sauvages, et que les cœurs généreux les repoussent avec indignation; mais, et je viens de le prouver par l'exemple de l'Angleterre, elles peuvent engendrer soixante ans de guerres civiles. Si c'est à ce résultat que l'on veut abandonner la France, la loi proposée peut l'y conduire.

Un des buts que l'on se propose est de couper tous les fils qui rattachent la branche aînée des Bourbons à la France. Cette intention a été avouée, on y est revenu plusieurs fois comme à une idée lumineuse; et l'on ne peut s'empêcher de sourire en voyant des hommes raisonnables, ou qui devraient l'être, avancer sérieusement de telles absurdités. Effacez donc toute l'histoire de France: c'est elle qui contient ces fils qui vous semblent si dangereux. Le premier auteur de la race n'était-il pas Robert-le-Fort, duc de France, ce qui était bien autre chose qu'un duc de nos jours? (On rit.) Cela voulait dire alors chef des Français, le premier parmi les Français. Ce fut, aux yeux des Français, le vrai titre à la couronne de Hugues, premier roi de la race capétienne.

Comment peut-on croire anéantir de tels souvenirs et une telle origine? Cette légitimité aujourd'hui proscrite, si long-temps invoquée par nous, reposait en effet sur cette prescription de huit siècles, qui, je le répète, les plaçait pour ainsi dire les premiers sur la liste des Français, auparavant Francs et Barbares. Telle était sa véritable base, beaucoup plus que ce droit divin contre lequel on a rompu tant de lances dans les derniers temps, et qui n'existait plus en quelque sorte que dans la formule *par la grace de Dieu*, simple hommage que le prince faisait de sa couronne à la Divinité.

Ce principe du droit divin était sorti de la cour de Rome, qui avait voulu par là établir sa suprématie et abaisser le bandeau des rois sous ses pieds. Mais entendu dans ce sens, il avait toujours été repoussé avec indignation par tous les rois de France sans exception, depuis Saint-Louis jusqu'à Louis XIV.

Il peut encore avoir été défendu par quelques écrivains ultramontains, il est vrai, mais a été soutenu et professé publiquement, solennellement pour la dernière fois, il y a cent quatre-vingt-dix ans, par l'université d'Oxford. (Sensation.) Eh bien! traversez ces huit siècles entremêlés de gloire et de malheurs (je le sais, c'est l'histoire de tous les peuples), mais huit siècles qui portèrent la France au premier rang parmi les nations; traversez-les, si vous pouvez, sans retrouver à chaque pas le nom des Bourbons, sans retrouver ces fils que la haine croit pouvoir anéantir!

Ne dateriez-vous nos annales que de l'ère de la révolution, du 14 juillet 1789, on les retrouverait encore au long sillon de leur sang qui la traverse. Faites plus : encore une loi, tandis que vous êtes en train de vous acharner sur le malheur. Au nom de la liberté, défendez à tous les Français de prononcer même ce nom proscrit; au nom de la liberté d'enseignement, ordonnez à vos professeurs de brûler tous les livres où l'on parle d'eux. Vains efforts! ce nom, il brillera d'autant plus qu'on ne le trouvera tracé nulle part; et les cœurs fidèles et reconnaissans sont un sanctuaire où vous ne pourrez jamais l'atteindre. Ils ont résisté à bien d'autres épreuves, et ne redoutent pas celles qu'on leur prépare, parce qu'il est dans la nature de l'homme de s'attacher au malheur, et que la générosité est sa plus noble attribution. Que l'on renonce donc à de vaines tentatives; ces mesures mesquines et pitoyables font naître les pactes, et, loin de les étouffer, leur donnent un corps, une ame, une action. Voilà ce qu'un peu de sagesse aurait fait reconnaître; mais la haine est mauvaise conseillère; et le plus souvent, par une aveugle maladresse, elle sert en effet ceux à qui elle veut nuire. (Sensation.)

Croit-on, par exemple, avoir avancé beaucoup les affaires de la révolution de juillet, et bien affermi le trône de Louis-Philippe, par cette persécution ridicule intentée aux fleurs de lis? On l'a cru sans

doute ; et en effet, les fleurs de lis sont aussi un des fils qui rattachent aux souvenirs des Bourbons. J'en parle sans intérêt ; car, je l'avoue franchement, depuis que les lis ne sont plus pour moi ce qu'ils étaient autrefois, depuis qu'ils ont cessé d'être à mes yeux le symbole de la vieille monarchie, j'y attache fort peu d'importance. L'ancienne monarchie tombée, que m'importent de vaines images? Mais d'abord, comment les ministres n'ont-ils pas senti que le Roi (à tort ou à raison, ce n'est pas mon affaire) ayant adopté les fleurs de lis, les ayant conservées sur ses armes, sur le sceau de l'Etat, et comme ornemens à son palais, les outrages dirigés contre elles, adressés en apparence à la branche aînée, retombaient en effet directement sur lui, et que leur devoir était de l'en préserver!

Mais ce n'est pas tout ; ils me permettront de leur dire que la mesure était aussi maladroite qu'impolitique. Quelles tristes fonctions pour des hommes honorés de la confiance d'un Roi, chargés par lui de veiller au salut d'un grand empire! Les voilà donc armés de pioches et de marteaux, stimulant les démolisseurs de nos monumens, et les dirigeant dans le grand œuvre de la destruction ! Ah ! croyez-moi, c'est un triste système que de démolir pour empêcher qu'on démolisse! Sont-ils satisfaits? Ils croient avoir fait disparaître tout ce qui faisait ombrage à cette foule égarée ; eh bien ! ils se trompent : quelque minutieuse que fût leur recherche, chaque ouvrier eût-il été muni d'une loupe ou d'un microscope, quelques fleurs de lis auront échappé (et il s'en est bien dérobé à la rage de 93) ; une seule peut-être aura échappé à la persécution nouvelle, mais elle n'échappera pas à la vue de ce royaliste zélé qui la découvrira peut-être cachée à l'ombre de quelque corniche ou abritée au fond d'une rosace ; il la découvrira, et dès ce moment elle deviendra pour lui l'objet d'un culte sacré ; il fera part de sa trouvaille à ses amis ; et bientôt, à genoux sur le pavé du temple, leurs vœux et leurs adorations s'adresseront en effet à cette fleur de lis, devenue l'étoile de leur avenir, à ce fragment échappé par miracle (ils le diront du moins) au vandalisme d'un peuple que l'on devrait croire placé à la tête de la civilisation. C'est ainsi que l'on a créé le fanatisme, et que l'on amène ses résultats.

Eh bien ! c'est un effet tout semblable que produira la loi nouvelle, c'est un brandon qu'on va jeter dans le pays.

Que l'on aie donc une fois pitié de ce malheureux pays, et qu'on ne ferme plus les yeux sur les élémens de troubles et de discorde qui fermentent dans son sein. Voyez d'une part les hommes des champs, cette partie si nombreuse et si intéressante de la population, que les prétendus amis du peuple repoussent aujourd'hui de tous droits politiques, en les accusant d'être *plongés dans l'abrutissement de l'ignorance*, que l'on oublie souvent dans les lois, et dont on semble ne se souvenir que quand il s'agit de les faire payer ou de les faire tuer ; voyez-les, tandis que nous sommes ici à chiffrer tranquillement des lois de finances, écrasés sous le poids des nouveaux impôts qu'on leur prépare, écrasés sous le poids d'un budget

D'UN MILLIARD SIX CENT SOIXANTE MILLIONS, que l'on dit encore n'être qu'un prélude ; voyez-les prêtant une oreille effrayée à ces accens funestes venus de Paris, et qui leur annoncent que des hommes se préparent à leur demander *leur dernier écu et leur dernier enfant.* (Sensation.) Ah ! n'en doutez pas, ces paroles ont retenti bien avant dans leurs esprits, et j'ai moi-même été témoin de l'impression qui leur en est restée.

Voyez d'une autre part cette jeunesse (je ne parle pas ici de la jeunesse des écoles, mais celle dont la révolution dernière a brisé l'existence, dont elle réduit une partie jusqu'à l'indigence), qui serait disposée sans doute à sacrifier ses ressentimens à la voix sacrée du pays (je la connais assez pour n'en pas douter), mais qui ne cédera jamais à la menace, et qui va se rattacher d'autant plus à ce dont on veut la détacher par la force, la violence et l'injustice ; qui s'en fera un point d'honneur, et qui se dira qu'il y aurait de la lâcheté à abandonner une famille que l'on persécute aussi cruellement. Il ne s'agira plus seulement alors d'une lithographie qu'un enfant viendrait attacher avec une épingle sur le simulacre d'un tombeau : ce sera l'image même de l'enfant proscrit que la loi viendra clouer dans les cœurs, pour ne l'en détacher jamais. Ah ! croyez-moi, je sais ce que je vous dis, et je parle ici plus encore dans l'intérêt du pays que dans l'intérêt même de cette jeunesse, à laquelle je tiens cependant par des liens si chers et si sacrés.

De quoi le pays a-t-il besoin aujourd'hui avant tout ? D'union et de force. La force ne saurait exister sans union, et vous compromettez celle-ci. Vous combattez en ce moment des associations coupables, et vous les combattez avec une énergie dont je vous sais gré. Au nom de cette loi, il va se former d'autres associations.

M. le président du conseil, avec une vivacité extrêmement peu parlementaire : Nous les combattrons de même. (Agitation, interruption.)

M. LE DUC DE FITZ-JAMES. Il vaut mieux ne les pas faire naître.

M. le président du conseil. Nous ne reculerons jamais : c'est un signal de ralliement que vous donnez.

M. LE DUC DE FITZ-JAMES. Vous me comprenez mal : parlons tranquillement. Je dis qu'il se formera des associations dans un sens contraire à celles que vous blâmez, et que bientôt dans son frère, dans son ami, dans son voisin, chaque Français ne verra plus qu'un ennemi à combattre, au lieu d'y voir un compagnon d'armes avec lequel son premier devoir serait de voler à la défense de la frontière, s'il elle était menacée; tant il est vrai que la discorde tue le patriotisme, et qu'on ne pense plus au pays, quand une fois les dissentions civiles sont allumées.

Voyons, expliquons-nous franchement. Croyez-vous que la loi proposée donne au roi un serviteur de plus? croyez-vous qu'elle enlève un seul ami à la branche proscrite ? Ce serait méconnaître les hommes ; vous ne pouvez vous en flatter. S'il existe des correspondances avec Holy-Rood, la loi les empêchera-t-elle ? Ce n'est pas même son but, puisqu'elle ne porte aucune pénalité contre les correspondances. Or la loi permet tout ce qu'elle ne défend pas. Si ces correspondances n'expriment que des regrets, elles ne sont pas coupables, et n'offrent aucun danger. Si elles ont un autre caractère, certes, les lois existantes présentent assez de moyens de répression contre les complots et leurs auteurs ; la loi nouvelle n'y ajouterait rien. On vous a signalé avec beaucoup de solennité certains points du littoral par où passent, dit-on, les agens. J'ignore ce qu'il en est ; mais pourquoi prendrait-on tant de peine ? Tant que la traversée de Douvres à Calais ne sera pas interdite, il existe journellement cent moyens de communication avec Holy-Rood ; et la loi nouvelle ne propose pas encore de séparer l'Angleterre du continent, comme au temps du blocus continental. D'ailleurs, il n'y a que les bavards qui écrivent, et les bavards sont peu dangereux. (On rit.) Les vrais conspirateurs ont mille moyens de s'entendre à demi-mot, et à cent lieues de distance : demandez plutôt à vos amis d'il y a un an, qui ne sont plus vos amis aujourd'hui. Ce que l'on demande est donc une simple déclaration semblable à tant d'autres qui l'ont précédée, déclaration qui laisse les amis et les ennemis précisément dans la même situation qu'auparavant : les uns, avec leurs vœux et leurs regrets ; les autres, avec leur haine et leurs ressentimens, mais avec ces ressentimens divers, attisés et portés au dernier degré d'irritation. Je ne saurais donc trouver là une nécessité. Mais je n'ai pas fini avec les inconvéniens et les dangers.

On nous parle sans cesse des menaces d'Holy-Rood, de l'esprit de vengeance qui anime ses habitans. Ces débris de fortune dont on veut aujourd'hui les spolier, servent, dit-on, à soudoyer des siccaires et des fanatiques. (Nous avons vu des fanatiques tourner contre eux leur poignard ; je n'ai point encore vu ceux que l'on désigne.) Et si l'on avait voulu pousser plus loin les recherches sur l'emploi de ces revenus, je crois qu'il eût été facile de découvrir qu'ils servaient principalement à continuer des bienfaits et des charités interrompus par leurs malheurs. N'importe : Holy-Rood ne rêve que la guerre civile ; il invoque la guerre étrangère ; tous les maux de la France viennent de là, et la loi proposée contribuera à rétablir la paix, la concorde et la prospérité. Eh ! sur quelles données reposent de telles assertions ? Serait-ce par hasard sur ces prétendues instructions dont on n'a pas même osé garantir l'authenticité ? Je croyais que justice était faite de cette pièce ridicule, et que M. l'ex-ministre de l'intérieur, mieux éclairé, avait reconnu avoir été la dupe de quelque vieux routier de la police qui aura voulu abuser de sa jeunesse, et surtout s'assurer une gratification. Ah ! ce n'est pas sur de telles pièces que l'on devrait se croire fondé à tourmenter des populations entières, et surtout à calomnier le malheur. Deux mois sont écoulés depuis la découverte du fameux complot du 14 février. Depuis lors, les télégraphes ont bien fait leur devoir. Qu'en est-il résulté ?

Quelques hommes arrêtés, écroués avec fracas dans la plus noire des prisons de Paris, signalés comme de grands conspirateurs à la vindicte publique, ou plutôt aux vengeances populaires. Puis, après deux mois de détention et d'interrogatoires, on leur ouvre les portes en leur disant : Nous nous sommes trompés, bon voyage ; souvenez-vous bien que la Charte est devenue une vérité, et vive la liberté ! (Rire général.) Quelques procès faits ou à faire ; ceux-ci ridiculisés d'avance ; l'autre, qui ne sert qu'à faire jouer un assez triste rôle à la police, et dans lequel le jury, obligé de prononcer sur la question subsidiaire de non révélation, se déclare en effet pour l'affirmative, mais sans trouver trace ni vestige de ce qu'on peut réellement appeler *complot*. Ainsi, non révélation d'un complot que l'on est encore à chercher (on rit), et trois ans de prison, voilà la justice du pays. Plus loin, on fait grand bruit d'une lettre très coupable en effet, si elle est vraie ; il me sera permis d'en douter tant que je ne l'aurai lue que dans les journaux ; et, pour le remarquer en passant, il est assez étrange qu'une lettre devant servir de pièce de conviction dans un procès criminel, soit d'abord communiquée officieusement à un journal, ce qui pourrait faire supposer que l'on tenait plus à aigrir et irriter l'opinion qu'à faire bonne justice et à découvrir la vérité.

Ailleurs, voilà toute la force armée, gendarmerie et garde nationale d'un département, mise en mouvement et presque hors d'haleine à courir après un seul homme (1). Cet homme, il est partout, tout le monde le voit, excepté ceux qui le cherchent ; il parle à tout le monde, ne fait de mal à personne, et disparaît dès qu'on veut mettre la main sur lui ; et voilà ce qu'on appelle un complot tramé à Holy-Rood ! Evitez donc le ridicule ; en France, il ne pardonne jamais. Enfin, dans un autre département, après force brutalités contre des prêtres et des femmes ; après avoir enfoncé bien des maisons, brisé bien des parquets et des boiseries, poussé les recherches jusque dans les lieux les plus secrets, on finit par découvrir, dans une de ces maisons, quelques paquets de cartouches et quelques livres de poudre, et aussitôt de crier à la grande conspiration découverte. Mais, si l'on connaissait mieux ces provinces, on ne trouverait là rien d'étonnant. Dans ces malheureuses contrées, si long-temps en butte aux fureurs de la guerre civile, de tels approvisionnemens ont existé de tout temps. On m'en a fait voir, il y a dix ans, quand je les parcourais ; et certes, à cette époque, on n'avait pas l'intention d'en faire un usage hostile.

Je crois que l'on commet une grande erreur et une injustice, en signalant ainsi les départemens de l'ouest de la France, et en les couvrant pour ainsi dire du réseau de la loi des suspects. Si vous voulez qu'ils soient tranquilles, rendez heureux ces peuples, qui le méritent si bien, et ne les outragez pas par d'injustes méfiances. Si le malheur veut que nous ayons la guerre, si l'indépendance du territoire était menacée, comptez sur eux ; le peuple de géans ne sera pas

(1) Diot.

le dernier à répondre à l'appel fait aux enfans de la France. Mais gardez-vous de les froisser, de les écarter par des mesures vexatoires et des lois telles que celle-ci : je ne répondrais pas des conséquences. La science du gouvernement doit être de savoir supporter ce qu'on ne peut empêcher, quand il n'y a pas péril imminent pour la chose publique. Eh bien ! vous n'empêcherez jamais qu'il n'existe dans l'esprit et dans le cœur de ces peuples des souvenirs, des affections, des liens que rien ne saurait jamais rompre. N'incriminez pas au fond de ces nobles cœurs des sentimens qui ne s'en effaceront jamais, qui font partie de leur nature, qu'ils avoueraient encore au milieu des persécutions, comme autrefois au milieu des supplices. Surtout n'insultez pas à leur croyance : une seule croix outragée suffirait pour soulever la Vendée tout entière. Que dis-je, la Vendée ? Voyez ce qui vient de se passer à Nîmes : combien s'en est-il fallu que le sang n'ait coulé par torrens ?

Le gouvernement, centralisé dans Paris, juge de l'esprit de ces populations de l'ouest et du midi d'après l'esprit de la capitale : funeste erreur, qui pourrait entraîner après elle de plus funestes conséquences ! A Paris, après s'être bien amusé le matin à voir tomber des croix et dépouiller des églises, on s'en va sur le boulevard voir passer le bœuf gras, et l'on rentre chez soi fort content de sa journée. (On rit.) Il n'en est pas de même dans ces provinces. On y tient à sa croyance : pour ces esprits ardens, elle est une affaire de vie et de mort. Eh bien ! je vous le dis, le roi qu'ils ont perdu était aussi pour eux une croyance. Respectez en eux une douleur qui n'aura rien de séditieux, tant qu'elle ne sera pas irritée. Ne les abandonnez pas à l'arbitraire inquiet et vexatoire de vos fonctionnaires et de vos procureurs du roi. Sauvez-les même, s'il se peut, de la protection de M. le ministre de la justice, qui appelle protéger les gens, violer leur domicile, et les tenir sous les verroux. Grands dieux ! si une pareille idée avait été émise autrefois par un ministre de la justice, quel parti aurait su en tirer l'éloquent M. Barthe ! (Sensation.)

C'est un étrange système que le sien ! Il fait des lois de rigueur contre les émeutes, et il semble prendre plaisir à provoquer les émeutes ; puis il vient nous parler des trames d'Holy-Rood, de machinations, de complots qui servent de prétexte à la loi que l'on vous propose. Eh bien ! cette mesure, je le répète, produira un effet précisément tout contraire à celui que vous en attendez ; et si vous trouvez du plaisir à tourmenter ces populations malheureuses, soyez satisfaits, vous aurez bientôt matière à sévir contre elles ; mais c'est à votre loi qu'il faudra vous en prendre. Vous jouez avec la guerre civile. (Mouvement.)

La tâche qui me reste à remplir est la plus difficile, et j'ai long-temps hésité à l'entreprendre. Je cède à un mouvement impérieux, irrésistible ; et je sens que je serais mort à la peine, si j'avais plus long-temps étouffé les émotions qui se pressaient sur mon cœur depuis que cette question est agitée. La diffamation, l'injure, la calomnie ont eu un si libre cours depuis plusieurs mois; sera-t-il permis à la vérité de se faire entendre durant quelques minutes? et la tribune aura-t-elle le droit de répondre à la tribune? Pourquoi non? C'est devant vous que je parle, Messieurs; c'est à des juges que je m'adresse, puisque c'est une condamnation que l'on vous demande. Je ne viens attaquer personne; et puissé-je ne pas blesser des ressentimens dont quelques-uns sont trop justes, ni irriter des plaies encore saignantes!

Je ne demande qu'indulgence, mémoire et justice. Oui, mémoire; car j'aurai à citer des faits contemporains, des faits connus de tous, puisqu'ils se sont passés sous vos yeux, mais si étrangement falsifiés par les passions du moment, qu'il devient indispensable de les rétablir dans tout leur jour et leur vérité. Celui qui s'adresse à vous, Messieurs, est le même qui, se présentant à cette tribune le 10 août dernier pour se soumettre au nouvel ordre de choses, vous exprimait avec franchise ce qui se passait dans son cœur. Il venait alors faire à son pays le plus grand sacrifice qu'un homme ait jamais pu lui faire; ce sacrifice, il l'a fait à son pays seul, et il l'a fait tout entier: mais il n'a pas craint de vous dire que jusqu'à son dernier jour il protesterait de son amour et de son respect pour celui qui le combla de ses bontés, qui (j'ose le dire, parce que je sens que j'en étais digne) l'honora de son amitié.

Ce que je disais alors, je le répète aujourd'hui: ces sentimens en moi sont ineffaçables; et le coq pourra chanter, sans que l'on puisse dire de moi: « Il a renié son maître quand l'univers entier l'abandonnait. » Eh bien! au mois d'août vous m'avez écouté avec indulgence, avec une bienveillance dont je fus vivement touché; pourquoi n'en serait-il pas de même aujourd'hui que je viens m'acquitter d'un devoir qui découle naturellement des sentimens que j'exprimais alors, d'un devoir sacré qui m'entraîne à me jeter au-devant des coups qui ont dû porter les plus cruelles atteintes, qui ont dû déchirer le plus douloureusement les cœurs français que l'on voudrait aujourd'hui dénaturaliser.

On a répété à satiété le mot *parjure*. Ce sang qui pendant trois jours inonda la capitale, on a semblé se complaire à en remettre incessamment le tableau sous les yeux. La restauration fut, dit-on, une trahison envers la France qui la repoussait; elle lui fut imposée par les baïonnettes étrangères, et durant quinze années elle a fait subir à la France le joug de l'humiliation et du déshonneur!.... Quelles accusations, Messieurs, et qu'il serait téméraire celui qui, en présence de la victoire encore irritée, oserait aborder de si terribles questions! Il le faut cependant, puisque la condamnation que l'on vous demande est en partie motivée sur elles.

Je serai donc ce téméraire; et dût-il se refermer sur moi, je me précipite en aveugle dans le gouffre ouvert sous mes pas.

Je pourrais épiloguer sur le droit que l'on peut avoir d'un certain côté à prononcer si souvent le terrible mot de *parjure*. Comment en effet ce mot peut-il trouver passage dans la bouche de ceux qui se vantent d'avoir joué la comédie pendant quinze ans (1), et qui avouent avec orgueil que tous les sermens prêtés par eux ont été une moquerie et un piège tendu aux princes dont ils méditaient la ruine? Mais j'ai dit que je ne voulais attaquer personne, et d'ailleurs on ne justifierait pas le parjure en citant l'exemple du parjure. Les hommes que je viens de désigner, je les abandonne donc à leur conscience, s'ils en ont une.

Oui, les fatales ordonnances furent une violation manifeste du pacte fondamental, je le pense ; un autre ne l'a pas pensé. La royauté a pu faillir ; ce n'est point elle que j'ai à défendre, son sort est prononcé ; c'est l'honneur d'un homme que je défends, et le parjure ne peut exister que dans la volonté du parjure. Cette volonté n'exista jamais. Il crut à ce funeste article 14 qui semblait avoir été placé dans la Charte exprès pour séduire et égarer le pouvoir, dont il avait vu faire l'application par son frère, précisément dans le même sens qu'il l'entendait lui-même, et sans que personne pensât alors à lui en faire un crime : cet article 14 que j'ai entendu invoquer, à d'autres époques, par ceux mêmes qui depuis prononcèrent la sentence de la royauté, et que vous avez avec juste raison rayé de la Charte nouvelle, comme susceptible de fausses interprétations.

Eh bien! ces interprétations dominaient l'esprit de Charles X. La dernière fois qu'il me fit l'honneur de m'admettre en sa présence, la conversation tourna sur le même article 14. Ses idées étaient loin d'être fixées sur la fatale résolution qu'il prit un mois plus tard. Il sentait le danger de sa situation, le danger du pays surtout qui, je l'atteste, l'occupait beaucoup plus que le sien propre ; il se voyait comme acculé dans le coup-d'État. (Et vous vous souviendrez peut-être que le projet de l'amener là a été avoué depuis les évènemens.) Mais sa répugnance à y recourir était évidente.

La sûreté de l'État, me disait-il, tout est dans ce mot ; mon premier devoir est de veiller sur elle. Vainement lui disais-je que jamais la France ne verrait sa sûreté compromise, parce que son ministère était en minorité. C'est à moi que l'on en veut, me répondait-il, j'en sais plus que vous à cet égard. Tels ministres que je choisisse aujourd'hui, les attaques contre la couronne seraient les mêmes. Avait-il tort, Messieurs? Ce n'est pas à moi à prononcer. S'il se trompa, son erreur lui a coûté la plus belle couronne de l'univers. N'est-ce donc pas assez, et faut-il encore entacher son honneur? Non, Charles X savait que l'on conspirait ouvertement contre lui, et l'on s'en est fait gloire.

M. le président du conseil, dont le front était devenu de plus en plus sombre, à mesure que le noble orateur avait avancé dans son magnifique discours, à ces mots : *On conspirait ouverte-*

(1) Voyez à la fin de ce recueil un article du *Globe* sous ce titre.

ment contre Charles X, on s'en est fait gloire, avec l'accent d'une colère long-temps concentrée, s'écria :

Qui s'en est fait gloire? Les accusations vagues tombent sur tout le monde. Nommez les hommes qui ont été parjures(1)?

M. LE DUC DE FITZ-JAMES. Je n'ai pas dit que ce fût votre serment qui ait été dérisoire ; que vous ayez joué une comédie.

M. le président du conseil. Ne nommer personne, c'est nommer tout le monde.

M. LE DUC DE FITZ-JAMES. J'ai désigné ceux qui se sont nommés eux-mêmes ; il y a des hommes qui se sont vantés d'avoir conspiré pendant quinze ans, qui ont dit, écrit, ce que je viens de dire. Comment M. le président du conseil a-t-il pu croire que c'était à lui que j'adressais ces paroles. Je le demande à toute la Chambre, personne a-t-il pu se méprendre sur mes intentions.

M. LE COMTE DE MONTALEMBERT dit : Il n'y a d'application à personne ici ; la tribune est libre, continuez (2).

M. LE DUC DE FITZ-JAMES continue. Il s'est cru placé dans le droit d'une défense naturelle et légale. Je vous ai dit la vérité, Messieurs ; devant Dieu, je vous l'ai dite.

Mais il ordonna, dit-on, ce combat fatal qui a laissé des traces si profondes, et soulevé contre lui de si terribles ressentimens. Messieurs, je le répète, c'est à des juges que je parle en ce moment ; leur sévère impartialité ne reviendra pas sur des charges anéanties, j'ose le dire, dans le cours du grand procès jugé dans cette enceinte.

Ils n'oublieront pas que la commission accusatrice a reculé elle-même devant ses propres assertions à cet égard. Elle avait dit, dans l'autre Chambre, avoir acquis la déplorable certitude qu'il y avait eu préméditation, guet-à-pens, intention manifeste d'assurer l'effet des ordonnances par le massacre de la population de Paris ; devant vous, elle n'a pas osé soutenir ce chef d'accusation. Toutes les dépositions que vous avez entendues, tous les débats, votre arrêt lui-même, sont venus lui donner le démenti le plus formel.

Il a été prouvé, autant que chose puisse l'être au monde, que les scènes sanglantes dont la capitale fut durant trois jours le témoin et la victime, avaient été un horrible malheur, sans doute, mais jamais un acte prémédité. Votre arrêt ne l'ayant point imputé aux ministres,

(1) Nous regrettons que M. de Fitz-James n'ait pas eu connaissance d'un fait qui concerne M. Barthe, et que M. Trélat avait divulgué dans son plaidoyer, quand le président de la *Société des amis du Peuple*, a dit : Oui, j'ai conspiré avec Lafayette, d'Argenson, Barthe, etc. Si M. de Fitz-James avait connu cette circonstance, il aurait répondu sans peine à l'interpellation que lui faisait M. Casimir Périer de nommer les hommes qui, en prêtant serment à la dynastie, conspiraient contre elle. (*Gazette de France*.)

(2) M. le président de la Chambre qui est chargé d'en maintenir la police, n'a rien dit à toutes ces interruptions, c'était cependant son devoir, nous ne concevons pas qu'il ait laissé échapper l'occasion de rappeler un ministre à l'ordre et au silence. C'eût été un trait de force de plus dans la vie du baron Pasquier.

condamnés sur le fait de la signature des ordonnances, a-t-on encore le droit d'en accuser Charles X? Non ; il y a là force de chose jugée.

En avançant dans la carrière épineuse où je me suis engagé, ma tâche devient moins difficile, et j'en éprouve quelque soulagement. Ce n'est plus un homme malheureux que j'ai à défendre, c'est l'histoire que j'ai à invoquer. L'histoire sera notre juge en dernier ressort : il est donc essentiel, dans l'intérêt de tous, qu'elle ne soit point écrite sur des documens fallacieux dictés par les passions de l'esprit de parti.

On a cherché, dans cette discussion, à rendre les Bourbons de la branche aînée comptables de tout le sang qui fut versé en Europe durant vingt-deux années de la guerre la plus sanglante qui ait jamais désolé la terre. Il est impossible que l'on ait pensé ce que l'on disait. Tout le monde sait que la cause des souverains coalisés contre la France, ne fut jamais la cause des Bourbons. Dès 93, lorsque l'on vit flotter les couleurs autrichiennes sur les murs de Valenciennes, personne n'a pu s'y méprendre.

Durant 20 ans, l'Europe ne pensa pas plus aux Bourbons que s'ils n'existaient pas; et lorsqu'à la suite des désastres de Moscou et de Leipsick, cinq cent mille soldats étrangers, s'avançant sur les traces de Napoléon, parurent en vue de nos frontières, leur souvenir même n'était dans la pensée de personne en Europe. Aucun rapport n'existait entre eux et les souverains coalisés : ceux-ci envahirent le territoire; un congrès s'ouvrit à Châtillon; le nom des Bourbons n'y fut pas prononcé, de même jusqu'aux portes de Paris.

Cependant, deux hommes s'étaient jetés; l'un dans l'est, l'autre dans le midi de la France, ils étaient seuls, comptant sur les souvenirs de la France, seul allié dont ils songeassent à invoquer l'assistance. L'un d'eux faisant demander au général anglais la faculté de traverser son armée pour se rendre à Bordeaux, où l'appelaient ses partisans, on lui faisait répondre qu'il était libre de faire ce qu'il voudrait; mais on le prévenait que la paix était probablement signée à Châtillon à l'heure où l'on parlait, et qu'on ne répondait pas pour lui des conséquences.

Il existait si peu de connivence entre l'autre et les armées envahissantes, qu'étant à Vesoul, et de là voulant se rendre à Nancy, le commandant autrichien de la place lui refusait des chevaux de poste pour s'y transporter. A Nancy, il n'avait pas la permission de porter sa cocarde, et l'on proscrivait toute manifestation de ses partisans en sa faveur. C'est là ce qu'on a appelé *être arrivé dans les bagages de l'ennemi*(1).

On l'a dit il y a quelques jours : La restauration fut un incident de l'invasion, et n'en fut jamais le but. Ces deux mots contiennent toute la vérité.

Le nom des Bourbons fut prononcé, pour la première fois, par des

(1) Que les ennemis des Bourbons répondent à de tels faits?

Français à Bordeaux, le 12 mars; à Paris, le 31 du même mois; deux jours après, à l'Hôtel-de-Ville de Paris, par des Français encore: enfin il fut proclamé, dans cette même enceinte où j'ai l'honneur de vous parler, par des Français réunis en aussi grand nombre qu'il s'en trouva le 7 août dernier dans une autre Chambre pour prononcer leur déchéance. Les souverains étrangers déclaraient ne plus vouloir traiter avec Napoléon.

La France était envahie, épuisée d'hommes et d'argent, sans aucun moyen de résistance, à la veille d'être partagée; la couronne était à terre. Louis XVIII releva la couronne, intervint entre la France et les étrangers, signa un traité qui ne fut pas, comme on a dit, un démembrement du territoire, car il obtenait plus par ce traité que Napoléon à Fontainebleau ne consentait à accepter pour son fils; mais qui faisait à l'instant évacuer le territoire; et cent mille Français prisonniers, rendus à leurs familles, arrachés aux glaces de la Sibérie, aux pontons de l'Angleterre, mêlant le nom du roi libérateur à leurs actions de grâces envers la Providence, ne penseront pas sans doute qu'un tel traité fut honteux, ne le regarderont pas comme une halte dans la boue.

A cette époque, la restauration sauva la France; de plus elle lui donna la liberté. Ce fut ainsi qu'elle débuta; je plains ceux à qui un tel début fit mal au cœur (1).

Il est vrai qu'en 1815, l'on fut alors contraint de signer un traité fatal au pays : mais à qui la faute? à la restauration ou aux fauteurs des cent-jours, le plus grand crime politique qui ait jamais été commis envers un pays, qui ramena les étrangers sur le territoire, fit couler des flots de sang à Waterloo, et coûta 1500 millions à la France! A cette époque, que devenait encore la France sans les Bourbons? Feindrait-on d'ignorer qu'avant le traité qui leur est tant reproché, on leur en avait présenté un autre qu'ils repoussèrent avec indignation? Dans ce traité, dont l'original existe encore, on demandait l'Alsace et la Lorraine. On exigeait plus (et certaines personnes ne devraient pas l'avoir oublié) : il était question de mettre le sequestre sur les biens de tous ceux qui avaient contribué au retour de Napoléon; on prétendait leur faire payer les frais de la guerre. Blücher voulait préluder à ce traité par la destruction de nos monumens : déja ses ordres étaient donnés en conséquence. Ah! quand le vieux roi lui faisait dire que, n'ayant pas les moyens de s'opposer par la force à ses projets, il le prévenait qu'il allait se faire porter sur le pont déja miné (pont d'Iéna), et que là il attendrait sa résolution définitive, j'aurais cru que cette réponse si française, que le spectacle de ce vieux Roi ne voulant pas survivre à la honte de sa capitale, ne pourrait soulever dans les cœurs qu'un sentiment de respect, d'attendrissement et de reconnaissance; je me suis trompé. Blücher lui-même en fut touché; il s'arrêta dans ses projets. Mais il

(1) Il est à regretter que M. de Montalivet ait été absent au moment où M. le duc de Fitz-James a prononcé ces paroles.

était des hommes qui haïssaient les Bourbons plus encore que Blücher ne haïssait la France.

Tous ces faits se sont passés sous nos yeux, Messieurs; nous avons tous été acteurs ou spectateurs de ce grand drame politique, et c'est ainsi que parlera l'histoire : non pas l'histoire telle qu'on l'écrit aujourd'hui à tant la page ; non pas comme elle sort de l'imagination créatrice de ces hommes dont la plume, incessamment trempée dans le fiel de la haine, semble courir sous la dictée des implacables ressentimens de l'esprit de parti ; mais l'histoire inexorable, telle que la burinera l'homme de bien, le vrai patriote qui, cherchant à éclairer l'avenir, à faire profiter les générations futures des fautes de leurs pères, et n'écoutant que sa conscience, ne voudra sacrifier qu'à la Vérité.

Elle fut cruellement torturée depuis huit mois ; on a espéré flétrir ce qu'on vient de renverser. Le simple exposé que je viens de tracer d'une des époques les plus célèbres de nos annales, dira si c'est la vérité vraie qui doit triompher, ou la vérité fardée de tous les appendices de l'humeur et de la colère.

Enfin, cette restauration a-t-elle, en effet, tenu pendant quinze ans la France sous le joug de l'humiliation? durant ce laps de temps, a-t-elle sacrifié aux étrangers tous les intérêts du pays et son honneur? Un homme, que nous regretterons long-temps de ne plus voir au milieu de nous, vient de répondre à cette imputation, et ses paroles ne s'effaceront jamais. Quand un tel écrivain s'est emparé d'un sujet, il est difficile de rien ajouter à ce qu'il a dit : je ne l'entreprendrai pas : il n'y aurait qu'un moyen de lui répondre, et je désire vivement le voir adopté par MM. les ministres. Tout doit être mis au grand jour, en présence de si hauts intérêts; ils ont entre les mains tous les papiers de la restauration. Qu'ils ouvrent les archives des affaires étrangères; qu'ils flétrissent à la fois les noms de Montmorency, Richelieu, Châteaubriand, La Ferronays, en nous prouvant, par leur correspondance, que ces hommes ont vendu à l'étranger la gloire et l'honneur de la France : alors, la vérité paraîtra dans tout son jour, la restauration sera, en effet, dégradée, ou la calomnie sera réduite à se taire; alors, la France sera mise à même de juger sur des pièces authentiques, irrécusables, si la diplomatie des Bourbons a le droit de se montrer avec orgueil à leurs amis et à leurs ennemis, ou si elle doit pâlir devant la diplomatie de la révolution de juillet.

Je n'ai pas besoin d'ajouter que je vote contre le projet de loi.

Ceux qui n'ont point été assez heureux pour assister à cette mémorable séance, ne pourront jamais concevoir l'effet que ce sublime discours a produit. Jamais paroles nobles et généreuses n'ont été écoutées avec un plus profond silence, avec une émotion plus visible; elles partaient toutes du cœur (on le voyait bien); elles allaient droit au cœur... En entendant parler le noble Pair, on se convainquait qu'il y a quelque chose au-dessus du pouvoir; c'est une ame généreuse défendant la sainte cause du malheur. Les ministres placés à quelques pas de l'orateur, semblaient tristes et consternés. En voyant leur air si sombre, on aurait dit qu'ils ne s'étaient pas attendus à trouver des voix si fortes, si hautes et si imposantes. Cependant en amenant à la Chambre des Pairs (telle que la restauration nous l'a faite) la proposition de M. Baude, le ministre ne pouvait pas, sans l'insulter, sans lui faire outrage, croire qu'elle la laisserait passer sans obstacle dans toutes les ames : ce n'est pas tout d'un coup et sans façons que l'on se résigne à se faire ingrat. M. Barthe, que les journaux du mouvement veulent toujours (à tort sans doute) représenter comme un ancien carbonaro, s'était aussi indigné avec ses collègues ministres lorsque M. le duc de Fitz-James avait parlé de la *Comédie de quinze ans;* ce fut lui qui essaya de répondre au noble Pair. Nous venions d'entendre un orateur, nous prêtâmes l'oreille à un avocat. Quoique le noble duc ait parlé pendant plus de deux heures, l'attrait de l'entendre était si grand, que l'attention de la Chambre et du public des tribunes n'a pas failli un seul instant. Ce vif intérêt qui se voyait sur tous les visages contrastait d'une manière frappante avec l'air du président de la Chambre haute étendu nonchalamment sur son fauteuil doré; il avait l'air de dormir, ou dormait réellement. Je me persuade que c'était pour être plus recueilli que M. le baron Pasquier fermait ainsi les yeux. Les souvenirs que rappelait l'orateur devaient le tenir éveillé, car le président actuel de la Chambre des Pairs a été plusieurs fois ministre sous cette restauration tant injuriée aujourd'hui; il a vu de près les princes qui sont loin de nous, loin de leur pays : ces pensées là ne laissent dormir que les cœurs froids.

Nous prierons Messieurs les ministres qui se sont fâchés de la phrase de M. de Fitz-James sur *la Comédie de quinze ans*, de lire l'article du Globe que nous avons placé à la fin de ce recueil : qu'ils y répondent, quant à nous nous n'y trouvons pas un mot à répliquer.

M. Barthe, garde-des-sceaux. Je ne suivrai pas l'orateur que vous venez d'entendre dans la longue et brillante oraison qu'il a prononcée pour la dynastie déchue. Le gouvernement et la France peuvent se passer d'une réfutation; il fallait s'attendre à ce que dans une discussion de cette nature, des affections, des souvenirs, je ne dirai pas des ressentimens, viendraient s'y mêler. Je pense néanmoins que ces préoccupations ne sauraient faire illusion sur la Chambre devant laquelle j'ai l'honneur de parler.

On vous a dit que la loi qui vous est présentée avait été acceptée par le gouvernement avec une sorte d'empressement ; on m'a même accusé personnellement d'y avoir adhéré *avec amour*. C'est sans doute à ma qualité de député de Paris, de cette ville où s'est accomplie la révolution de juillet, que je dois les expressions dont on s'est servi à mon égard? Messieurs, ces expressions n'ont rien qui puisse me blesser; cependant, je dois le dire, ce n'est pas à un sentiment que j'ai cédé, j'ai défendu cette loi parce que ma raison l'avouait, et que ma conscience n'y trouvait rien de contraire à la justice.

Mettez de côté ces souvenirs et ces affections, supposez que vous lisiez dans l'histoire d'une grande nation : « Là existait une constitu-« tion qui consacrait une dynastie, en lui donnant pour base le res-« pect des lois et des libertés. Un jour éclata contre ces lois un com-« plot prémédité. La dynastie coupable fut renversée; et une dynas-« tie nouvelle fut chargée du noble mandat de protéger la paix pu-« blique, de défendre les droits et les libertés du pays. A l'égard de « la dynastie déchue, quel fut le langage que l'on tint? Ne reparais-« sez plus sur cette terre où vous ne pourriez porter que malheur et « désordre; que vos propriétés soient vendues et le produit remis « entre vos mains, sans rechercher l'usage que vous pourrez en « faire. »

Messieurs, en dégageant la question de toute passion, certes vous n'accuseriez pas une telle révolution d'être spoliatrice, de s'être chargée de persécuter le malheur? Telles sont pourtant les rigueurs uniques de la révolution de juillet. Et cependant avec quelles violences ne veut-on pas les caractériser?

Lorsque la Charte de 1830 fut votée et que le serment fut prêté à Louis-Philippe, il faut le dire, la Charte nouvelle, ce serment prêté à Louis-Philippe comprenaient l'exclusion de la famille déchue; car il ne peut entrer dans aucun esprit qu'à l'instant même où l'on reconnaissait un nouveau Roi, où l'on votait une nouvelle Charte, pourraient se présenter au sein de la France, dans Paris, ceux-là même dont la déchéance venait d'être prononcée. Je n'ai pas besoin d'aller chercher des exemples dans la loi de 1816 (12 janvier) contre la famille de Napoléon, loi escortée de rigueurs qui ne se trouvent pas dans la loi actuelle. Mais je dirai que le besoin de conserver la paix intérieure, d'écarter les provocations dangereuses, ne dussent-elles être entendues que par un seul imprudent, suffiraient aux yeux du simple bon sens pour légitimer cette loi.

On vous a dit que pour adopter une pareille loi, pour prononcer une exclusion perpétuelle, il faudrait pour ainsi dire faire un appel au peuple. Messieurs, n'avez-vous pas été les organes du vœu national lorsque vous avez voté la Charte nouvelle, et que vous avez prêté des sermens qui vous sont chers. Le vœu national ! Eh ! Messieurs, reportez-vous à la situation dans laquelle se trouvait la

France à l'époque des journées de juillet. Supposez que le système des ordonnances eût prévalu ; supposez que la population de Paris et que le bon droit eussent été vaincus, que la capitale de la France eût été livrée à l'incendie et couverte de ruines, quel eût été l'avenir de la France ? j'en appelle à toutes les consciences, et à ceux mêmes qui gémissent sur quelques désordres qui n'auraient pas encore été réparés.

Messieurs, le vœu national je l'ai trouvé partout ; je l'ai trouvé dans ce voyage pendant lequel la dynastie déchue n'a pas entendu un seul cri en sa faveur. Et qui avait-elle donc pour l'escorter ? Lui avait-on donné des troupes destinées à s'armer contre elle ? Non, elle avait des soldats dévoués, et les commissaires qui l'accompagnaient au nom de la révolution n'étaient pas là pour exciter les populations contre elle, mais pour la protéger contre les irritations qui pourraient exister : voilà l'indication du vœu national. Je le trouve encore dans la confiance que le gouvernement a montrée en s'adressant à tous les citoyens qu'il a armés en gardes nationaux ; la cocarde tricolore sur le chapeau du garde national n'est-elle pas un signe du vœu de la France pour la dynastie nouvelle, et d'exclusion contre ceux qui avaient lancé contre la capitale et le pays ces ordonnances funestes, que j'ai le droit de qualifier ici comme je l'ai fait dans l'autre Chambre.

Messieurs, quand on vous parle de souveraineté du peuple, d'un principe auquel, dit-on, nous donnerions un démenti par le projet auquel le gouvernement a adhéré. Je ne sais pas s'il est bon de répéter chaque jour que les constitutions peuvent être refaites, qu'elles ne sont que provisoires. Nous ne le pensons pas. Les sermens sont prêtés avec une pensée de perpétuité. Les constitutions doivent porter en elles cette volonté, ce principe de durée que réclament les besoins des nations. Tant que les princes tiennent les sermens qu'ils ont prêtés, les peuples sont jaloux de respecter les leurs. C'est dans le respect réciproque des obligations qui ont été prises, que se trouvent à la fois conciliés et les libertés publiques, et ce besoin de repos, et cette crainte de bouleversemens successifs, qui finiraient par épuiser et perdre les nations, au lieu de les fortifier et de développer leur bien-être. Je le répète aux partisans de la dynastie déchue, la France a parlé souverainement, et elle n'a pas envie de revenir sur son arrêt : pleine de confiance dans le souverain de son choix, elle est sans regret pour le passé, et remplie d'espérance pour l'avenir.

Messieurs, après vous avoir indiqué quelles sont les considérations qui nous ont déterminés à donner notre adhésion à une loi qui n'est ni une loi de persécution, ni une loi d'injustice, je n'ajouterai plus qu'un mot : nous serions dans la nécessité de poursuivre celui qui par des provocations en faveur de la famille déchue, menacerait les lois existantes ; nous devons demander par des lois que des provocations vivantes ne viennent pas d'Holy-Rood se porter sur notre territoire.

On a dit qu'il y a confiscation à obliger Charles X et les siens à vendre ses biens (l'article 2), et à cette occasion, on nous a prêté un langage d'exagération que nous n'avons pas tenu. On a prétendu que nous avions présenté la France comme remplie de complots, de conspirations, comme ayant des relations continuelles avec Holy-Rood. Messieurs, nous avons été les premiers à déclarer que nous regardions d'abord cette loi comme inutile; l'exclusion perpétuelle était partout, dans nos sermens et dans la Charte; mais une proposition a été faite, et le gouvernement n'a pas hésité à y donner son adhésion.

Quant aux relations avec Holy-Rood, je ne partage pas entièrement la confiance que l'orateur a exprimée avec tant de candeur. Je ne suppose pas qu'à Holy-Rood on ait abandonné tout esprit de bouleversement, et qu'aucune conspiration ne soit possible. Je crains même qu'ils ne s'efforcent d'entretenir à l'intérieur de criminelles relations contre des lois qu'ils ne reconnaissent point.

Comment dès-lors pouvez-vous consacrer un droit de propriété perpétuelle au profit de la famille que vous avez renversée, dont vous prononcez l'exclusion à perpétuité? Non, Messieurs, vous ne le pouvez pas. Mais vous dites que dans un délai déterminé la vente sera faite par les propriétaires, et à l'expiration de ce délai par l'État. Le produit de la vente des biens sera remis aux propriétaires, voilà ce que le bon sens indique, ce que la paix publique conseille, et la paix publique se concilie ici avec le respect pour la propriété; car il est par trop étrange de trouver confiscation dans la mesure qu'on vous propose.

Il n'y a dans cette pensée du gouvernement, ni haine ni vengeance, et il faut le dire, il n'y a pas non plus ce sentiment d'amour et d'affection qui s'est exprimé à cette tribune. On vous a dit que ce sentiment avait existé en France, on vous a rappelé le voyage d'Alsace. Ah! Messieurs, ce voyage est un juge bien sévère pour la dynastie déchue!

Cette terre avait été ravagée par l'étranger, cette terre avait vu en 1822 les attentats les plus déplorables du ministère de cette époque contre l'honneur national, contre l'honneur de l'armée, contre la tranquillité du pays. A peine la liberté de la presse est-elle proclamée, le prince apparaît sur cette terre, et à l'instant même tous les ressentimens sont oubliés! Il y a en France un tel besoin d'ordre, une telle intelligence de la nécessité du pouvoir, que lorsqu'on aperçoit que ce pouvoir peut se concilier avec la liberté, on lui tend les mains.

Eh bien! c'est au retour de ce voyage qu'est apparu le ministère du 8 août, c'est-à-dire la première pensée des ordonnances de juillet: et vous voudriez que ces provinces ne fussent pas d'accord avec les sentimens de la capitale! Non, Messieurs, il n'y a qu'une pensée quelle que soit la théorie sur l'article 14 de la vieille Charte et la manière de l'entendre. Après le serment prêté si solennellement à Reims, ces ordonnances de juillet furent un parjure ; et c'est ainsi que la dynastie de Charles X est tombée.

Après m'être exprimé avec quelque franchise sur les considérations qui vous avaient été soumises par le noble Pair, je n'ajouterai plus qu'un mot : le gouvernement n'est pas disposé à satisfaire des sentimens de haine ou de vengeance ; il aspire à fonder un avenir pour la France ; il ne veut pas se rendre le persécuteur du pays. Si ces idées de vengeance se présentaient, le gouvernement serait au contraire le premier à les comprimer et à leur opposer toute sa force. Mais il dira aussi à certaines affections : Songez que le pays a besoin d'avoir confiance dans les pouvoirs constitutionnels de l'Etat. Ne faites pas vos efforts pour ébranler cette confiance. Ces affections pour des princes déchus, peuvent, je le conçois, se fonder sur d'anciennes relations ; mais je rappellerai qu'il y a une France dont l'intérêt doit être consulté : la paix publique a besoin de protection ; le retour vers le passé et des attaques si violentes contre le présent peuvent la compromettre. Tout cela, dit-on, c'est de l'affection pour le pays ; mais cette affection est bien mal entendue, ou plutôt il faut le dire, on oublie ce qu'on doit à son pays pour payer une dette à des affections que le pays ne partage pas.

Nous ne nierons pas le talent de M. le garde-des-sceaux, son éloquence n'est pas encore celle d'un ministre. On y retrouve le ton du barreau; d'ailleurs, après les généreuses paroles de M. de Fitz-James, après ses entraînantes inspirations, il était difficile de plaire et d'attendrir. M. Barthe n'a pas vaincu la difficulté.

M. le vicomte Lainé. Puisque mon pays et ses lois permettent de s'exprimer avec une grande liberté, j'en aurai pour remplir un devoir imposé par mon serment, dicté par une conscience émue de la proposition qui vous est soumise. Je me félicite, en le remplissant, de n'avoir pas l'embarras qui se fait toujours sentir, quand on est destiné à combattre les projets du gouvernement. Ce n'est pas lui qui vous trouble, et s'il faut s'élever contre la résolution de l'autre Chambre, on est enhardi par l'anxiété visible qu'elle a montrée dans l'exercice de son initiative. C'est la proposition même qui est traduite devant vous et devant la France entière ; c'est d'elle dont je dois m'occuper telle qu'elle était avant les palliatifs de votre commission, telle qu'elle se trouve aux yeux de deux nobles Pairs qui, dans cette séance même, l'ont revendiquée en son entier.

Qui s'y serait attendu, après le caractère imposant donné à la révolution de juillet, après ses promesses au monde entier ? Elle fut une insurrection pour les lois, pour les principes consacrés, et l'on veut déja les violer, après que le sang a coulé pour les reconquérir et les consolider. A la suite de deux abdications subites, cette révolution a donné un cortège à des rois s'exilant dans la terre étrangère. Tout en respectant, à l'égard des personnes, l'inviolabilité légale, elle n'a pas épargné l'innocence d'un enfant, et la raison d'État a fait prononcer la déchéance. L'Europe, que les fatales ordonnances ébranlaient, a reconnu la nouvelle dynastie; les corps de l'État se sont ralliés autour d'elle, sous l'abri d'une constitution agrandie.

La sécurité publique, les intérêts, les passions même n'exigeaient pas davantage. Les regrets sont impuissans, les douleurs muettes et solitaires. N'est-ce donc pas assez de ce grand coup d'Etat populaire? faut-il encore frapper sans jugement, dans leurs personnes et dans leurs biens, un vieillard, des femmes, des enfans que la révolution a rendus à la condition privée, et dont elle ne peut avoir à redouter aucun péril?

Non, la révolution n'a pas eu cette pensée; le peuple, désintéressé, ne demande pas une telle loi. La jeunesse, généreuse, ne veut pas de nouvelle proscription contre le jeune contemporain qu'elle ne nomme plus son prince. La colère même des émeutes n'a proféré aucun cri qui ressemble à la proposition.

Malgré l'exil de toute une famille royale, des ministres, qui n'étaient pas inviolables, ont été jugés avec une grande solennité. Un arrêt, longuement médité, en les condamnant à une captivité perpétuelle, a prononcé la mort civile; mais on n'eût pas trouvé de juges pour frapper leurs femmes et leurs enfans, pour leur appliquer une part de la même peine.

Cependant des discours et des écrits ont osé affirmer que les hommes qui rejettent la proposition sont infidèles à leur serment. Quoi! est-ce que le serment prêté au Roi des Français et à la Charte contenait encore celui-ci: Je jure, en outre, de proscrire à jamais des personnes privées, de bannir des femmes, des enfans, sans prétention possible; des époux inconnus et des enfans à naître. Je jure de voter tout cela et bien autre chose, dès qu'il plaira au premier caprice de la peur ou de la tyrannie de me le proposer.

Oh! non, la Charte, après avoir accompli ses desseins, nous a ordonné de respecter les droits personnels des Français, quels qu'ils fussent. Elle nous a itérativement défendu de voter jusqu'à l'ombre des confiscations. La Charte, comme la révolution de juillet, condamne hautement la proposition. C'est une haineuse fille de février. De même qu'elle a couvert le piège que se tendait la témérité d'une cérémonie religieuse, elle se pare des prétendus périls de la patrie, dont elle ne parle qu'en souriant. Son but a été de contrister une autre famille royale, d'embarrasser le ministère, et de compromettre la Chambre des Pairs.

Eh bien, Messieurs, acceptons cet insidieux défi; et si cette chambre qui, dans l'intérêt public, est et sera obligée de se défendre avec un noble courage, doit périr, il faut au moins qu'on puisse dire d'elle aussi: elle a péri en combattant pour la justice et les lois.

C'est afin de remplir ma petite part de cette grande tâche que j'attaque la résolution.

Elle est inutile, elle est injuste, elle est dangereuse.

On conçoit que dans l'appréhension de périls certains pour une nation ou pour un gouvernement établi on prononce contre des princes, contre de grands citoyens redoutables, une sorte d'ostracisme; encore chez les peuples d'où nous vient ce mot, s'en est-on souvent repenti. Mais tout ce que l'impérieuse raison d'Etat a de plus exigeant est accompli. Deux rois, après avoir abdiqué, ont accepté une protection pour leur retraite et celle de leurs descendans; il s'est fait entre eux et le pays une sorte de pacte qui ne se vit peut-être jamais sur la terre. La Charte, bien autrement rigoureuse que l'ostracisme, a prononcé la déchéance de toute une famille. Que craint-on après cela? qu'ils reviennent sur la terre de France. Mais ils l'ont quittée avec bien plus de moyens pour y rester qu'ils n'en auraient pour y reparaître. Le rapporteur de l'autre Chambre a déclaré que le Code pénal de l'empire, en plusieurs points rédigé contre les mêmes princes, ne manquait pas de dispositions applicables à leur apparition. Qui peut avoir la crainte d'une guerre sérieuse provoquée par eux ou pour eux entreprise? Tous les États de l'Europe s'en plaignent et leur sont adverses.

Parlerait-on de guerre civile? On a bien cité la copie d'une lettre trouvée, je ne sais trop, dans la Bretagne ou dans la Vendée; mais à tout lecteur attentif cette lettre dit assez haut : N'attendez rien des générations nouvelles; les poudres ne sont pas seules avariées..... les bras des vieux soldats sont plus rouillés que les fusils, et si on laisse Dieu et son culte dans la Bretagne et la Vendée, elles ne se battront plus que contre l'étranger. C'est la seule association à laquelle ils veulent participer, en s'associant avec le gouvernement, seul chargé de défendre la patrie selon les vœux mêmes de la famille qu'un noble duc n'aurait pas bien défendue en nous faisant craindre d'autres associations; serait-ce contre un enfant que les mesures proposées paraîtraient utiles?

Mais cet enfant n'a-t-il pas été déja frappé bien plus que par l'ostracisme? Et après lui avoir porté ce rude coup, qui a conservé la pensée de le proscrire de nouveau, et de le dépouiller pour ainsi dire du berceau qu'il n'a pu emporter? A son âge, il n'a pas même de volonté à exprimer. Qui sait s'il voudra être roi? Les couronnes sont épineuses, les trônes sont brûlans. Quand on médite sur la fragilité des grandeurs royales, on compte avec tristesse quatre abdications en seize années dans la France seule. Combien l'Europe n'a-t-elle pas vu en ce siècle d'émigrations de rois, de déchéances, de restaurations, de rechutes terribles dont ne préservent ni les Chartes, ni le pouvoir absolu, ni les armées. A cet aspect des choses, les uns avec une secrète joie, les autres avec une douleur muette, sont tentés d'appliquer aux souverains ce mot d'un ancien sur les dieux : *Les rois s'en vont!*

Pour ma part, usant de la liberté que je me suis promise, j'ose former d'autres vœux pour le jeune Henri. Je souhaite qu'il soit élevé à être plus qu'un roi. Ce ne serait pas la première fois que des rois ont cessé de l'être par dévouement pour leur pays. Sans rappeler des vertus analogues dans sa propre race, remontons à des temps moins suspects. Aux époques voisines des temps héroïques de grands caractères ont laissé là le trône pour sauver leur patrie. Que si le ciel doit inspirer le même dessein au jeune exilé, afin de sauver la sienne, il faut au moins lui réserver le tombeau sollicité par l'admirable écrivain qui laisse en cette Chambre un si grand vide. Son absence accroissant ma faiblesse, me fait pour la première fois murmurer contre l'empire de la conscience, surtout lorsque la conscience aussi se félicite d'être à portée de remplir un grand et patriotique devoir.

S'il est inutile de proscrire de nouveau un enfant sans volonté, il l'est bien davantage de frapper deux femmes et la jeune fille des rois tombés. Quel homme de bonne foi articulerait la crainte de les voir revenir sur le sol de la France après leur terrible retraite? Cette place, que l'ombre d'une grande victime avait fait nommer la Concorde; cette autre, où se lit: *Pardon à l'homme*, les fossés de Vincennes, la scène nocturne de Chantilly, tout les éloigne d'une terre de malheur pour elles. Si un abîme a été creusé entre la famille exilée et la France, comme vient de le dire M. le président du conseil, il n'a pas besoin de le rendre plus profond, il y a dans ces tragiques évènemens, comme dans les faits qui ont causé et accompagé leur retraite, bien plus de garantie contre leur retour que dans toutes les proscriptions. Ce n'est pas la peine de se montrer barbare et d'aggraver par des lois inutiles les infortunes de deux princesses qu'on n'accuse même pas, et d'une jeune orpheline qui ne comprend pas tant de courroux.

Voulez-vous une preuve de l'inutilité de ce projet évidemment sans cause sérieuse? elle est dans les variations et dans les incertitudes qui se sont manifestées. L'un veut bannir, l'autre interdire, un troisième exclure; celui-ci veut donner une sanction pénale à de tels actes, celui-là soutient qu'il en existe dans les lois; un autre enseigne qu'elle n'est pas nécessaire. Les uns laissent à cette famille la disposition des biens dont pourtant ils prescrivent la vente, les autres veulent garder les revenus et conditionnellement le prix des biens. Le projet adopte des articles dont vous jugerez bientôt la cruelle incohérence, puis il ajoute aux coups redoublés contre une famille qu'aucun roi ne protège, des dispositions subites pour prohiber le deuil et les larmes sur la tombe d'un martyr. On dirait qu'il faut s'effrayer aussi de sa résurrection sur le territoire dont on s'occupait d'exclure à jamais les débris de sa race déja exilée. Avant même qu'on eût jeté ce sombre regard en arrière sur la mort, la proposition avait été abdiquée; tant on sentait que rien n'exigeait de proscriptions additionnelles.

M. le président du conseil. Nous jugeons la discussion nécessaire.

M. LE VICOMTE LAINÉ. Oh! quand le salut public, quand le danger d'un peuple ont provoqué des mesures que désavoue toujours la moralité de l'histoire, les résolutions ont un bien autre caractère. Rien n'a préparé la France, je ne dis pas sur la nécessité; mais même sur l'apparente utilité de celle-ci.

« Eh bien oui, disent des voix étrangères aux passions haineuses, cette proposition est inutile. L'exclusion est un fait accompli, l'exil est à la fois légal et volontaire. Pourquoi se refuser à la déclaration d'un fait reconnu? »

Pourquoi? parce qu'il est contraire à la majesté de la loi de faire une répétition inutile pour complaire à la malveillance insatiable; parce qu'il est opposé au grand caractère de législateur, à la dignité de pair de France de renouveler des exclusions qu'en bonne politique on ne prononce pas deux fois. Cette Chambre n'a pas besoin de donner au pays d'autres garanties. Elle a le droit de demander comme la Chambre haute l'obtint en 1690 de Guillaume III, qu'aucune déclaration ne soit ajoutée au contrat primitif sur lequel le gouvernement est fondé.

Pourquoi? Parce que cette proposition n'est pas seulement inutile, mais parce qu'elle est encore injuste.

Le premier trait de son injustice est de confondre les qualités de juge et de législateur, de faire prononcer une condamnation pénale par un acte nommé loi. Qui pourrait méconnaître cette confusion? Elle est évidente, elle est avouée. Le premier auteur de la proposition avait à cœur le mot bannir comme terme juridique, parce que l'infraction du bannissement prononcé par un tribunal entraîne une seconde peine. D'autres, pour voiler le cumul des fonctions de juge et de législateur, se sont dit: Il suffit *d'interdire* à toujours le territoire; et le projet, se rapprochant de la pensée de l'auteur, prononce: « Sont exclus à perpétuité du territoire français, et ne pourront y acquérir, à titre onéreux ou gratuit, aucun bien, y jouir d'aucune rente ou pension. »

Après la déchéance par la Charte, après l'exil politique qui a suivi, exclure à perpétuité du territoire, ce ne serait pas bannir, ce ne serait pas prononcer des peines que la Charte n'a pas voulu décerner. C'est si bien condamner, que le projet prononce la perte des droits civils, applique une grande part de la peine même de la mort civile. Dire qu'une famille ne peut acquérir à titre onéreux ou gratuit, c'est dire qu'elle ne peut hériter en France, bien que des Français puissent hériter d'elle dans l'étranger; qu'elle ne peut ni posséder, ni contracter. Or, ce sont bien là les principaux caractères de la mort civile. Vous aurez beau dire: c'est une espèce de droit d'aubaine; ce sera toujours juger qu'une seule famille sera frappée par ce droit du moyen-âge, aboli en France; ce sera dire: elle est condamnée à la peine de ne pouvoir hériter et recevoir, tandis que les princes étrangers et leurs ministres ont en France cette faculté. Vous aurez beau dire c'est une loi, le bon sens répète c'est un jugement que la Charte, après avoir épuisé ses rigueurs politiques, interdit aux législateurs; et surtout contre des femmes et des enfans. C'est un arrêt sans contrôle, c'est une terrible condamnation sans appel au peuple.

De peur de voir flétrir ces détours d'un nom détesté, qu'on prodigue tous les jours, on a évoqué Machiavel. Eh bien! l'odieux publiciste de Florence lui-même détourne les souverainetés de peuple ou de prince des proscriptions inutiles. Comme notre droit public de tous les temps, il professe qu'il y a tyrannie quand le même souverain rend des lois et des jugemens, et surtout quand il juge et condamne des personnes par la loi même.

Qu'on soit juge ou législateur, que ces qualités soient séparées ou réunies, l'injustice est telle, qu'elle ne doit trouver place ni dans les lois, ni dans les arrêts.

Je ne m'arrêterai à la disposition de perpétuité que pour déplorer l'esprit des assemblées, si promptes à se donner un air de divinité au moment où leurs propres actes contredisent l'éternité qu'elles s'attribuent. Tandis qu'on décernait la peine à perpétuité, on donnait un démenti à un autre acte analogue par un amendement. Cet amendement a été converti le lendemain en délibération tendante à rendre les effets civils ravis par l'exclusion de 1815. Je suis loin de m'en plaindre, et je voterai cette résolution, ne fût-ce que pour procurer d'utiles acquéreurs aux personnes que le projet veut forcer à vendre leurs biens dans un bref délai.

Il faut pourtant convenir que le projet exagère même l'expression de la perpétuité politique. Il frappe *tous les descendans et les époux inconnus, et les épouses* ignorées *de ces descendans*. Il y a là plus qu'une substitution perpétuelle de haine, il y a tentative d'outrepasser cette punition que l'orgueil reproche pourtant à Dieu même; car il n'interdisait pas d'alliance entre les enfans des hommes.

N'était-ce donc pas assez, n'était-ce pas trop que la haine eût une fois de plus lancé des traits contre une princesse à qui le ciel n'a épargné que la douleur d'avoir des enfans qu'on eût proscrits aussi? Il m'a été donné, Messieurs, en des momens d'adversité surtout, d'approcher de ce temple vivant du malheur, si souvent frappé de la foudre, et l'on me permettra peut-être une sorte de trahison. Entre les services ignorés que la fille de Louis XVI a rendus à sa patrie, c'est ainsi qu'elle nommait la France, je n'en citerai qu'un seul.

En 1815, on avait déposé entre les mains du président de la Chambre des Députés une proposition afin de changer l'article 5 de la Charte sur la liberté et la protection des cultes. Après quelques démarches inutiles, mes pas se dirigèrent vers Madame. « Ce n'est « pas, dit-elle à ceux qui appuyaient la proposition, ce n'est pas la « Charte seule qui a protégé les protestans, c'est mon père. Les ca- « tholiques, plus nombreux ailleurs, recueilleront en cette vie et « dans l'autre le bienfait de l'exemple qu'il a donné.» Le lendemain la proposition fut retirée.

Pourquoi faut-il que le témoin d'une scène qu'il abrège manque de ce talent dont l'autorité ferait rejeter une proposition d'une nature aussi injuste!

Voilà l'injustice quant aux personnes; dévoilons-la quant aux biens. Je ne m'attacherai qu'aux traits les plus saillans.

Il y a des biens qu'on dit être ou qu'on rend litigieux, et on réserve les droits des tiers et de l'État. Mais quand ces biens seraient litigieux, le litige est avec l'Etat, et c'est l'Etat, partie au procès, qui déclare que pendant le litige il administrera les biens, que la vente en sera faite par lui. L'Etat déclare qu'il en gardera le prix jusqu'à ce qu'il ait statué sur le procès, sur les droits des tiers, créanciers ou autres, qu'on ne désigne pas clairement, sur les droits de l'Etat, qu'on se garde d'expliquer, et dont la discussion fait craindre l'étendue arbitraire.

Ces dispositions de la régie par le domaine avant la vente, d'obligation de vendre aux enchères ou par les formes relatives aux biens de l'Etat, le dépôt du prix dans les caisses publiques; toutes ces entraves sont communes et aux biens qu'on dit litigieux et à ceux qu'on reconnaît ne pas l'être. Elles sont communes aux personnes déchues et aux personnes contre lesquelles il n'y a pas de déchéance à prononcer. Cest ainsi que des biens acquis peut-être avec les restes de la dot de la veuve de Louis XVI, avec la dot placée de l'Italie en France, au moins sur la foi de l'hospitalité, seraient incessamment occupés par la régie des confiscations. Non-seulement l'immeuble serait sequestré; mais après sa vente forcée, le prix resterait encore, comme le propose même votre rapporteur, sous le sequestre des consignations. Qui ne sait que le sequestre est le préliminaire des confiscations! En sorte qu'en le décrétant, il y a sur la propriété tentative de confisquer, et sur le prix mis hors du droit commun, réserve de confiscation plus ample et plus facile.

Ces biens qu'on force à vendre avec des formes illégales, et dont on veut garder le prix, ont-ils donc une valeur si démesurée? représentent-ils des droits privés aussi considérables que ceux de beaucoup de familles d'une autre condition? ne sont-ils pas le gage des créanciers que d'anciens malheurs, que la générosité, que le droit laissent toujours *attachés* aux personnes alors même que les dignités ont disparu.

Que d'autres se chargent de répondre à cette fabuleuse accusation d'employer les revenus ou le prix des biens à solder des guerres civiles ou étrangères. Chacun sait bien, en votant les lois de finances, que ce modeste patrimoine ne peut servir à de telles folies. Les accusateurs, en reprochant à la royauté tombée de s'être réduite à un lieu d'asile, disent assez haut que là n'est pas la cour de Saint-Germain. Daignez comparer les biens dont a pu disposer librement une famille (1), dont le chef a régné environ dix ans avec les biens que le droit commun attribue aux descendans d'une race qui a régné dix siècles, et vous verrez s'il est juste de disputer quelques bois à l'un, et à l'autre un château qui ne fut pas un apanage (2).

Ce ne serait pas seulement se montrer injuste, ce serait abaisser le

(1) Celle de Bonaparte qui a amassé en France une fortune immense.

(2) Château de Chambord donné à Mgr le duc de Bordeaux par une souscription toute nationale.

caractère d'une grande nation. Nos écoles disent à ses plus jeunes fils que l'antique patrimoine de cette race se composait de vastes territoires perdus dans l'intérêt de l'Etat, pour ajouter peut-être au royaume des provinces que les représailles de l'étranger ne lui ont pas ravies. Il n'est donc pas à craindre que la Chambre des Pairs approuve ces sequestres, ces intentions de confisquer ce cortège, de mesures fiscales si propres à faire ressortir l'injustice du projet.

Voyons quels en sont les dangers.

Une politique qui se croit profonde, traitant peut-être ma raison de débonnaire, s'écrie : Eh ! Mon Dieu, nous savions bien tout cela; mais la raison d'État passe avant les sentimens. Voyez ce qu'on a fait contre les Stuarts, ce que l'an 1815 a décrété contre l'empereur et les siens.

Peut-être prouverait-on, en méditant bien les leçons de l'histoire, que les proscriptions civiles ont aggravé les dangers et multiplié les obstacles pour les gouvernemens qui les ont faites. Tout lecteur attentif de l'histoire anglaise, depuis 1688, jugera que des mesures acerbes ont causé en Irlande et en Écosse plus de maux qu'il ne fallait pour assurer le triomphe de Guillaume. Puis, la grande exclusion contre les Stuarts n'est-elle pas déjà prononcée par la Charte de 1830? Où sont, où seront les flottes, les armées, les rois qui, protecteurs des Stuarts menaçans, expliquent au moins les protections géminées? Les promoteurs du projet n'ignorent pas que si les objets de leur haine sont dans la position des Stuarts, c'est dans celle d'une époque qui est sans autre péril que pour les exilés.

Il est moins équitable encore de se prévaloir des lois de la restauration.

Quand en 1815 cette restauration réconcilia la France altérée de paix avec les autres États de l'Europe, n'est-ce pas en vertu d'un traité fait avec eux que l'île d'Elbe recueillit en souverain la plus grande victime de la gloire. Aucun membre de sa famille ne quitta la France que par sa volonté; aucun n'en fut exclu. Tous gardèrent leurs biens, leur opulence à l'abri d'une Charte et d'un sceptre protecteur de tous les Français.

S'il en fut autrement en 1815, c'est à l'histoire, encore effrayée, à en dire un jour les causes, à juger les procédés, car il ne faut pas irriter les passions. Ne rappelons pas même la résistance de Louis XVIII à l'exil de quelques juges de son frère. Je me borne à représenter qu'avant et depuis juillet les soutiens les plus ardens du projet actuel ont blâmé, ont maudit les mesures qu'ils préconisent aujourd'hui. Ils accusent les Chambres de la restauration de les avoir prises, et ils les leur proposent en exemples. En vérité, l'esprit humain est inexplicable. En proclamant à l'Europe que la révolution de juillet accomplie est une révolution à part, n'en faites pas une révolution vulgaire. N'en placez pas le char dans l'ornière qui la conduirait au même précipice. Après tant de coups d'État monarchiques ou populaires depuis quarante ans en Europe, le mois de juillet avait proclamé pour les vaincus une sorte de droit des gens que la France a le droit de rendre définitif.

Mais laissons de côté les Stuarts et les Bonaparte pour nous élever à des principes supérieurs aux dynasties. Ils tiennent à leur morale, sur qui repose la société même, indépendamment de la nature des gouvernemens.

C'est à une Chambre fondée par Louis XVIII, et nommée par lui, qu'on propose de consacrer non plus l'exclusion du trône, mais le bannissement à perpétuité des restes de sa famille. Il a élevé à la pairie et les membres de ce sénat qui l'avait long-temps proscrit, et quelques compagnons de son exil. Il a cherché des représentans de tous les siècles de la monarchie pour les placer dans cette enceinte, sous quelque drapeau qu'ils eussent combattu. Il y a joint d'humbles auxiliaires de la révolution. Et voilà qu'on propose à tous ces hommes de désoler sa mémoire, d'oublier non-seulement des bienfaits privés, mais des bienfaits publics, car enfin c'est lui qui a proclamé cette Charte dont la France paraissait heureuse, et dont encore elle se glorifie (1).

A ce rapprochement, le cœur humain s'émeut, il ne peut croire qu'il soit possible de voir adopter une résolution qui déconcerterait tous les sentimens. Il me semble que la société serait bien plus ébranlée par notre adoption qu'elle ne le serait par un refus, alors même que cette mesure serait commandée par la raison d'Etat. S'il était possible que le salut exigeât ce qu'on nous demande, ce ne serait pas par nous que le décret pourrait être rendu (2). On ne sauve pas les États en flétrissant les cœurs, en brisant les caractères. Quel roi pourrait croire à notre fidélité, quelle liberté à notre appui, quelle patrie à notre dévouement? Il vaudrait mieux que la Chambre disparût dans une tempête pour laisser à d'autres à voter des proscriptions même nécessaires.

Que sera-ce lorsqu'il est notoire que la raison d'Etat et la dignité publique interdisent à l'envi une résolution inutile. L'adopter alors ce serait violer toute morale publique aux yeux du monde. Après un tel exemple que deviendraient le respect, la confiance, l'estime des peuples pour les hommes constitués en dignité? Sans doute, les vertus privées conserveraient encore le feu divin destiné à ranimer les sociétés qui périssent; mais où seraient les vertus publiques par qui elles se soutiennent?

Le danger que court la société par la déchéance morale d'un

(1) Louis XVIII encensé si long-temps par le parti qui triomphe aujourd'hui, appelé le *Roi législateur*, *l'immortel auteur de la Charte*, devait avoir une statue élevée à sa mémoire en face de la Chambre des Députés, il ne l'aura pas, Napoléon remontera sur sa colonne (car son ombre fait peur); mais Louis XVI, Louis XVIII, le duc d'Enghien, le duc de Berry n'auront rien pour rappeler leur mémoire, bienheureux si on leur laisse leurs tombeaux!

(2) Le noble Pair a raison. Ce n'est pas avec le dogme de l'ingratitude qu'on peut sauver un Etat, ce qui est vil n'a jamais rien sauvé; c'est sur un Roi et non sur de la boue qu'est assis le temple de gloire.

corps politique, est sans doute le plus grand; mais la résolution impossible qu'on vous demande enfanterait d'autres périls.

Parmi les esprits élevés en si grand nombre dans tous les partis, les uns, indépendans, mais pliés enfin à la monarchie libre, s'impatientent d'entendre discourir sur des femmes, des enfans et des arpens de terre. Persuadés d'un assentiment à peu près universel à la Charte de 1830, sans défiance comme sans crainte, ils ne comprennent qu'une liberté généreuse, et nous accusent de perdre un temps mieux destiné à l'affermir. Les autres s'irritent bien plus d'une nouvelle rigueur inutile que d'un premier coup dont ils blâment la destinée. Tous s'effraient pour leurs propres familles, qu'ils ne croient plus à l'abri, si celle qui fut la première est encore frappée de nouveau. Après avoir fait tomber les couronnes, menacer encore les personnes, c'est faire rebrousser la résignation même, inspirer le goût du martyre et encourager l'ambition de l'échafaud.

Cependant la France a besoin de rallier tous ses enfans. L'Europe, indifférente au destin des exilés, mais inquiète pour elle ou affectant de l'être, peut menacer notre patrie. Alors, sans doute, par l'impulsion d'un sentiment unanime en France, tous les bras sont prêts à voler à sa défense. Mais que l'élan des cœurs soit sans tristesse, la mort ou la victoire sera plus douce aux jeunes guerriers, et les sacrifices cesseront d'en être pour les pères.

C'est pour cela qu'ils nous prient d'arrêter les rigueurs à leur origine. S'abstenir de celle-ci, c'est interdire toutes les autres. Retirons au moins cette leçon de l'histoire et de notre expérience. L'historique de la résolution nous en donne une toute récente. Il ne s'agissait d'abord que d'interdire le territoire et de fixer un délai pour la vente des biens. Puis on se laisse aller à fixer le mode de la vente, puis à sequestrer, puis à garder le prix. Bientôt après, sans avis préalable, sans discussion, on insère une loi différente pour en rapporter une autre, étrangère au sujet. Ce n'est pas le jour férié du 21 janvier qu'on supprime, c'est le deuil, c'est la douleur cette fois perpétuelle du tragique malheur de cette journée. D'autres voix ont assez déploré cette distraction d'une Assemblée; je ne le rappelle que pour montrer combien une mesure entraînant involontairement à une autre, le danger d'adopter la révolution est imminent.

Messieurs, ce n'est pas le Gouvernement, appelé à provoquer les moyens de salut public, qui a fait présenter cette résolution, et c'est pourtant une main royale qui devrait sanctionner cet acte dont est blessé le principe moral des sociétés.

Puisque la France veut une monarchie libre, il est du devoir de la Chambre des Pairs de respecter, j'allais dire de protéger la liberté des couronnes. Il y a même des droits plus saints encore à préserver (1) : c'est celui des familles royales, qu'on ne trouble pas sans péril pour l'Etat lui-même. Si pendant que vous délibérez, les fa-

(1) Eh bien! comptez sur ces égards et vous verrez vos mécomptes! Souvenez-vous du propos non désavoué de M. Ferdinand Barrot.

milles françaises sont émues, croyez-vous que celle que je signale soit sans émotion? Il y a aussi dans son sein des épouses, de jeunes princesses, de jeunes princes *du même âge*. Leur cœur croyait sans doute qu'on avait demandé à leur père, en le proclamant Roi des Français, assez de sacrifices, pour ne pas lui imposer le plus cruel de tous.

Cette famille, en qui reposent tant d'espérances, sera sauvée de ce malheur par notre délibération. Mais c'est surtout à la France magnanime et généreuse que vous éviterez le danger des rigueurs et des confiscations, qu'elle n'a pas donné le pouvoir de décréter. Rassurée par les Pairs, à qui elle veut conserver son propre nom, elle attend, en nous montrant la postérité seul juge inexorable; elle attend notre décision avec inquiétude, moins pour elle que pour notre caractère.

Je vote contre le projet de loi.

Nous venons de dire qu'après le discours du duc de Fitz-James, il était impossible d'intéresser davantage, nous nous trompions. M. Lainé a remué de nouveau tous les cœurs; il a fait couler de nouvelles larmes. La voix pure et solennelle de cet homme d'État, sa haute raison, son courageux dévoûment, donnaient autorité à ses paroles, et jamais ce vieillard ne m'a paru si éloquent qu'en défendant toute une famille de rois, et en citant des traits de bonté de cette princesse *qui, à force de malheurs, est devenue une des grandeurs de la France.*

M. LE COMTE D'ARGOUT, MINISTRE DES TRAVAUX PUBLICS. Messieurs, la discussion est épuisée, l'heure s'avance, je serai bref. Le noble orateur qui descend de cette tribune a rendu hommage à la liberté avec laquelle on pouvait y professer ses opinions. Il a eu raison: oui, on en a usé dans cette séance, et j'oserai le dire, on en a même abusé. (Vives réclamations..... M. LE COMTE LANJUINAIS. On en a étrangement abusé.)

M. le président. M. le secrétaire, je vous prie de garder le silence. (M. de Montalembert adresse au président de vives interpellations.)

M. LE MARQUIS DE SAINT-SIMON. C'est au président qu'appartient la police de la séance.

M. le ministre des travaux publics. Des reproches de toute nature ont été adressés, non-seulement au ministère, mais au gouvernement, mais à l'ordre de choses actuel. On est sorti complètement du cercle des discussions parlementaires. Comme pair, comme ministre, j'ai le droit de dire, et je dirai qu'on a abusé de la tribune. (Oui, oui... Non, non.)

M. LE COMTE DE MONTALEMBERT. On a usé de la liberté de la discussion.

M. le ministre des travaux publics. Je citerai, au besoin....

M. LE DUC DE FITZ-JAMES. Citez.

M. le ministre des travaux publics. Je vous citerai vous-même.

M. DE FITZ-JAMES. Je ne le crains pas.

M. le ministre des travaux publics. La première objection qu'a faite l'orateur auquel je réponds dans ce moment a été que la proposition ne venait pas du gouvernement, qu'elle avait surgi dans une autre Chambre, qu'elle n'était pas l'œuvre du ministère. A cela, je réponds que le ministère l'a adoptée en partie, et que par cela, il l'a faite sienne, et cet argument suffit pour faire disparaître celui qui a été présenté.

Le gouvernement n'a pas appuyé la partie de cette proposition qui prouvait le caractère de la persécution, de la confiscation. Il a donné une adhésion pleine et entière à la proposition telle qu'elle avait été modifiée par votre commission. Cette adhésion, il l'a donnée avec tant de clarté, et d'une manière si nette, qu'il est impossible qu'on s'y soit mépris; qu'on ne se serve donc pas du nom du gouvernement pour provoquer le rejet d'une proposition dont il demande formellement l'adoption.

Le même orateur, et ceux qui l'ont précédé, ont surtout attaqué cette proposition comme étant inutile. Je le nie d'abord; mais, en supposant que cela eût été, cela n'est plus; après les discours qui ont été prononcés, après les sentimens qui ont été manifestés à cette tribune. Non-seulement la loi n'est plus inutile, mais elle est un besoin pour la France et pour la pairie, car il faut que la France sache si cette loi est conforme ou non aux opinions de la pairie.

Cette proposition, qu'on a peinte sous les plus noires couleurs, que l'on a si étrangement appelée une loi barbare, une loi de confiscation, un acte de haine et de vengeance, qu'est-elle, après tout? rien autre chose que la conséquence rigoureuse et nécessaire de la révolution de juillet, que vous avez adoptée, la consécration de la Charte de 1830 que vous avez votée, l'accomplissement du serment que vous avez volontairement prêté. Certes, la déchéance de Charles X était un acte bien autrement grave que le projet actuel; a-t-on fait autant de façons pour l'adopter? Les mêmes gémissemens, les mêmes récriminations se sont-elles fait entendre? non. Alors une grande commotion était récente; aujourd'hui, tout est calme, et l'on combat avec amertume une proposition conséquence de ces actes antérieurs. Il m'est permis de le dire, ces orateurs abusent de la tranquillité que nous leur avons faite. (Vives réclamations.)

M. LE COMTE LANJUINAIS. C'est très bien.

M. le ministre des travaux publics. Le ministre qui vous parle est pair de France; en cette qualité, et comme membre du gouvernement actuel, il a le droit de répondre à ce qui a été dit et d'exprimer toute sa pensée sur les discours qui ont été prononcés.

M. le président. J'engage MM. les Pairs à vouloir cesser toutes les conversations particulières, toute interpellation de membre à membre: l'orateur seul qui est à la tribune doit parler et doit être entendu.

M. le ministre des travaux publics. On a parlé de l'ambition de l'échafaud, du désir de la persécution. Messieurs, c'est une ambition que nous ne satisferons pas. Le gouvernement ni les tribunaux ne la satisferont pas davantage; l'on manifesterait peut-être moins d'ardeur pour le martyre si on n'avait pleinement cette conviction (1).

On a cité Machiavel. J'avoue que j'ai été surpris et presque humilié qu'on ait osé citer Machiavel comme une autorité dans cette enceinte. Il dit quelque part : « Quand une famille souveraine est renversée du trône, il faut l'exterminer. » Eh bien ! la révolution de juillet a-t-elle présenté, je ne dis pas la menace, mais plus la légère apparence d'un crime? N'y a-t-il pas eu égard pour les personnes? Une seule insulte a-t-elle été adressée aux princes qui s'éloignaient des rivages de France? Non, la révolution de juillet s'est élevée au-dessus des révolutions vulgaires : elle s'est immortalisée par son caractère de modération, de sagesse, de légalité.

On a répété jusqu'à satiété le mot confiscation; mais où donc y a-t-il confiscation? s'empare-t-on des biens? en prend-on les revenus? attribue-t-on au trésor le capital des prix des ventes? Non, on contraint seulement la dynastie déchue à vendre ces biens dans un délai déterminé. Or, je le demande, en quel pays, dans quel temps, lorsqu'une dynastie a été précipitée du trône, lui a-t-on permis de demeurer propriétaire dans les contrées où elle cessait de régner? comment ose-t-on appeler fiscale une loi qui ne fera pas verser au fisc une seule obole? n'est-ce pas une loi politique commandée par les intérêts les plus élevés d'ordre public? On allègue le respect dû aux propriétés; mais oublie-t-on que pour des causes bien moindres, pour un simple intérêt d'utilité, on exproprie tous les jours au nom de la loi?

Un noble duc a parlé avec talent, avec chaleur, mais son discours m'a profondément affligé. Il a fait un pompeux éloge et de la dynastie tombée et de tous les faits accomplis sous la restauration (2), à lui permis; mais pourquoi, si prodigue en éloges, n'a-t-il trouvé pour la révolution de juillet, pour tout ce qui s'est fait depuis cette époque, que blâme, censure amère, incriminations injustes; que dis-je, il l'a attaquée non-seulement dans le passé, non-seulement dans le présent, mais encore dans son avenir? N'a-t-il pas dit, si je ne me trompe, que l'on n'avait fondé que l'instabilité; que l'on avait beau vouloir décréter la perpétuité par des lois, le ciel et les évènemens se jouaient et des lois et des volontés des hommes; que la famille déchue serait bannie tant qu'il plairait à Dieu, et que, quand il plairait à Dieu, elle rentrerait en France (3). Il est vrai que toutes choses dépendent de la volonté du ciel; mais pourquoi le noble duc, à qui les souvenirs de l'ancienne monarchie sont si chers, a-t-il oublié cette vieille devise

(1) On avait *peu manifesté d'ardeur* pour les visites domiciliaires, pour les croix abattues, pour les vexations, et elles ont eu lieu, et pourquoi?

(2) M. le comte d'Argout n'a-t-il jamais loué cette dynastie tombée, et a-t-il toujours aimé les couleurs de la nouvelle?

(3) M. le comte d'Argout ne peut pas prétendre vouloir mettre des bornes à la toute puissance de Dieu. M. de Fitz-James n'a fait que la reconnaître.

de notre patrie : *Dieu protège la France!* Dieu et le bon droit du pays maintiendront à jamais la dynastie nouvelle et la Charte de 1830.

Le noble duc nous a accusés de faiblesse, de condescendance coupable envers une fraction de la Chambre des Députés, fraction qui a proposé la mesure que nous discutons en ce moment. Mais si nous l'avons adoptée, ce n'est pas parce qu'elle émanait de telle ou telle fraction de l'autre Chambre, mais parce qu'elle nous a paru prudente, sage et conforme à l'intérêt du pays.

Le noble duc oublie-t-il que nous avons combattu avec fermeté cette même portion de l'autre Chambre, lorsque ses propositions nous ont paru nuisibles ou dangereuses? Qu'il cesse donc de nous accuser de faiblesse. Lui appartient-il, d'ailleurs, de traiter avec tant de rigueur les opinions de cette portion de l'autre Chambre? Lui-même a plus d'analogie avec elle qu'il ne le pense; comme elle, ne réclame-t-il pas le suffrage universel?

Il a adopté la Charte de 1830, et maintenant il veut la soumettre au suffrage universel! Il nous demande de faire de l'ordre, et il attaque toutes les mesures par lesquelles nous avons voulu l'établir! Il veut que nous nous renfermions dans la légalité (telle est en effet notre résolution), et il nous impute des acquittemens prononcés par les magistrats! Il veut le respect des lois, et il nous reproche des arrêts rendus par la justice, comme si nous pouvions influer sur les déterminations de la justice! Il veut la concorde, et ses paroles sont de nature à irriter les passions! Enfin, dans ce discours brillant, mais qui, je l'avouerai, m'a paru dépourvu d'équité et de logique, il m'a été impossible de discerner un système, un principe de gouvernement quelconque. Le droit divin? Le noble duc est trop éclairé pour l'admettre, et lui-même le proclame chimérique. La légitimité lui paraît avec raison une base fragile, et il déclare qu'il n'y croit pas. La révolution de juillet, la Charte de 1830, il ne l'accepte pas davantage! Que veut-il donc? Où prétend-il marcher? Véritablement, si on voulait gouverner d'après les principes du noble duc, on se trouverait dans un cruel embarras; mais, certes, nous n'avons nulle envie de le prendre pour conseil et pour guide.

Le même orateur vous a dit : Prenez garde; le projet de loi aura les résultats les plus funestes! il effraiera les consciences, il irritera les esprits! Combien de gens, peut-être, malgré leur attachement à l'ancienne dynastie, sont près de prêter serment? Vous allez les arrêter. Sans doute, Messieurs, le gouvernement ouvre ses bras à tous ceux qui veulent franchement se rallier à lui; mais il aime mieux des ennemis avoués qu'il combattra franchement, et qu'il saura bien réduire, que de prétendus alliés, d'une foi douteuse, et qui, après avoir prêté serment, viennent prêcher des doctrines subversives de tout ordre social.

Je n'ai plus qu'un mot à dire. Le dernier orateur a prétendu que nous ne pouvions voter le projet de loi, parce que la Chambre était composée de Pairs nommés par Louis XVIII et par Charles X. Si cette raison était valable, comment cette Chambre aurait-elle pu voter et la déchéance et la Charte de 1830? Mais je proteste hautement contre cette assertion. Quand nous avons été élevés à la dignité de la pairie, nous a-t-on appelés Pairs de Louis XVIII? Pairs de Charles X? Non, Messieurs, on nous a donné le nom de *Pairs de France;* car c'est la France que nous servons; et la Chambre va faire connaître par son vote qu'elle appartient à la patrie et non à la dynastie déchue. (1)

Un grand nombre de pairs. La clôture!

M. le président. Je vais mettre aux voix la clôture.

(L'épreuve est commencée.)

M. LE MARQUIS DE BRÉZÉ. Je demande la parole contre la clôture.

M. DE SESMAISONS. Je demande à parler contre la clôture.

M. le président C'est un fait que la clôture; on ne parle pas contre.

Plusieurs voix. L'épreuve est commencée.

Un pair. On savait que la discussion devait être entamée aujourd'hui : on savait qu'elle se prolongerait. Déja cette discussion avait été retardée, il faut donc satisfaire l'attente du public. (Réclamations.)

M. le président. Vous avez entendu ce qu'on a dit sur la clôture, je ne puis me dispenser de la mettre aux voix.

(La discussion est fermée.)

M. LE DUC DE BROGLIE. Peut-être la Chambre voudrait-elle entendre son rapporteur?

M. le président. La Chambre veut-elle entendre M. de Broglie (Non, non.) Il y a en quelque sorte deux projets, le projet de la Chambre des Députés et celui amendé par votre commission. La Chambre jugerait-elle convenable de donner la priorité au premier. (Oui, oui.) Je vais le mettre aux voix.

(La Chambre donne la priorité au projet de la commission.)

M. LE COMTE DE MONTALEMBERT. Je demande à parler sur la position de la question.

M. le président. Vous avez la parole.

M. LE COMTE DE MONTALEMBERT. Au commencement de la séance, M. le président du conseil nous a annoncé qu'il se ralliait au projet de la commission; tout à l'heure M. le ministre des travaux publics nous a dit tout le contraire.

M. le ministre des travaux publics. Vous êtes dans l'erreur. Je n'ai pas dit cela.

M. LE COMTE DE MONTALEMBERT. Voilà tout justement ce que je voulais savoir.

Si le ministère se rallie au projet de la commission, je demande à quoi mènera mon vote; car si je vote pour le projet de la commission,

(1) On assure que quand M. d'Argout répondant à M. de Fitz-James a dit: nous ne sommes ni les Pairs de Louis XVIII, ni les Pairs de Charles X, un général, membre de la Chambre, s'est écrié sur son banc: Non, vous êtes les Pairs de M. Decazes. (*Gazette de France du 22 avril.*)

et je ne demande pas mieux que de l'adopter, j'annonce même que je le ferai, je le demande, qu'en résultera-t-il? Je suis pair de France, je n'entends pas qu'on se joue de mon vote. Nous sommes dans un défilé, je le sais. Il me semble que la Chambre devrait faire expliquer le ministère sur ce défilé, et savoir comment elle s'en tirera. Est-il à dire que la Chambre des Pairs; sérieusement et gravement, ira donner au pays, passez-moi l'expression, car dans ce moment il ne s'en présente pas d'autre à mon esprit, une espèce de mystification. En effet, que dira-t-on? la Chambre des Pairs sait d'avance que son projet ne serait pas reporté à la Chambre des Députés; que son vote tombera à terre, qu'il n'aura aucun résultat. Il me semble plus simple d'ajourner cette question.

J'avoue que si la Chambre des Députés devait avoir une séance demain, je serais ferme dans mon principe et je demanderais à voter immédiatement. Si M. le président du conseil a l'autorité de dire que, vu l'urgence des circonstances, la séance royale n'aura lieu que jeudi, je renonce à l'ajournement de la question et je vote pour le projet. (Aux voix, aux voix.) Je vous en prie, Messieurs, un moment; j'avais à vous livrer ces considérations pour l'acquit de ma conscience. Une discussion préalable va sans doute s'élever sur la nécessité d'un vote qui ne doit pas être présenté à l'autre Chambre. Je l'avoue, je n'ai rien vu de pareil dans les annales du gouvernement représentatif.

M. LE COMTE DE SUSSY. Je demande à dire un mot.

M. le président. Le président doit compte à la Chambre de la situation vraie des choses. La Chambre ne peut pas exiger du président du conseil qu'il dise si le Roi remettra à un jour plus tôt ou un jour plus tard, la séance royale; cela dépend absolument du Roi. Quant à l'ajournement, la Chambre sait que quand un projet lui est soumis, que la délibération est commencée, il n'y a pas d'exemple que ce projet ait été ajourné; si on veut l'ajourner, qu'on le rejette, c'est la seule manière de l'ajourner.

M. LE COMTE DE SUSSY. Je crois qu'il est nécessaire aujourd'hui que la France connaisse le vote de la Chambre des Pairs : je demande donc qu'on mette aux voix tous les articles du projet.

M. le président. La Chambre se rappelle qu'elle vient de donner la priorité au projet de la commission.

Article 1er. « L'ex-Roi Charles X, ses descendans, et les époux et épouses de ses descendans, sont exclus à perpétuité du territoire français, et ne pourront y acquérir, à titre onéreux ou gratuit, aucun bien, y jouir d'aucune rente ou pension. »

M. LE MARQUIS DE TALARU. Je demande la parole sur l'article. La haine et la peur sont mères des mauvais conseils. Ce sont ces deux sentimens seuls qui ont pu dicter une pareille proposition. Au commencement de la discussion, M. le président du conseil nous a dit qu'il regardait la proposition comme inutile, et que lui-même aurait désiré qu'elle n'eût pas été faite. La marche de la discussion a paru faire changer d'avis. Depuis peu d'instans, cette proposition est jugée nécessaire. Je ne puis tirer du changement total d'opinion qu'une conclusion, c'est que faire de l'opposition pendant quinze ans n'apprend pas à la supporter pendant un instant.

Je reviens à l'article en lui-même. On vous propose non seulement l'exclusion du Roi qui a signé les ordonnances, de son fils qu'on dit avoir assisté au conseil, mais encore de femmes étrangères à toutes affaires, d'enfans encore plus étrangers à ces mêmes affaires. Je ne sais pas, sans examen, sans jugement, proscrire des femmes, des enfans, l'innocence et le malheur. Je vote contre l'article.

M. le duc de Broglie. Je ne crois pas qu'il soit parlementaire d'imputer à ses adversaires des sentimens de haine et de vengeance; je ne crois pas non plus qu'il soit permis de présenter un des pouvoirs législatifs comme ayant été mu par ces sentimens dans le vote d'une loi. Messieurs, l'assemblée est libre dans son vote; la justice, la raison et les convenances commandent le respect. On peut trouver la proposition absurde, dangereuse; mais on ne doit pas supposer de mauvais desseins à ses adversaires.

Je viens à la discussion de la loi. On se méprend complètement sur le caractère de l'article en discussion, si l'on y voit l'ombre d'un jugement. Il y avait dans la première rédaction un mot inséré sans intention, un mot qui se rapportait à un article du Code pénal; ce mot a disparu, afin que l'article ne pût pas même avoir l'apparence d'un jugement. Que reste-t-il donc? Une mesure politique. La question se réduit à savoir s'il est bon, sage, raisonnable, d'empêcher que la branche aînée des Bourbons puisse rentrer en France. S'il est impossible de concevoir la rentrée en France des princes de la branche aînée des Bourbons, si leur éloignement du territoire est une condition nécessaire au maintien de la paix et de la tranquillité, l'exclusion de la dynastie déchue n'est plus alors que la déclaration d'un fait sur lequel tout le monde est d'accord. Cela est si vrai, que l'on s'arme de l'inutilité de la loi pour la combattre. Si l'on sent que la chose est impossible, pourquoi ne pas le déclarer? Quant à moi, je vote pour l'article, sans aucune espèce de scrupule de conscience, croyant faire une chose bonne et utile.

M. le comte de Sesmaisons. Je me proposais de parler contre l'article, mais vu l'heure avancée, je renonce au développement que je devais vous soumettre.

La loi qui vous est proposée est un véritable jugement. C'est un jugement, parce qu'il décide du sort des personnes et des biens. Or, dans tous les jugemens qui ont été rendus dans cette Chambre, les formes judiciaires ont été observées; chacun a eu la liberté de motiver son opinion, et cependant c'est un droit que nous ne pouvons pas exercer aujourd'hui dans toute sa plénitude; mais c'est un droit qui nous est cher à tous; ceux qui votent pour la proposition ont besoin de déclarer qu'ils obéissent, non sans quelque répugnance, à un devoir impérieux. Et nous qui voterons contre la loi, nous éprouvons aussi le besoin de dire que ce n'est pas par des motifs qui peuvent animer de mauvais citoyens.

Un grand nombre de membres s'étaient inscrits pour parler dans cette discussion; il y avait vingt orateurs. Le 13 de ce mois, quand il a été question d'aborder cette discussion avec quelque étendue, le ministère s'est présenté ici, et a demandé que la discussion fût remise. Je ne veux pas inculper ses intentions....

M. le président du conseil. Personne ne nous a demandé que la discussion fût remise.

M. LE COMTE DE SESMAISONS. Nous sommes acculés dans les limites de cette discussion. Le temps nous manque pour faire entendre nos opinions. On a proposé l'ajournement, si on le veut, à la bonne heure.

M. LE COMTE DE SUSSY. Personne n'a proposé l'ajournement.

M. LE COMTE DE SESMAISONS. Eh bien! moi, je le propose.

M. LE COMTE DE SUSSY. Vous n'êtes pas appuyé.

M. le président. Je ne puis pas mettre aux voix la proposition d'ajourner un article qui est en délibération. Il n'y a qu'une seule manière de l'ajourner, c'est de voter contre. Je dois par conséquent le mettre aux voix.

Quelques membres. Le scrutin!

D'autres membres. Non, non! le scrutin seulement sur l'ensemble de la loi.

L'article 1er est mis aux voix et adopté.

« Art. 2. Les personnes désignées dans l'article précédent sont tenues de vendre, dans l'année, à dater de la promulgation de la présente loi, tous les biens, sans exception, qu'elles possèdent en France; les droits des tiers et ceux de l'Etat demeurant expressément réservés. »

M. LE COMTE DE BRETEUIL. Je ne prolongerai pas la discussion, cependant, je m'étais fait inscrire pour parler contre le projet de loi, parce que je le crois inutile et dangereux; je pense aujourd'hui, en votant contre l'article 2, remplir un devoir de conscience.

(L'article 2 est adopté.)

« Art. 3. Si la vente desdits biens n'est pas effectuée dans le délai prescrit, il y sera procédé dans les formes déterminées pour l'aliénation des biens de l'Etat, par l'administration des domaines. (Adopté.)

« Art. 4. Le produit des ventes sera déposé à la caisse des dépôts et consignations, pour être ensuite remis aux ayant-droits. »

M. LE MARQUIS DE ROUGÉ. L'art. 4 est-il seulement la conséquence de l'art. 3, ou bien, le prix des ventes doit-il être versé, dans tous les cas possibles, à la caisse des consignations?

M. LE DUC DE BROGLIE. L'art. 4 se rapportait, dans le projet originaire, à deux dispositions différentes: l'une relative aux biens vendus par l'administration, dans le cas où ils n'auraient pas été vendus par les propriétaires eux-mêmes; et l'autre se rapportait à cette disposition de l'art. 2 qui ordonnait que les biens seraient administrés par l'Etat, et disait que les revenus seraient déposés en même temps à la caisse des consignations. Cet art. 2 a disparu du projet de la commission ; il n'y a, par conséquent, pas lieu de déposer à la caisse des consignations les revenus. On n'y dépose que le produit des ventes, dans le cas où les biens auraient été vendus par l'Etat, faute, je le répète, par les propriétaires de l'avoir fait eux-mêmes. La caisse des consignations n'est pas une caisse publique, c'est une caisse privée; c'est le lieu où sont déposées les offres réelles. Les sommes déposées à cette caisse sont des sommes appartenant à des particuliers. L'Etat, dans leur intérêt unique, a la surveillance de cette caisse.

M. LE COMTE D'ORGLANDE. L'intention du rapporteur paraît avoir été entendue d'une manière différente. Pour que la rédaction fût claire, il faudrait ces trois mots : *dans le cas prévu par l'art.* 3 *seulement.*

M. LE DUC DE BROGLIE. Il est manifeste que l'art. 4 se rapporte à l'art. 3.

M. LE COMTE CHOLLET. Je crois que, si cela s'applique seulement à l'art. 3, les droits des créanciers seront frustrés.

M. LE BARON SÉGUIER. Pas le moins du monde; le prix versé par les acquéreurs est là pour être remis aux créanciers.

(L'article est adopté.)

M. LE COMTE D'ORGLANDE. Messieurs, vous venez de décider que la branche aînée de la maison de Bourbon serait tenue de vendre, dans le cours d'une année, les biens qu'elle possède en France. Mais vous avez repoussé les dispositions qui vous ont paru porter atteinte à l'abolition de la confiscation.

C'est dans cet esprit que vous avez jugé que l'Etat ne pouvait se mêler de la vente des biens, et que le soin en devait être laissé aux propriétaires.

Mais la législation apporte à la vente des biens des mineurs des lenteurs qui excéderaient le délai que vous avez prescrit. Permettez-moi de vous donner une lecture succincte des formalités qu'elle impose.

1° La composition du conseil de famille ;

2° L'homologation de la délibération ;

3° Un rapport d'experts pour fixer la valeur des biens ;

4° L'entérinement de l'homologation du rapport des experts ;

5° La vente en justice après deux adjudications, qui doivent être précédées des publications et autres préliminaires exigés par le Code de procédure, énoncés dans les art. 953, jusques et y compris l'article 965.

Si vous joignez au temps qu'exige l'accomplissement de ces diverses dispositions le retard qui résulte de l'éloignement des personnes intéressées, vous aurez reconnu, ou que vous devez prolonger le délai, ou abréger les formalités.

Ce n'est point, Messieurs, un nouveau délai que je demande, mais un article exceptionnel qui permette la vente dans un terme rapproché.

Les sages précautions que la loi a prescrites pour la vente des mineurs sont sans nul avantage dans la question présente, et si les exceptions au droit commun doivent en général être écartées, je vous ferai remarquer que nous sommes ici dans une loi d'exception, et que la disposition que je présente n'est susceptible d'aucune application, d'aucune incitation envers qui que ce soit.

Voici l'article additionnel que j'ai l'honneur de vous proposer :

« Madame la duchesse de Berry, comme tutrice de ses enfans mineurs, est autorisée à vendre leurs biens mobiliers et immobiliers, sans être assujétie aux formalités prescrites pour la vente des biens des mineurs. »

(Cet article additionnel mis aux voix est adopté.)

M. le président. On va procéder au scrutin secret sur l'ensemble de la loi.

Voici le résultat du scrutin :

Nombre des votans.	131
Oui.	74
Non.	45
Billets blancs.	12

La Chambre adopte.

La séance est levée à huit heures moins un quart.

Depuis très long-temps la noble Chambre n'avait eu une séance aussi remarquable. Tout l'intérêt d'un grand drame s'y rattachait.

DISCOURS

DE PLUSIEURS PAIRS CONTRE LA PROPOSITION DE M. BAUDE, QUE LA CLÔTURE DE LA DISCUSSION LES A EMPÊCHÉ DE PRONONCER (1).

M. LE MARQUIS DE ROUGÉ.

Je viens combattre la proposition qui nous est soumise, parce qu'elle est inutile, parce qu'elle est odieuse, parce qu'elle est inconstitutionnelle.

Après la double invasion de notre territoire, une famille de rois s'était interposée entre nous et l'Europe irritée, et avait rendu à la France un calme et une prospérité dont, malgré la gloire de ses armées, elle n'avait eu aucune idée depuis un quart de siècle; cette famille a quitté le sol, en abdiquant tous les droits que deux générations de ses membres pouvaient avoir sur une couronne possédée depuis 800 ans par ses ancêtres. Ces deux générations sont donc entièrement hors de cause. Trois femmes les accompagnent; n'ayant

(1) Extraits de la *Gazette de France*.

par elles-mêmes aucun droit, elle ne peuvent sans doute donner d'ombrage. Quel est donc l'ennemi attaqué par la proposition, celui que l'on veut bannir à jamais de cette France, dont au moins une grande partie avait accueilli la naissance avec des transports d'ivresse? C'est un enfant de dix ans, sans armée, sans protecteurs, dont l'âge seul suffit pour garantir l'impuissance, et qui, relégué sur une terre d'exil, n'est entouré que de quelques serviteurs dévoués à sa famille; mais un jour, dit-on, le souvenir de son pays, celui de son origine, peuvent faire naître en lui des regrets, et préparer des dangers que l'on veut prévenir. C'est donc à l'avenir, à un avenir éloigné que l'on prétendrait commander. Hé! Messieurs, est-ce dans un pays qui, depuis 40 ans, a vu se succéder tant de constitutions diverses, où la mobilité des esprits laisse aussi peu de durée à l'enthousiasme qu'à la haine, que vous prétendriez enchaîner par des lois, et pour de longues années, la volonté nationale? A quoi ont abouti tant d'expulsions prononcées depuis 1790 contre des hommes de tous les partis? Celui qui avait momentanément la puissance s'en servait contre des antagonistes; et le temps, cet impartial et impitoyable niveleur, venait détruire des lois destinées aussi à enchaîner l'avenir. La mesure que l'on vous propose est donc inutile.

J'ajoute qu'elle est odieuse, et je demande à développer cette idée dans l'intérêt de l'honneur et du repos de la France. Calmer les haines, prévenir les divisions, ranimer la confiance; faire renaître la prospérité, prouver enfin à la France et à l'Europe que la révolution a été faite pour donner à tous la liberté de penser et d'agir sous la sauve-garde des lois, et que jamais elle ne servira de moyen à l'ambition et à la vengeance pour opprimer le malheur et la loyauté. Or, Messieurs, si une partie de la France a contribué ou applaudi à la chute de Charles X, une autre partie, peut-être assez notable, a été froissée dans ses affections et dans ses intérêts par cette grande catastrophe. Demandez aux familles des 11,000 pensionnaires de la liste civile, à celles de tous ceux qui se trouvaient plus ou moins directement attachés à la personne des princes, à celles qui d'un bout de la France à l'autre ont éprouvé leurs bienfaits; aux pauvres enfin qu'une main invisible venait soulager pendant le rigoureux hiver de 1830. La reconnaissance doit être gravée dans leurs cœurs; qui donc oserait les en blâmer? Le gouvernement croirait-il avoir formé de bons citoyens en légalisant l'ingratitude? Non, messieurs: il y a dans ce sentiment quelque chose de lâche, et ce mot seul exprime combien il est odieux en France. Or, Messieurs, si vous êtes forcés de respecter le souvenir que l'on garde du bienfait, est-ce en proscrivant le bienfaiteur, en le mettant pour ainsi dire hors la loi, que vous adoucissez l'amertume des regrets; que vous inspirez la résignation; qu'enfin vous ralliez les Français autour du gouvernement? Non, nobles Pairs, et veuillez plutôt réfléchir à la voie dans laquelle on vous propose d'entrer. Quelques ménagemens que l'autre Chambre ait apportés dans les expressions qu'elle a substituées à celles de l'auteur de la proposition, cette loi est une loi de proscription. Or, Messieurs, rappelez-vous où ont entraîné les premiers essais de ce genre pendant notre trop fameuse révolution. Qui dit proscription, dit violence substituée à la justice. Qui peut alors vous répondre que de simples souvenirs, que cet intérêt qui s'attache au malheur, ne deviendront pas les élémens avec lesquels une autorité inquiète et jalouse essaiera de construire des complots; que, guidée par ses préventions, la demeure d'un citoyen ne cessera pas d'être à ses yeux un asile sacré; que l'image d'un proscrit ne passera pas pour un emblême séditieux; et que bientôt on n'incriminera pas une larme, un soupir ou l'expression d'un regret? Telle a toujours été dans toutes les révolutions la marche et la conséquence des mesures extrà-légales. Non, Messieurs, ce n'est pas ainsi que vous calmerez les divisions qui pourraient encore déchirer la France. Respectez le malheur. Ne froissez pas des sentimens généreux. Ne combattez pas un danger imaginaire par une mesure qui, je le répète, est aussi odieuse dans son application qu'inutile dans son but. Si dans quelques années le danger que l'on semble redouter aujourd'hui venait à se présenter, il serait temps alors d'aviser à ce qui pourrait paraître opportun; mais gardez-vous en attendant de stigmatiser l'ordre de choses nouvellement créé, en proclamant aux yeux de l'Europe que pour garantie de sa stabilité il faut la proscription d'un enfant.

J'ai dit que la proposition était inconstitutionnelle en ce qu'elle viole manifestement l'article 8 de la Charte. *Toutes les propriétés sont inviolables*, dit cet article. Je ne discuterai pas cette singulière application de l'article 57 du Code civil, faite dans l'autre Chambre, et qui assimile une déportation, suite d'une expulsion à main armée, à l'abandon de la patrie fait volontairement et à toujours par un citoyen : cela est tout-à-fait indifférent à ma cause.

L'article 8 de la Charte ne fait aucune distinction entre les possesseurs de biens, soit meubles soit immeubles; que la propriété appartienne à un Français ou à un étranger, elle n'en est pas moins sacrée. Or, nul ne peut en être privé que par suite d'un jugement rendu en vertu des lois existantes, par les tribunaux compétens. La famille de Charles X a-t-elle été jugée? A-t-elle été condamnée à la mort civile? En aucune manière; et la commission de l'autre Chambre a reconnu elle-même qu'aucune disposition pénale ne pouvait lui être appliquée. Je ne parle pas de l'article 9, qui statue sur le sacrifice d'une propriété privée, pour cause d'intérêt public, et moyennant indemnité préalable; il est évidemment inapplicable dans l'espèce. Le droit de propriété doit donc demeurer ici dans toute son intégrité. Or, Messieurs, lisez dans vos codes la définition de ce droit. « La pro-
« priété, dit l'article 544 du Code civil, est le droit de jouir et dis-
« poser des choses de la manière la plus absolue, pourvu qu'on
« n'en fasse pas un usage prohibé par les lois. » Remarquez bien ces mots, nobles Pairs, *jouir et disposer*. Tout ce qui porterait atteinte à cette liberté serait une violation de la loi, serait une confiscation ma-

déguisée. Elle fausserait ainsi, par un véritable subterfuge, l'article 57 de la Charte.

Votre commission l'a bien senti, puisqu'elle vous propose de retrancher le sequestre et les autres conditions que la Chambre élective proposait de mettre à l'aliénation des immeubles, et qui tendaient à les faire vendre à vil prix ; mais comment en adoptant le principe n'a-t-elle pas admis la conséquence tout entière ? *Les particuliers ont la libre disposition des biens qui leur appartiennent*, dit encore l'article 537 du Code. La loi ne donne donc à l'Etat aucun pouvoir pour contraindre le propriétaire à vendre ou à ne pas vendre, ni à plus forte raison à vendre dans un temps donné, et le mettre par le fait à la merci des spéculateurs qui sauraient qu'en se concertant pour laisser arriver l'époque fatale, le propriétaire serait contraint de leur abandonner son bien pour un prix fort au-dessous de sa valeur.

Vous proposerait-on de vous mettre au-dessus de la loi en vertu de l'omnipotence parlementaire? Il a été dit, le 7 août, nobles Pairs, *que la Charte serait désormais une vérité*. La vérité pour une loi, c'est l'exécution franche, loyale, complète, de ses dispositions ; si vous voulez faire croire à ce principe, donnez-en vous-même l'exemple à la nation en rejetant la proposition qui vous est soumise tant en principe politique, dont j'ai cherché à vous démontrer l'odieuse inutilité que dans ses conséquences fiscales dont j'espère avoir prouvé l'illégalité. Je vote contre le projet de loi.

M. le comte d'Orglande.

Messieurs, un des moindres reproches qu'on puisse faire à la loi qui vous est proposée est d'être inutile.

Lorsque le 7 août l'on a prononcé la déchéance du roi Charles X et de sa famille, lorsqu'on a décerné la couronne à un autre prince, tout n'a-t-il pas été consommé, et l'exclusion du territoire n'est-elle pas la conséquence nécessaire de ce qui fut décidé dans cette journée?

M. le rapporteur a déclaré qu'il y avait une impossibilité de fait au retour de la branche aînée de la maison de Bourbon. Que veut-on de plus qu'une impossibilité?

Comment concevoir qu'une loi formelle et positive soit invoquée comme une garantie nouvelle de la dernière révolution? N'est-ce pas aller contre le but qu'on se propose et montrer le doute et la crainte?

Messieurs, le présent seul nous appartient ; reconnaissons notre impuissance sur l'avenir et ne prétendons pas par un vain et fol orgueil l'asservir à nos volontés. Voyez dans toutes les vicissitudes de notre longue révolution ce que sont devenus tant d'actes dictés sous l'empire des circonstances ; dites-nous s'ils ont été dotés de cette perpétuité qu'entendaient leur imprimer leurs auteurs?

Deux fois les Bourbons ont été bannis ; deux fois la fortune en a cassé l'arrêt. N'avons-nous pas vu les mots de haine à la royauté affichés dans les lieux publics par décret de la Convention? et aujourd'hui d'un bout de la France à l'autre, la royauté est proclamée comme le seul gouvernement qui puisse nous préserver des maux de l'anarchie.

L'effet unique de la loi sera d'aggraver de vives douleurs. Messieurs, le respect pour l'infortune, pour la vieillesse et l'enfance est empreint dans tous les cœurs généreux. Il sont nombreux en France! Cet abus de la force, cette vengeance stérile après la victoire trouveront peu de sympathie parmi nous.

La catastrophe qui a précipité du trône l'héritier de 40 rois ne peut avoir anéanti le souvenir du passé. L'histoire nous montre sous les rois de la troisième race la France d'abord faible et morcelée en souverainetés particulières presque indépendantes de la couronne, réunissant successivement, soit par des conquêtes, soit par des traités, qui furent également leur ouvrage, toutes les provinces dont elle se compose, et qui en ont fait le plus beau et le plus puissant royaume de l'univers.

Elle a joui, sous leur sceptre, de plus de bonheur et de liberté qu'aucun autre peuple de la terre. Le commerce, les arts et les lettres ont fleuri par leur protection. Enfin, c'est à Louis XVIII que nous devons la Charte et toutes les libertés qui en découlent. C'est sous son règne que le crédit et la prospérité publique ont été portés à un degré jusqu'alors inconnu parmi nous. Ces temps n'ont pas été non plus sans gloire. La France, rétablie en peu d'années des suites de ses longues guerres, n'a-t-elle pas porté ses armes victorieuses à Cadix, à Navarin, à Alger? et, dans deux de ces expéditions, elle a bravé les menaces de l'Angleterre.

Ce n'est pas trop, Messieurs, que de vous demander en mémoire de tant et de si grands avantages, de vous abstenir d'un acte de violence que la politique ne demande pas et que l'honneur du pays désavoue.

Cette loi, dans ses dispositions subséquentes, porte atteinte à l'abolition de la confiscation, cette précieuse conquête de la civilisation. Ainsi, dans les discordes civiles malheureusement si fréquentes, les familles de ceux qui auraient succombé ne présenteront plus le douloureux spectacle de la misère et de la spoliation. Qui donc, dans l'instabilité des temps où nous vivons, peut prétendre n'avoir pas d'intérêt au maintien de cette loi protectrice du malheur? Avons-nous déja oublié qu'on proscrit afin de confisquer?

On a jugé comme le corollaire de la mesure qui exclut du territoire la branche aînée de la maison de Bourbon de lui imposer l'obligation de vendre ses biens. Je n'en admets pas la nécessité. Peut-on concevoir, en effet, que la possession de quelques milliers d'arpens de forêts et de deux châteaux entre les mains d'une famille condamnée à l'exil inspire tant de méfiance? Mais, fût-elle fondée, la politique ne demande rien de plus.

Vous ne pouvez, sans violer le droit de propriété, vous immiscer dans des intérêts privés, saisir des revenus, prescrire le mode des ventes. Les princes, en s'éloignant, n'ont rien emporté. La liste de leurs bienfaits, dont leur malheur a révélé le secret, prouvent assez qu'ils ne thésaurissaient pas. Est-il digne de la France de leur ravir de tristes débris, et de réduire à l'indigence les descendans d'une famille qui a régné sur nous pendant huit siècles. C'est cependant ce qui vous est proposé par ce sequestre dont M. le rapporteur a caractérisé le danger en l'appelant prophétique.

Je ne puis me dispenser de combattre le dernier article du projet adopté par la Chambre des Députés, qui suprime le deuil du 21 janvier.

J'observerai d'abord que tout projet de loi contenant des dispositions complexes est contraire aux droits et à l'indépendance de chacune des deux Chambres; ce motif seul en prescrit le rejet. Ici on a été plus loin : on a, par amendement, prononcé l'abrogation d'une loi qui ne présente aucun rapport avec celle en discussion ; il est facile de comprendre qu'un tel mode de procéder porterait dans notre législation la confusion et le désordre.

D'accord sur la forme avec M. le rapporteur je ne puis penser avec lui que la loi du 19 janvier soit impolitique et dangereuse.

J'opposerai à son assertion l'autorité de l'Angleterre qui, après la déchéance de Jacques II, n'a point aboli l'expiation publique et solennelle de la mort de Charles Ier. L'exemple du repentir serait-il le seul qu'il nous serait interdit de suivre?

Le danger dont s'effraie M. le rapporteur serait de raviver des haines et de mettre en présence des souvenirs ennemis. Non, Messieurs, il n'en est pas ainsi. Le temps a produit son effet. Ce crime qui fut commandé à la peur par des passions fougueuses est universellement détesté aujourd'hui, et il n'est pas de Français, à quelque opinion qu'il appartienne, qui ne voulût à tout prix l'effacer de nos annales.

Ainsi, Messieurs, que ce jour soit à jamais dans nos cérémonies religieuses consacré au deuil et aux regrets, et que le peuple en se faisant raconter les calamités qui ont désolé la France, apprenne ce qu'a coûté le meurtre d'un roi.

M. le comte Donatien de Sesmaisons.

La sûreté de l'Etat est la loi suprême ; en vain on proteste ou on proclame tour à tour cette maxime au nom du droit. Débat superflu, ainsi que les faits auxquels les peuples se rallient, soit qu'ils les approuvent, soit qu'ils les déplorent; cette loi est inévitable, parce qu'elle est fille de l'inexorable nécessité.

Si la loi qu'on nous demande est jugée indispensable à la sûreté de l'Etat par ceux qui sauront vaincre leur répugnance, elle sera adoptée malgré ce qu'elle aurait d'odieux, et je serai bien loin de leur en faire un reproche. Si elle n'est pas nécessaire, il faut se hâter de la repousser, parce qu'elle a un caractère de proscription et de confiscation dont nous désirons tous ne plus souiller nos annales.

Ce que l'on nous demande de prononcer, c'est l'exclusion à perpétuité des Bourbons de la branche aînée. Assurément c'est paraître demander peu de chose à ceux qui ont prononcé sa déchéance la plus complète, en reconnaissant un autre souverain. Mais quel besoin y a-t-il de venir leur demander d'ajouter cette superfluité à la sentence si entière qu'ils ont portée. Si la branche aînée des Bourbons était encore sur la terre de France, si elle s'y soutenait par des partisans en y nourrissant des espérances, je comprendrais l'utilité de la loi. Mais c'est lorsque Charles X a quitté son trône en s'y précipitant, c'est alors qu'il a abandonné le sol de la patrie, emmenant avec lui jusqu'à son dernier rejeton, que l'on croit avoir besoin de faire plus pour la France que ne l'a fait la main de Dieu, qui s'est appesantie sur cette race royale.

Et qui a eu cette pensée? Est-ce le Roi? Sont-ce les magistrats préposés au gouvernement de cet empire? Est-ce un membre d'une Chambre investi de toute sa confiance et de toute sa faveur, ou possédant au moins la confiance du gouvernement? Non, Messieurs; ni celui qui préside comme souverain aux destinées de ce royaume, ni ses ministres, n'ont pensé à exprimer leurs alarmes. Cette proposition a été faite à l'improviste, dans une Chambre qui avait déja proclamé que, dans la position où on l'avait placée, elle ne pouvait être utile, et qu'elle attendait sa dissolution. La proposition y a été faite par un fonctionnaire que le gouvernement destituait pour mécontentement de sa conduite, l'accusant d'avoir favorisé ou souffert le désordre; par un fonctionnaire qui a quitté les rangs du ministère en Parthe, et qui lui a décoché cette flèche envenimée, espérant qu'elle se fixerait dans son cœur et qu'il en mourrait. C'était, disait-il, pour forcer la sympathie des ministres avec ceux dont il lui exprimait les sentimens.

Malheureusement le ministère n'a pas eu la force de ramasser le trait tombé à ses pieds et de le rejeter au loin. Mais quel que soit le motif du peu de résolution qu'il a montrée, je veux croire du moins qu'il n'éprouve de sympathie que pour ceux qui ne veulent point rappeler les souvenirs des proscriptions. Je ne sais s'il n'a pas pris ainsi le meilleur parti, même à ne considérer que le nombre; mais à coup sûr il l'a pris si on a égard à la moralité de ses alliances.

En entendant le rapport de notre commission, aux sentimens de laquelle je me plais toutefois à rendre un juste hommage, j'avoue que j'ai été surpris de la voir convenir que cette loi n'était que de nécessité morale; que ce n'était que consécration des faits pour leur donner l'autorité du commandement; enfin, que c'était relativement aux biens une sorte de droit d'aubaine. Et cependant préoccupés de l'idée qu'une Chambre entière l'avait eue en délibération, nos commissaires l'ont regardée comme une de ces lois, passez-moi l'expression, qui, si elles ne font pas de bien ne font pas de mal, et ils ne vous ont pas proposé le rejet.

En vérité, Messieurs, cette révolution a trop tiré sa puissance des faits pour qu'on vienne faire d'une loi qui s'y rapporte une analyse métaphysique tellement subtile, qu'elle échappe à toutes les appréciations.

Qu'est-ce en effet qu'une impossibilité d'un fait qui n'est pas prononcé, un fait violent, accompli, mais d'où n'est pas encore ressorti l'expression importante du vœu national.

Messieurs, vous ne me comprenez pas, et ce n'est pas ma faute. Je me hâte de dire que ce n'est pas celle de notre noble rapporteur. Son talent, vous le savez bien, eût triomphé de toute difficulté qui n'eût pas été insurmontable : celle-ci l'était.

Je toucherai la disposition la moins impalpable, celle que définit la vente des biens comme une sorte de droit d'aubaine.

Quoi! ce serait pour ce résultat d'une sorte de droit d'aubaine que les Chambres auraient fait une législation particulière contre une famille tombée du trône? Mais ces biens, ce sont peut-être des provinces comme la Normandie confisquée sur le roi Jean, où des barons tiendront places fortes et garnisons de châteaux? Non, ce sont quelques terres et quelques bois; c'est une fortune de particulier restée à un roi détrôné, fortune moindre que celle de beaucoup de ses anciens sujets, et que l'exilé sera empressé de vendre pour son existence; car, il faut bien le dire, cette fortune lui est nécessaire.

Mais aussi dans ce rapport, je trouve des maximes bien plus applicables, telles que celle-ci :

« Ce que la raison de l'Etat ne réclame pas, dit le rapporteur, la « justice le défend. L'esprit de concorde et d'intérêt bien entendu le « repousse. »

Ce précepte que le rapport n'applique qu'à la forme de la vente des biens, moi je l'applique à tout le système de la loi.

En assurant que la forme proposée pour la vente constitue un sequestre, le rapport dit encore : « Il faut savoir ce qu'on veut, et il « faut appeler les choses par leur *nom*. »

Je suis donc autorisé à me demander d'abord, quant à l'exclusion, si la raison d'Etat réclame cette mesure; car, selon la commission elle-même, au cas contraire, la raison publique la repousse.

Puis, quant à la vente des biens, je me demande ce que je veux et quel est le vrai nom de ce qu'on me propose. Si ce qu'on me demande ne serait pas, par exemple, un véritable sequestre, prélude de confiscation, alors que cette loi n'autorise pas la confiscation même.

Et quand je dis qu'elle n'autorise pas la confiscation! Non effectivement telle que notre commission nous l'a présentée; mais elle l'autorisait quand elle était encore proposition, et qu'elle conservait toutes les dispositions de sa première origine.

J'examine donc :

Y a-t-il raison d'Etat?

Remarquez que c'est comme citoyens que l'on propose de bannir les Bourbons.

Certes ce n'est pas de venir à main armée, avec des alliés puissans, ou rappelés par des provinces soulevées que l'on prétend leur défendre. A de tels dangers, à de tels désordres, il faudra d'autres obstacles qu'une loi préventive !

Si la France était menacée, c'est aux armes qu'elle aurait recours pour se défendre contre ceux qui viendraient les armes à la main. Il n'est donc question que de leur défendre l'entrée de la France comme citoyens. Assurément je suis comme la commission, et je ne vois pas grand mal à cela.

Mais cette interdiction de venir en France comme simple citoyen est, je crois du moins, une ineptie indigne de la majesté, je dirai de la sévérité des lois d'exception.

Peut-on s'imaginer, en bonne foi, qu'un des princes exilés va venir s'établir en France tout simplement comme particulier? Craindrait-on qu'y ayant exercé des droits civils, il ne pût être nommé député? Il pourrait à toute force passer par la tête de quelque dévoué de chercher à lui rendre son royaume; mais à coup sûr, il n'entreprendrait pas de lui obtenir une carte d'électeur ou même un simple passeport de voyageur.

Il me serait facile de livrer ces frayeurs au ridicule, si je ne parlais d'une chose si grave à une assemblée si sérieuse.

J'ai entendu citer l'exemple de ce qui fut fait contre les efforts des Stuarts en Angleterre. Ah! Messieurs, moi aussi, pour l'honneur de mon pays, j'invoque l'exemple que l'Angleterre donna alors. C'était une chose sérieuse que le roi Guillaume avait à manier : Jacques n'avait pas abdiqué, il avait simplement passé en France. On agitait au parlement toutes les questions de théorie dont les principes sont aujourd'hui fixés. S'il y avait un contrat entre le roi et le peuple? Si celui-ci y manquait, le trône pouvait être déclaré vacant? La chambre des lords s'était refusée à reconnaître cette vacance, et ce ne fut que par une fiction de bâtardise que la succession fut censée régulièrement continuée.

On mit en délibération s'il fallait nommer un nouveau roi ou un régent. Quarante-neuf pairs votèrent pour une régence, et n'eurent contre eux qu'une voix de majorité. Louis XIV s'était déclaré l'appui des Stuarts. Guillaume n'avait point d'héritier. La seule princesse Anne existait pour lui succéder; ainsi le retour de la postérité de Jacques était menaçant, et cependant il ne vint à l'esprit de personne de faire de nouvelles déclarations contre Jacques.

La couronne donnée à Guillaume et la disposition pour la succession, ce fut toute la loi.

Mais bien plus, il ne fut porté de loi d'exception contre les Stuarts ou leurs partisans, que dix ans après. Etait-ce par absence de danger? Vous allez en juger par un abrégé rapide de ce qui se passa alors.

Ces évènemens avait lieu à la fin de 1688.

Dès 89, le roi Guillaume envoie prévenir le parlement que Jacques est parti de Brest sur une flotte française pour descendre en Irlande.

Nombre de Pairs sont dissidens et les partisans de Jacques sont nombreux dans tout le royaume.

Un tel esprit de sédition se manifeste dans l'armée, que le roi se croit obligé de garder les troupes hollandaises et d'envoyer grande partie des troupes anglaises en Hollande.

Ce n'était pas tout que les obstacles provenant de l'attachement aux Stuarts. Les whigs mesurent parcimonieusement au roi les subsides d'argent et de milice; les républicains encore puissans reprennent leurs espérances, et déja ils entrevoient l'époque certaine dans la fin de la succession qui repose sur un petit nombre de têtes. (Le duc de Glocester n'était pas né.) Guillaume comprend qu'il ne peut cesser d'être en défiance du parti républicain, et se voit dans un double danger.

Jacques écrit à la convention d'Ecosse en même temps que le fait Guillaume, et il demande que ses droits y soient soutenus. Sa demande échoue; mais il a assez de partisans pour qu'un nombre considérable de lords l'invite à revenir prendre la couronne.

La résistance en sa faveur devient assez forte en Ecosse pour que les troupes de Guillaume y soient battues.

Vient ensuite l'expédition de Jacques en Irlande. Un grand parti se montre pour lui.

Les ennemis des jacobites forment une vive opposition aux mesures d'indulgence et de prudence que Guillaume veut suivre, et surtout au bill d'amnistie.

La conspiration de Montgommery pour Jacques est découverte, et a cela de remarquable que Montgommery avait été un chaud partisan de la révolution.

Les affaires de Jacques prennent en Irlande une tournure si heureuse pour lui, que Guillaume se voit obligé d'y passer.

Il y gagne la bataille de la Boygne en 90, mais sa flotte est battue et la consternation est à Londres. On assurait que les jacobites méditaient des soulèvemens sur plusieurs points du royaume, et qu'en Ecosse l'insurrection allait être générale.

Bientôt Jacques renouvelle ses efforts en Irlande, et quoique l'avantage reste à Guillaume, il est obligé de souscrire au traité de Lemmerik, par lequel tous les Irlandais jacobites ont la permission de suivre Jacques en France, et 12,000 hommes passent ainsi régulièrement à sa cause et sont enrégimentés en France.

C'est alors, et seulement en 1690, que le parti whig voulut introduire le bill d'abjuration.

Le bill obligeait les employés du gouvernement à abjurer tout engagement pris envers le roi Jacques, sous peine d'emprisonnement, le clergé excepté.

Assurément, rien n'était plus légal; mais les partis se disputaient avec violence à ce sujet avec des forces presque balancées. C'était précisément peut-être ce qui pouvait en motiver l'opportunité. Mais il est remontré au roi que ces contestations n'avaient point de résultat utile ; que si le bill passe, le souverain tombe entre les mains des whigs ; que ceux-ci renouvelleraient leurs attaques contre sa prérogative, et qu'un grand nombre de sujets attachés à sa personne, ou du moins indifférens, se feraient jacobites par ressentiment. Ces raisons ont assez de poids sur Guillaume pour le décider à faire engager les communes à cesser le débat, et à tourner leur attention vers des objets plus pressans.

Cependant les évènemens lui deviennent-ils plus favorables ?

La flotte est encore battue en 1692. Une descente formidable est annoncée.

Jacques fait précéder ce nouvel effort en sa faveur par un manifeste dont je ne vous répéterai point les expressions ; il appelait le peuple à la révolte, et renfermait tout ce qu'il pouvait y avoir de dangereux pour Guillaume.

Enfin le roi Guillaume se voit entouré d'un mécontentement assez général pour qu'il soit partagé par la princesse Anne, l'héritière présomptive !

Que pensez-vous, Messieurs, de toutes les difficultés que le génie de Guillaume eut à rencontrer et qu'il surmonta ? L'entouraient-elles d'assez de dangers ? La nation anglaise lui était-elle bien dévouée ? Ses plus puissans adversaires élevaient-ils contre lui un assez terrible épouvantail ? Saint-Germain, d'où sortait l'épée à la main un Roi qui avait été bon capitaine et amiral renommé, ne valait-il pas, pour donner des inquiétudes, Holy-Rood, où un vieillard, un fils résigné et un enfant errent parmi les tombeaux de ces mêmes Stuarts dont les leçons lointaines leur furent si inutiles, dont les souvenirs sont aujourd'hui pour ainsi dire sous leurs yeux, et se mêlent à toutes leurs pensées.

Eh bien ! Guillaume, ce prince froid, austère, écoutant plus l'habileté que les ressentimens, crut d'une politique saine de ne rien faire d'inutile contre ses adversaires. Il ne porta pas de loi, il combattit.

Bien plus, en 1695, les lois de procédure criminelle furent adoucies.

En 1697 survint le traité de Riswick ; Guillaume recueillit le fruit de sa noble et sage conduite ; il stipula sa reconnaissance par Louis XIV, qui abandonna son malheureux parent (1).

J'ai recherché dans toutes les collections parlementaires anglaises, dans tous les recueils des statuts du règne de Guillaume, je n'y ai pas trouvé une loi de l'espèce de celle qu'on nous propose. On le conçoit ; car elle était inutile, et on était armé de toutes les lois ordinaires contre les conspirations et les attaques à main armée.

Elles sont les mêmes dans tous les pays, et votre gouvernement en est abondamment pourvu.

En 1698 cependant ont lieu les mesures d'exception contre les

(1) Les rois qui abandonnent la cause des rois entendent mal *leur métier*, et l'abandon de la cause de Jacques II par Louis XIV a été cruellement vengé.

Stuarts et leurs adhérens. Les aider, leur écrire, leur envoyer de l'argent, est regardé comme un crime de trahison, et sans doute à bien plus forte raison les Stuarts eux-mêmes étaient compris dans la loi qui frappait leurs partisans.

N'est-il pas extraordinaire que ce soit précisément alors que ces statuts furent faits, alors que le royaume était le plus paisible ! N'en trouverait-on pas l'explication dans une révélation très singulière de l'histoire.

Elle nous apprend effectivement que Louis XIV, qui allait être forcé de reconnaître Guillaume pour roi d'Angleterre, avait proposé à Guillaume, qui n'avait point d'enfant, de reconnaître à son tour le jeune fils de Jacques pour héritier de lui, Guillaume. Guillaume y consentit. Jacques, par un sentiment qu'on ne sait trop si on doit admirer pour sa noblesse ou blâmer pour son manque de sagesse, s'y refusa (1).

Cela su, se demandera-t-on d'où vint tout à coup cette rigidité qui fut adoptée par Guillaume immédiatement après ce refus. Certes, si ce fait historique n'est pas controuvé, Guillaume éprouvait alors plus de dépit que de crainte de voir un prince exilé s'asseoir sur le trône. Peut-être voulut-il prévenir la connaissance que le parlement eût pu avoir de son dessein, et se crut-il obligé à donner cette espèce de garantie.

Mais qui pourrait en France feindre de telles inquiétudes? Le trône est entouré de nombreux rejetons, qui déja partagent avec leur père les sentimens des Français. Les Français placent leur espérance de bonheur dans cette nombreuse famille, où la lignée ne manquera pas au peuple qu'elle est appelée à gouverner.

En 1700, mourut Jacques. Louis XIV reconnaît son fils comme roi d'Angleterre. Guillaume répond en faisant régler la succession, disposition que la mort du duc de Glocester avait rendue nécessaire : ce règlement enlève tout espoir à la race de Jacques.

Depuis lors, peu d'efforts furent renouvelés en faveur du Prétendant, dont les partisans diminuaient tous les jours.

La conspiration de lord Lovat avorta en 1703.

Un embarquement peu nombreux, fait à Dunkerque en 1708, n'eut pas de suite.

Eh bien ! c'est précisément à cette époque de la plus grande tranquillité dont on eût joui, que les partis sèment des inquiétudes. Anne avait succédé à Guillaume, et quoique son règne eût été glorieux, des intrigues et le défaut de fermeté en marquèrent le déclin. Les intérêts s'agitent de nouveau, et sans qu'on voie de motifs aux alarmes du parlement ; une adresse est présentée par lui à la reine, pour mettre à prix la tête du Prétendant. Cette adresse avait été combattue dans la Chambre des communes, comme un encouragement

(1) Il n'y a pas à avoir d'hésitation entre le blâme et l'admiration ; ici, il faut admirer la conduite de Jacques, la devise des rois d'Angleterre, est *Dieu et mon droit*, il n'a rien voulu y changer.

au meurtre, et n'avait passé qu'avec l'amendement de lord Trevor, pour que la récompense ne fût promise qu'à ceux qui arrêteraient ou remettraient aux mains de la justice le Prétendant, s'il débarquait en Angleterre.

Messieurs, vous serez bien aise de savoir la réponse de la princesse; la voici textuellement :

« Milords, ce serait affermir réellement la succession protestante « et faciliter la marche de mon gouvernement, que de mettre fin à « ces défiances manifestées avec tant d'artifice. Je ne vois rien en ce « moment qui exige une semblable proclamation; si jamais cette « mesure me paraît nécessaire, je donnerai mes ordres en consé-« quence. »

Depuis lors, l'entreprise de Charles-Edouard est la seule tentée; le prince, courageux personnellement, brillant de grandes qualités, ne put triompher de tous les cœurs, et son entreprise fut admirée et repoussée (1).

La race des Stuarts est allée s'éteindre en Italie, et d'eux il ne reste plus que leur histoire, trop conforme à celle de la branche aînée des Bourbons. Ainsi puisse celle-ci être toujours impuissante à troubler notre pays; son caractère et ses vertus privées sont presque à eux seuls gages de sa résignation. Quand je vois ses intentions, sa conduite et son sort, je suis tenté d'absoudre cette école historique de la fatalité, que les Grecs ne surent pas créer après leurs Atrides, et qui de nos jours semble être née des malheurs des Stuarts et des Bourbons.

Je ne vois donc rien à faire pour assurer la paix de ce pays, pour le garantir des entreprises des princes déchus; ce serait inutilement agiter les esprits, et quand je n'ai rien à craindre des exilés du dehors, je ne veux pas leur créer des partisans au dedans. Je ne veux pas inutilement faire les premiers pas dans cette carrière de proscription, où on ne s'arrête pas : je sais trop le nom que l'histoire impose à ceux qui la parcourent; et quand elle est ouverte, c'est comme victime qu'il vaut encore mieux y entrer.

Mais, dit-on, l'exclusion est déja prononcée de fait ! Voici ma réponse : Ce que vous me demandez est plus ou n'est rien.

Que la Chambre dise donc avec la reine Anne : « S'il y a lieu, nous y pourvoirons. »

On ne peut disconvenir que nous ne pouvons avoir d'ici longtemps des inquiétudes venant du dehors.

Et au dedans, quelle conspiration a éclaté ! Il y a sans doute des affections; et qu'auraient été des princes qui n'en auraient pas laissé ! Mais jusqu'ici la seule conspiration signalée a été l'imprudente apposition publique d'une image, bien vengée, trop vengée,

(1) Il est allé jusqu'à Derby, à trente lieues de Londres, et s'il n'est pas parvenu à remettre sur son front la couronne d'or et de pierreries de ses ancêtres, il s'est du moins couronné de gloire, et cela fait bien sur une dynastie qui s'éteint, c'est un beau dernier reflet.

et certes pas toujours au profit de la concorde des esprits et de la paix publique. Les télégraphes ont été fondre à l'improviste sur tous les points du royaume. Et qu'a-t-on surpris? quelques hommes coupables de rêves, ou quelques fidélités encore sans expérience; quelques barils de poudre, cachée depuis quinze ans et depuis long-temps avariée, en aucun cas capable d'alimenter le plus court soulèvement. Enfin un brouillon de correspondance qui, s'il n'est pas une chose sérieuse, ne prouve rien; mais qui, s'il est sérieux, prouve évidemment, irrévocablement la non-existence de conjuration, par le désespoir même que témoigne l'auteur de la lettre qu'il n'y ait aucun moyen d'en former. Voilà tout le fruit qu'a retiré l'intérêt de l'Etat de cette violation des lois!

Ah! ne croyez pas, Messieurs, que je veuille justifier de véritables complots. Mais les lois existantes sont là, et je suis le premier à réclamer leur exécution.

N'est-ce même pas servir des imprudens, que d'enlever tout espoir de réussir par les révoltes et les conspirations; mais il ne faut pas prendre les saisies, pour ainsi dire, en *effigie*.

Et, à ce sujet, je demanderai à MM. les ministres pourquoi ils n'ont pas, et à l'occasion de la proposition qui nous occupe, fourni cette instruction (1) d'Holy-Rood, qui fut lue par fragmens à l'autre Chambre, mais dont il pouvait y avoir de l'inconvénient, dit-on alors, à révéler tout le contenu. De ce qu'elle n'est pas aujourd'hui sous nos yeux, je suis fondé à conclure que les ministres, qui ne sont plus les mêmes, n'ont pas ajouté à cette pièce tant de foi que leurs devanciers, et s'ils ont pu en douter, je les loue de ne pas l'avoir produite. Mais si elle a quelque caractère de vérité, aujourd'hui qu'il n'y a aucune cause en instruction pour un fait qui s'y rattacherait, je crois qu'il serait utile de la connaître. Ce serait une mesure sage pour justifier la surveillance du gouvernement, et pour nous engager à la seconder; car nous ne refuserons notre appui qu'aux mesures inutiles et illégales.

Les organes du gouvernement n'ont-ils pas dit eux-mêmes que le parti de Charles X n'était pas dangereux. Ils ont, je crois, parfaitement raison, car les partis sont toujours forts en raison des espérances de succès. Où sont-elles ici? Je dis plus, rien ne serait d'un plus mauvais politique envers les étrangers que ces précautions d'une inutile défiance. Nous aurions des craintes que nous devrions les cacher. Irons-nous en manifester quand nous ne pouvons pas réellement en avoir. Ah! n'appelons pas sur nos divisions des regards qui s'en réjouiraient, et quand il est certain qu'il y a en France un parti puissant qui s'élève contre le principe même de la royauté, n'allons pas donner à croire faussement qu'il y a encore un pacte dangereux, qui, respectant la couronne, ne veut cependant pas la laisser reposer sur la tête qui la porte.

(1) Cette pièce si importante était vraie comme la conspiration de Saint-Germain-l'Auxerrois.

Ne venons pas à la fois proclamer qu'il n'y a de légitimité que celle que donne la loi, et témoigner la crainte que la légitimité que vos lois ont repoussée ne soit dangereuse à celle que nous avons établie.

A mon admission dans cette Chambre, j'ai eu soin de publier, dans un écrit qui fut remis à tous ses membres, mes principes sur la légitimité dans les États constitutionnels. Non que je prétendisse éclairer la Chambre, mais je voulais que sur un sujet alors d'un intérêt si présent, elle connût les sentimens du nouveau collègue qui prenait place dans son sein. Je n'hésitai pas à déclarer que si j'avais eu une voix dans la Chambre au moment où elle décida de la couronne, j'aurais parlé en faveur de la régence, mais que je me réunissais de cœur, de volonté dévouée comme de raison, à ce que vous aviez décidé, parce que je regardais comme un article de foi constitutionnelle que la légitimité, dans un gouvernement représentatif, ne pût être autre chose que la reconnaissance du roi par le parlement, ce qui donnait lieu à changer cette expression de prince *légitime* en celle de prince *ayant les droits au trône* (1).

Eh bien! Messieurs, c'est ce principe, et c'est le prince qui règne d'après ce principe, que nous défendrons, que nous soutiendrons, que nous maintiendrons; et, pour atteindre ce but, nous n'avons pas besoin de la faible, de la misérable loi d'exception qu'un Député a présentée, et qui nous arrive même toute méconnaissable de pâleur et de destruction.

Si plus tard les circonstances deviennent plus graves, le Roi avisera, donnera ses ordres, et le parlement lui prêtera tout l'appui dont il aura besoin.

Ne voyez-vous donc pas, Messieurs, que le danger n'est pas où on le place? S'il en existait un pour la branche régnante actuelle, il serait (et certes combien ne devons-nous pas reconnaître précisément le contraire d'un tel danger) dans la désapprobation publique; ce danger serait à craindre si des malheurs pesaient pendant de longues années sur ce pays; si on pouvait accuser la révolution, qu'alors on n'appellerait plus la révolution de juillet, mais la révolution de 1830, des maux que l'on éprouverait au-delà du temps indispensable pour que les suites d'un si immense évènement puissent être rentrées dans le cours ordinaire des choses. C'est donc de la volonté nationale

(1) Ces nouvelles doctrines de *légitimité* ou *de droits au trône* me semblent bien moins fixées, bien moins certaines que nos vieilles idées d'hérédité. Une chose qui doit être stable autant que les choses humaines peuvent l'être, une lignée de rois qui doit durer jusqu'à extinction de race, vous la faites dépendre de ce qu'il y a de plus muable au monde, la volonté des hommes; car votre parlement se compose d'hommes sujets à toutes les misères de l'ame, et l'inconstance n'est-elle pas un de nos traits caractéristiques? Même dans cette Angleterre où l'on se dit plus grave et moins changeant, voyez que de bannissemens et de rappels. Je me représentais la légitimité comme un chemin entre deux murs de rocher, où l'on ne pouvait s'égarer ni à droite ni à gauche: vous en faites un chemin incertain entre mille détours.

seulement qu'il pourrait y avoir quelque chose à redouter, car elle seule ne pourrait être accusée de trahison et punie pour ce crime.

Mais qui voudrait la reconnaître, cette volonté nationale, dans les cris de douleur des partis, ou dans leurs cris de rage. Non, cette volonté est dans la nation tout entière. Et aussi long-tems qu'un roi a pour lui une nation entière, son trône est inébranlable.

Mais cette volonté nationale est engagée aujourd'hui à Louis-Philippe. Faites qu'elle se voue à lui et à sa race de plus en plus. Que, lui, fasse asseoir la justice à ses côtés; et comme sa personne avait gagné l'affection du peuple avant son avènement, cette première des qualités d'un Roi lui assurera l'amour de la nation qui s'est offerte à son sceptre, et qui veut vivre sous sa protection; car ce peuple si fier, si terrible parfois dans sa liberté comme le lion, soumet cependant sa tête à la main qu'il connaît et qu'il aime.

Tout ce que veut la France, c'est un gouvernement juste et fort, qui gouverne dans l'intérêt du pays, qui ne croie pas que le pays lui appartient, mais qui s'énorgueillisse d'être le premier droit et le plus vif besoin du pays.

La France ne veut pas être violentée, mais la France veut être gouvernée, et elle vaut en vérité bien la peine qu'on la gouverne.

Je le répète, ce n'est pas seulement parce qu'il n'y a aucun danger menaçant pour l'Etat, que je repousse cette loi comme inutile, c'est à cause de ce qu'elle entraînerait bientôt de funestes conséquences. De l'exclusion des princes, vous passeriez à exclure ceux qui se sont attachés à leur malheur. Nombre bien différent du nombre de ceux qui s'étaient attachés à leur fortune! pourquoi pas ensuite, à l'expulsion de ceux qui sont parens de ceux-ci. Puis vous pouvez éviter d'en venir aux suites d'une telle mesure, à la *confiscation!* Et déjà n'a-t-on pas lié ensemble ces lois qui excluent les personnes et celles qui règlent le sort des biens. Des biens que frappe la loi politique, ne sont-ils pas à l'instant des biens nationaux!

Ne voyez-vous pas que dès votre entrée dans cette voie, vous faites au gouvernement des ennemis par leurs justes craintes, et des amis plus dangereux encore par leurs cupides espérances. Vous devez vous arrêter devant des souvenirs terribles, vous devez vous rappeler qu'alors qu'on s'engagea dans la route qui conduisait à la réforme des abus, on ne sortit que par celle qui avait traversé tous les crimes.

De tels évènemens ne se reproduisent pas, dit-on; l'histoire ne représente pas deux fois les mêmes chances. Mais comparez la révolution d'Angleterre et la nôtre; voyez le sort des Bourbons et celui des Stuarts : ce sont les mêmes évènemens, les mêmes détails; bien plus, les mêmes portraits. On dirait de ces mêmes médailles que le coin, en glissant, a frappées d'une empreinte double et toute semblable.

Notre commission nous a donné pour motif de la nécessité de la vente de ces biens (mais au moins de leur vente volontaire), qu'ils pourraient donner lieu à des correspondances qui exciteraient la méfiance, qui entretiendraient l'irritation et qui fourniraient dans des temps de troubles prétexte à des actes de violence. Sous ce point de vue, je comprends la vente de ces biens; mais je ne puis voir dans leur possession un véritable danger. Ce n'est pas sous un voile transparent que l'on complote : ce n'est pas avec quelques agens d'affaires que l'on fait des révolutions; et, de même que j'ai dit plus haut, que c'est avec l'amour d'une nation qu'un prince conserve son trône, c'est avec tout un peuple que, dans un État constitutionnel, un prince doit conspirer. Les correspondances dans ces sortes d'affaires sont de peu d'importance. Et ne savons-nous pas que, pour avertir Childéric qu'il pouvait revenir en France, Guilleman ne fit que lui renvoyer la moitié de son anneau?

Mais, Messieurs, pourquoi nous abuser plus long-temps? ce qu'on veut de nous, c'est un témoignage d'abjuration. Eh bien! il est odieux. Il y a des gens qui, par honneur, se font martyrs d'une religion qu'ils n'ont pas. Et après tout à quoi bon? et puisqu'on nous force à cette défense, servons-nous-en. Que l'on regarde comme plus ou moins désaffectionnés pour le nouveau Roi, ceux qui lui ont refusé le serment, rien de plus juste; mais, si on imposait de force une espèce de témoignage d'abjuration, quelle garantie espérera-t-on y trouver? Il faut qu'un acte soit volontaire pour qu'il signifie quelque chose. A la première expulsion des Stuarts, ne furent-ils pas, par un acte du parlement, voués à l'exécration de *tout Anglais vivant, et de tout Anglais à naître?* Monck ne protesta-t-il pas de son attachement à la république : ne brisa-t-il pas les portes et les herses de la cité de Londres; et ne rétablit-il pas le parlement, pour mieux cacher sa résolution de rappeler le Roi déchu, alors qu'il avait déjà pris sa détermination? De quoi donc ont servi les sermens, les abjurations, les imprécations? De quoi ont-ils servi aux droits de l'homme? A la république? Aux constitutions par ordre de numéros? Contre les Rois? En faveur du Directoire? Comme témoignage d'assentiment à l'empire? En signe de joie à la restauration? Comme cris d'espérance à l'avènement de Charles X?

Certes, je ne veux pas excuser la conduite des princes qui ont méconnu les lois de leur pays, lois dont ils étaient les premiers sujets, au point d'enflammer la révolte, d'exciter le peuple à franchir toutes les bornes, de le précipiter à l'insurrection, à mon sens, ressource toujours illégitime des peuples, mais légitime punition des rois, puisqu'elle est la seule qui puisse les atteindre,

Mais je ne veux pas non plus donner en quelque sorte un gage à la république, sous l'apparence d'en donner un à Louis-Philippe.

Que les exilés ne quittent donc pas la terre d'Ecosse, que la paix et l'oubli soient comme les génies sans ailes de leurs destinées sous le ciel qui leur fut deux fois hospitalier. Que la France trouve le bonheur sans eux, et s'ils essayaient, par leur présence sur le sol de la France, même comme simples particuliers, d'attenter à notre tranquillité, s'ils voulaient troubler ses destins devenus prospères, après des maux que nous n'avons pas encore peut-être traversés tous. Alors que le jugement du pays soit sur eux ; que si l'on voulait dire que la Chambre des Pairs compromet son existence en refusant le vote superflu qu'on lui demande, je répondrai que si la Chambre des Pairs n'est pas indépendante, elle est inutile au pays, et que mieux vaut pour elle n'exister pas que d'exister servile. Si nous devons tomber, que ce soit avec dignité, et ajustons du moins les plis de notre manteau (1).

Mais quelle autre loi vois-je confondue avec cette première loi? Un simple amendement a rayé le 21 janvier de nos jours de deuil. Le jour de la mort d'un roi que la veille et le lendemain toute la France proclamait vertueux, que depuis elle a tant de fois pleuré comme innocent!

Il serait suffisant sans doute de vous dire que l'abrogation d'une loi ne pouvait avoir lieu par un amendement, si étranger surtout à la proposition qu'il s'agissait de convertir en loi. Il fallait, d'après nos principes les plus fondamentaux, une proposition expresse sur laquelle fût basée une loi nouvelle.

Ah! Messieurs, si le souvenir de ce jour offense quelque cœur; s'il est un obstacle à la réconciliation des esprits, que sa solennité disparaisse de nos fastes publics.

La douleur peut être muette; elle n'en est que plus auguste. Elle ne se plaindra pas sur la place publique, elle ne s'exhalera que dans les temples.

Sans doute il suffira aux mânes de Louis XVI que ce douloureux anniversaire soit ainsi célébré.

Mais pouvons-nous condamner le deuil des cœurs? Irai-je, en votant une loi, après une période de 40 ans, dont j'ai à peine vu le commencement, partager en volontaire criminel, pour ainsi dire, la triste célébrité des votans de cette époque? Oh non, nobles Pairs!

S'il était possible que la mort de Louis XVI ne fût pas un crime aux yeux de quelques-uns, certes elle est un épouvantable malheur aux yeux de tous.

Un malheur tel que, dans l'histoire du monde, il n'avait apparu que deux fois à deux milliers d'années de distance.

Mais, si vous détruisez le deuil de ce jour, pour être conséquens, renversez donc le mausolée, déchirez le testament, sous prétexte qu'il rappelle, en commandant d'oublier.

Un monument avait été projeté sur le lieu du supplice. La famille du mort régna quinze ans, et ce monument ne fut pas achevé, tant il y avait de combats dans le cœur de cette famille, entre la crainte de ne pas être pieuse envers le malheur de la victime, et de ne pas assez respecter le malheur de la génération qui l'avait vu condamner. Est-ce là de la haine?

Jadis aussi il avait été élevé des autels expiatoires à cette victime

(1) Quarante-cinq de vos collègues ont pensé comme vous.

si douce et si tranquille dans la mort. Le plus grand homme du siècle les avait dressés quand il régnait sur les lieux où elle avait régné avant lui.

Vous relevez dignement la statue de Napoléon, et vous condamnez une de ses plus nobles actions, cette action qu'il fit pour faire briller son trône d'une vertu, et qui était sans doute un point d'appui pour ce nouveau trône.

En Angleterre, l'anniversaire de la mort de Charles est régulièrement célébré, et au milieu de Londres se voit la statue de ce roi. L'image de ce Stuart, en rappelant à l'Angleterre le plus pénible souvenir, est une puissante protection pour les princes qui occupent le trône dont sa race est descendue.

Messieurs, je me résume. Je n'ai point eu de liens particuliers, je me croirais coupable d'en conserver de politiques avec les princes déchus; mais plus leur départ a rendu ma fidélité impossible, plus je veux m'en venger avec respect. Je n'insulterai point au malheur de celui qui fut mon Roi; voilà comme je renouvelle, de plein gré, et avec tous les sentimens qui le rendent sincère, le serment que j'ai fait à celui qui est mon Roi aujourd'hui.

M. LE DUC DE DURAS.

Messieurs, toute la force d'argumentation, unie aux expressions des plus honorables sentimens dont sont empreints les discours de mes nobles collègues, que vous venez d'entendre, m'interdit d'entrer dans une discussion de la loi qui vous est proposée. Mais, en enviant, plus que jamais leur talent dans cette occasion, je n'en ressens pas moins le besoin impérieux de ne pas me contenter d'un vote silencieux.

J'ose espérer, Messieurs, que vous apprécierez mes sentimens, et que vous voudrez bien accorder un peu d'indulgence à mon peu d'habitude de la tribune.

J'ai l'intime conviction que cette loi est une violation complète de tous les principes qui ont fait abolir pour toujours la confiscation, et qu'elle ouvre la porte à des conséquences qu'on ne peut envisager sans effroi pour la propriété et la liberté.

Je pense qu'elle offre le contraste le plus marquant avec les sentimens de générosité dont la nation française s'est montrée plus particulièrement jalouse dans les derniers évènemens, en aggravant, après huit mois révolus, le sort d'une maison devenue aussi illustre par ses malheurs qu'elle l'a été dans l'histoire par ses hauts faits, et le sera dans l'avenir par la prospérité, progressive et sans exemple, dont elle a fait jouir la France pendant les quinze dernières années.

On a tout-à-fait inopinément ajouté à cette loi un article relatif au 21 janvier.

La consécration de ce jour aux regrets d'un jugement inique, dont la France entière a repoussé la solidarité, avait paru à l'immense majorité de la nation un moyen d'adoucir la sévérité de l'histoire sur cette trop fameuse catastrophe, et propre, en même temps, à consoler les contemporains, dont les vœux et les efforts avaient été impuissans pour la conjurer.

Cet anniversaire a-t-il donc été cause de quelque trouble, d'une seule manifestation violente de sentimens qui ait excité des plaintes? Non. Qui aurait eu même la pensée de se livrer au moindre excès de ce genre, en venant d'écouter la lecture de cet immortel testament.

Témoin, de si près, de toutes les vertus de Louis XVI, et de son ardent amour pour les Français, ayant eu l'honneur de l'accompagner dans son fatal voyage de Versailles à Paris, le 6 octobre 1789, entouré qu'était ce prince de têtes portées sur des piques, et de canons chargés à mitraille, ayant enfermé de mes propres mains ses restes, enfouis jusqu'alors avec ignominie, dans le cercueil que lui rendit Louis XVIII, et qu'un deuil général escorta jusqu'aux tombeaux restaurés de son illustre race, puis-je voter une loi qui semblerait être une réprobation donnée par la génération actuelle à cet assassinat juridique qui a causé tant de regrets et de maux à la France? Non.

Je vote contre le projet de loi.

M. le duc de Mouchy.

Au point où est arrivée la discussion, mon tour d'inscription pour la parole m'ôte l'espoir de faire entendre utilement ce que j'avais à dire contre le projet de loi dont s'occupe la Chambre. Je n'abuserai donc pas de ses momens; mais qu'elle me permette d'exprimer le sentiment d'indignation dont me pénétrerait l'adoption d'une mesure à la fois aussi barbare, aussi inutile et aussi inconstitutionnelle que celle qu'on provoque contre Charles X et sa malheureuse famille. J'écarte pour un moment le souvenir ineffaçable de ce que je leur dois, quand je repousse cette injustice de tout mon pouvoir.

Je me prononce également contre la suppression d'un anniversaire qui ne peut aujourd'hui exciter parmi les Français aucune animosité politique, et qui renouvelle en eux une juste horreur pour un crime dont il n'a pas été donné au temps d'affranchir la trace.

M. le baron de Beurnonville.

Il est des questions que l'intérêt de la paix publique devrait faire soigneusement écarter du champ de la discussion, parce qu'elles ne peuvent qu'aigrir les ressentimens, porter le trouble dans les consciences et jeter une funeste division dans les esprits. Telle est la proposition soumise en ce moment à vos délibérations. Lorsque le besoin d'ordre et de confiance est si pressant et si général, lorsque la crainte de l'anarchie est le sentiment dominant dans les cœurs, convient-il de jeter un brandon de discorde à travers la société encore agitée et en proie à de vives alarmes sur un avenir chargé de nuages? Est-il sage de fournir un nouvel aliment aux passions haineuses et violentes, toujours si promptes à s'enflammer, en réveillant des souvenirs irritans? Je ne le pense pas, et il me sera permis de regretter à cette occasion que les paroles rassurantes prononcées naguères dans une autre enceinte par M. le président du conseil, n'aient pas trouvé leur application naturelle trois jours plus tôt. *Sachons nous honorer*, avait-il dit, *et résistons à ce besoin de haïr et de soupçonner qui envenime tout :* peut-être n'aurions-nous pas aujourd'hui à nous occuper d'une discussion aussi affligeante. Puisque je suis appelé à y prendre part, j'userai du droit d'exprimer ici mon opinion avec sincérité, et dans toute l'indépendance de ma conscience. Vous n'attendez sans doute pas de moi, Messieurs, que je choisisse le moment où une famille auguste est frappée des plus rudes coups de l'adversité, pour venir à cette tribune renier les sentimens que j'ai professés pour elle aux jours de sa puissance. Attaché à la personne du prince qui était destiné à monter sur le trône, par des liens d'affection et de reconnaissance, plus encore que par l'emploi que j'occupais auprès de lui, j'ai pensé que ma carrière active et militaire devait se terminer avec la sienne, et que j'acquittais une dette sacrée en m'associant à ses infortunes. Mais dévoué à mon pays, membre de la première magistrature de l'Etat, je n'ai pu rester spectateur indifférent des débats de ses plus grands intérêts, et j'ai compris que je devais mon faible appui à tout ce qui pourrait le préserver de l'envahissement d'une anarchie menaçante : je me suis soumis et rallié au nouvel ordre de choses que la majorité avait fondé, comme à un fait accompli. Ramené comme vous, Messieurs, dans cette enceinte par l'unique amour du bien public, par un patriotisme pur et désintéressé, j'y ai donné mon vote consciencieux à toutes les mesures qui ont eu pour but l'ordre et la paix au-dedans, l'honneur et l'indépendance au-dehors. Mais sans perdre de vue l'étendue des nouveaux engagemens que j'ai contractés, et que je remplirai loyalement, je n'hésite pas à repousser celle qui nous est proposée, parce qu'en fait elle est inutile et impolitique, parce qu'elle est empreinte d'un cachet de méfiance qui blesse à la fois les convenances, la dignité nationale et des sentimens généreux; enfin, qu'en droit, elle est contraire aux lois existantes.

Si le devoir a ses exigences, le malheur a aussi ses droits, et ce ne sera pas dans cette assemblée qu'ils seront méconnus, ni qu'il sera interdit d'élever la voix pour les réclamer.

Il semblait que l'exclusion de trois générations de rois et la substitution du principe de la souveraineté populaire à celui de la légitimité sous lequel la France avait existé pendant tant de siècles, dût être une part assez large faite à la nécessité, et que la condamnation subséquente des conseillers responsables de la couronne dût désarmer toutes les passions et mettre à l'abri l'inviolabilité des personnes royales. Et cependant voilà que, sans égard pour la faiblesse et l'infortune, sans aucune distinction d'âge ni de sexe, on propose de les confondre dans une commune proscription. Pour obtenir de la loi une inutile et surabondante rigueur, on ne craint pas de signaler à la France comme des ennemis acharnés de son repos et de son bonheur, ces princes qui à la vue de la patrie en deuil, dans l'amertume de leur affliction, n'ont pas hésité à faire le sacrifice de leur couronne pour arrêter l'effusion du sang français et préserver le pays du plus épouvantable des fléaux. Mais là n'est pas le véritable danger qui menace la sûreté de l'Etat, la raison publique ne prendra pas le change, et fera justice de telles imputations. Les évènemens récens qui viennent d'affliger la capitale, comme ceux qui ont précédemment compromis sa tranquillité, indiquent assez clairement vers quel côté le gouvernement doit se mettre en garde. Si, comme on l'a dit, la crainte et la vengeance sont également étrangères aux motifs de la proposition, quel autre sentiment qu'une méfiance ombrageuse pourrait inspirer des mesures préventives contre ce qui ne serait considéré ni redouté comme un danger, et de persécutions qui ne seraient le résultat d'aucun ressentiment?

Une nouvelle sanction légale des faits accomplis ne peut être nécessaire, à moins que l'on ne considère comme des garanties inefficaces et insuffisantes la déclaration du 7 août, qui appelle au trône Louis-Philippe premier au nom du peuple français; la Charte solennellement jurée par le prince auquel la nation a confié sa destinée; enfin les lois fondamentales récemment votées. En présence du peuple qui a fondé notre nouvel ordre politique, de deux millions de gardes nationales, d'une armée nombreuse et confiante dans sa force comme dans le souvenir de toutes ses victoires, on ne saurait demander à la loi un nouvel appui, sans douter, sans se méfier de leur courage et de leur patriotisme, auxquels l'art. 66 de la Charte en a confié la défense; ne serait-ce pas faire implicitement un aveu de faiblesse, et reconnaître tacitement la puissance morale de cette royale famille, après qu'on a dit qu'elle avait quitté la France, sans qu'un bras se soit armé pour la défendre, sans qu'une voix se soit élevée pour la retenir? Ne verriez-vous pas là, Messieurs, quelque chose de contradictoire?

On a bien senti que la société était suffisamment défendue, par les lois existantes, contre les complots et les trames dont on nous menace, puisqu'on n'a pas cru nécessaire d'ajouter à la sévérité de la législation en vigueur, ni même d'interdire toutes relations avec Holy-Rood, dont on semble cependant si préoccupé. Il est donc bien évident que ce ne sont pas des actes, mais des personnes qu'on veut atteindre, et que la loi n'aura d'autre résultat que de froisser des cœurs, de condamner des sentimens et de faire taire des regrets, toutes choses qui sont hors du domaine et de la puissance des lois.

Elle blessera dans l'endroit le plus sensible un nombre considérable d'individus en frappant sans nécessité les objets de leur respect et de leurs affections. Il y a, Messieurs, dans le caractère français un fonds de fierté qui s'indigne de tout ce qui ressemble à des persécutions, et de générosité qui sympathise et s'identifie avec les grandes infortunes. Dans un pays où la liberté est un besoin pour tous, il ne sera pas interdit de séparer les personnes des actes d'un pouvoir qui, s'il a fait des fautes, les a chèrement expiées par la perte simultanée de trois couronnes, et l'on pourra toujours sans crime déplorer profondément ceux-ci sans se croire obligé de vouer à celles-là une haine implacable. La proposition est donc impolitique autant qu'inutile, et la simple déclaration d'un fait existant que présente son article premier, n'ajouterait rien à une rupture qui matériellement ne saurait être plus complète.

On convient bien que sous l'influence des circonstances présentes la loi est sans objet, mais on ne paraît pas aussi rassuré sur les dispositions des générations et des législatures futures; par un excès de prévoyance et de sollicitude, oubliant qu'elles pourraient à leur tour revendiquer le droit de régler aussi leurs destinées selon les nécessités du moment, on prétend leur faire accepter l'héritage de nos traditions en même temps qu'on répudie toutes celles du passé. Cette prétention d'enchaîner l'avenir et les évènemens si souvent rebelles à tous les calculs humains n'est-elle pas encore un symptôme de cette méfiance que j'ai déja signalée.

Enfin, on a voulu fournir au ministère l'occasion de dissiper par ses paroles et par ses actes des méfiances et des inquiétudes. En d'autres termes on se méfiait du ministère, et on a voulu le forcer à s'expliquer; c'est une garantie de sa sincérité, un gage de sa rupture formelle avec l'ancien ordre de choses qu'on lui a demandé à son avènement au pouvoir. L'empressement avec lequel on l'a donnée semblait devoir dissiper tous les doutes, et cependant, s'il fallait en juger par la marche des associations nationales, il n'en aurait pas été ainsi. Chaque fois qu'il circulera dans le public des bruits plus ou moins absurdes; si le gouvernement se croit obligé d'accorder de nouvelles garanties à de nouvelles exigences de partis, je m'inquiète de savoir comment il pourra y satisfaire et où s'arrêtera cette progression, mais je m'effraie surtout d'entrer dans une carrière dont le début est marqué par une loi exceptionnelle.

Ce ne peut être sérieusement qu'on ait allégué de vaines rumeurs, qui n'ont trouvé que des dupes volontaires, pour mettre en doute les intentions du ministère. On a dû évidemment porter plus loin les prévisions, et il est permis de penser que c'est à de plus hautes régions qu'on a voulu atteindre pour y faire prononcer cette rupture formelle, à laquelle on attache tant de prix. Ici se retrouve encore une nouvelle preuve de cette méfiance ombrageuse qui ne respecte rien et ne s'arrête même pas sur les marches du trône.

Or, Messieurs, je vous le demande, une loi dont le signe caractéristique est une méfiance si évidente, qui met à la fois le passé, le présent et l'avenir en état de suspicion, est-elle une œuvre morale? N'ai-je pas eu raison de dire qu'elle blessait toutes les convenances et la dignité nationale? Ne faut-il pas s'empresser de la repousser?

En la rapprochant des statuts des associations nationales, on trouve entre ces actes un certain air de famille, une certaine conformité d'origine et de but, qui conduit à se demander comment le ministère a pu adopter la proposition qui vous est soumise, lorsqu'il s'oppose avec juste raison, selon moi, à ces associations par tous les moyens qui sont à sa disposition?

En présence de la déclaration du 7 août, la loi proposée est une rigueur inutile, gratuite, qu'aucune nécessité ne commande, et qui ne peut ajouter aucune autorité aux actes existans. C'est un arrêt de bannissement perpétuel déguisé sous des expressions moins dures, dont les conséquences sont les mêmes. Si ce n'était, comme on l'a prétendu, qu'une mesure de haute politique, elle se bornerait à la privation des droits politiques, déja prononcée par la déclaration du 7 août, et ne l'aggraverait pas par celle des droits civils, qui en change évidemment de caractère. Ainsi, tous les fonctionnaires, pairs, députés, électeurs déchus de leurs droits politiques pour refus de serment, n'en restent pas moins dans ce droit commun avec la jouissance de tous leurs droits.

Il est évident que dans l'état actuel des choses, la jouissance des droits civils des princes et princesses de la branche aînée dépend uniquement du droit de posséder en France; les priver de celui-ci, c'est les dépouiller de tous les autres. C'est prononcer contre eux une sorte de mort civile à laquelle il ne manquerait pour la rendre complète que de faire passer leurs biens à leurs héritiers naturels; c'est tout au moins une interdiction de certains droits civils. Or, l'une comme l'autre est une peine qui ne peut résulter que d'une condamnation judiciaire; son application immédiate par une loi spéciale serait un empiétement sur les attributions du pouvoir judiciaire, une véritable confusion de droits et de pouvoirs. Vainement prétendrait-on leur faire une application arbitraire de l'article 17 du Code civil; il est trop évident que dans cet article le législateur n'a eu en vue que les Français, qui volontairement et en pleine liberté, s'établiraient définitivement en pays étranger, et il serait par trop ironique de l'étendre à des personnes auxquelles on commence par interdire l'entrée du territoire.

La conséquence nécessaire de ce que je viens d'exposer, est qu'ils rentrent dans le droit commun, par suite de la privation de leurs droits politiques, qu'ils sont aptes à posséder et qu'on ne peut pas plus les contraindre à vendre leurs biens que tous autres propriétaires, nationaux ou étrangers. Votre noble commission l'a bien reconnu, puisqu'elle n'a eu recours qu'à des considérations puisées dans l'ordre politique pour motiver l'application de l'article 2. Je ne partage point ses appréhensions sur les dangers que présenteraient pour la liberté, les correspondances et rapports auxquels donnerait lieu la possession des biens dont il est question. En assujétissant les mandataires ou agens à se faire connaître officiellement aux autorités des départemens dans lesquels seraient situés les biens dont la gestion leur serait confiée, toute cause d'inquiétude disparaîtrait. Le respect à la loi et aux droits de la propriété est déja trop profondément empreint dans les esprits pour que des actes de violence soient à craindre envers ces agens qui d'ailleurs ne seraient qu'en très petit nombre.

Pour repousser le reproche d'identité entre la mort civile et l'interdiction de posséder sur un territoire déterminé, le rapport de votre commission compare cette dernière disposition à une sorte de droit d'aubaine limité à certaines personnes au lieu d'être étendu à tous les étrangers. J'admets cette analogie comme moyen de rendre plus exactement la pensée de la commission, mais non comme un argument en faveur de l'article 2. Son noble rapporteur sait mieux que moi que le droit d'aubaine ne peut plus être invoqué, puisque depuis plusieurs années il a été aboli par une loi qui admet tous les étrangers indistinctement à posséder, acquérir et tester en France. D'où il suit qu'en admettant même, ce que je n'accorde pas, que les princes et princesses de la branche aînée ne fussent plus considérés comme Français, ils seraient en droit de conserver leurs biens à l'égal de tous autres propriétaires étrangers, princes souverains ou simples citoyens.

De quelques prétextes que l'on cherche à colorer toutes les dispositions relatives à l'aliénation des biens, elles n'en constituent pas moins une atteinte grave aux droits de la propriété dont l'inviolabilité a été garantie par l'article 8 de la Charte; une violation manifeste de cette Charte, qui doit être une vérité pour tous. Obliger les princes et princesses de la branche aînée de vendre leurs biens dans un délai fixe, sous des conditions arbitrairement déterminées, c'est limiter, dénaturer le droit de tout propriétaire d'user et disposer comme il l'entend de la chose qui lui appartient, c'est menacer tous les interêts; en attribuer l'administration au fisc, c'est déposséder le propriétaire, ordonner un sequestre, un commencement de confiscation. Votre commission s'est empressée de le reconnaître, et en vous signalant le danger de cette mesure, elle vous en a proposé le rejet, en même temps que celui de l'article 3, qui n'aurait été qu'une vexation sans objet. Mais elle maintient les articles 4 et 5.

Ici se représentent dans toute leur force les argumens applicables à l'article 2. C'est toujours un attentat à la propriété, une violation manifeste de la Charte, à laquelle l'obligation du dépôt du produit des ventes à la caisse des consignations, prescrit par l'article 5, donne de nouveau le caractère d'un sequestre. Et l'on peut s'étonner que la commission qui en a si bien signalé le danger dans le deuxième paragraphe de l'article 2, ne l'ait pas également reconnu dans l'article 5. La législation fournit aux intéressés tous les moyens de poursuivre le remboursement de leurs créances, et en cas de contestation, le dépôt à la caisse des consignations pourra toujours être opéré dans les formes ordinaires, jusqu'à ce que les tribunaux auxquels il appartient d'en connaître aient statué sur les droits des parties, sans qu'il soit besoin d'une disposition spéciale.

Parmi ces biens, il s'en trouve qui appartiennent à des mineurs dont les droits sont expressément réservés par nos lois. Leur aliénation est subordonnée par le Code civil à des motifs tous puisés dans l'intérêt de ces mineurs, et à des formalités qui ne pourraient être remplies.

Comment obtenir le consentement du conseil de famille qui doit être homologué par le tribunal civil? Quel est le père de famille, le capitaliste qui pourra acquérir avec sécurité en présence de ce vice de formes, et qui se croira à l'abri de toutes contestations?

Ainsi, l'on disputerait la possession de quelques parcelles de terre aux descendans d'une longue suite de rois, à qui nous devons la conquête ou la réunion de nos plus belles et de nos plus riches provinces, qui d'un État faible et divisé, en ont fait la plus puissante monarchie du monde!

La France, oublieuse des bienfaits, ne se souviendrait que des erreurs! Messieurs, vous ne le voudrez pas. Une mesure aussi fiscale ne serait pas digne d'une grande nation qui marche en tête de la civilisation. La modération et la générosité sont les véritables attributs de la force; tout ce qui ressemble à la persécution et aux spoliations ne peut convenir qu'à la puissance précaire et ombrageuse des factions.

L'introduction, par voie d'amendement, de l'art. 6 dans le projet, complète merveilleusement le système d'une loi dont l'unique résultat sera de refouler dans les cœurs, non pas seulement les sentimens d'intérêt que des malheurs récens peuvent inspirer à des ames généreuses, mais encore les souvenirs et les regrets qui se rattachent à des malheurs déja loin de nous. Quelle qu'ait été l'opposition des partis, la diversité des opinions, de toutes parts on a répudié énergiquement et unanimement toute solidarité des excès qui avaient souillé notre première révolution. Pour honorer la mémoire des nombreuses victimes tombées sous le fer du bourreau, une loi avait consacré un jour à la douleur publique. Elle avait dû désigner de préférence l'anniversaire du plus grand de ces crimes, parce qu'il les représentait tous. Abroger purement et simplement une loi de cette nature, ne serait-ce pas réhabiliter en quelque sorte ces crimes que la conscience publique avait frappés d'anathême? Le supplice juridique d'un roi aurait-il cessé d'être une calamité publique pour une nation? Je ne m'appesantirai pas davantage sur un si pénible sujet que j'abandonne à vos méditations, et je me réunis à votre commission pour demander le rejet de l'art. 6.

Après tant d'épreuves diverses, de vicissitudes politiques, pendant lesquelles notre belle patrie a subi toutes les formes connues de gouvernement, après une expérience qui a coûté tant de larmes, de sang et de sacrifices de tous genres, il serait bien temps enfin de fermer l'abîme des révolutions, d'entrer franchement et sincèrement dans les voies d'une sage liberté, d'une tolérance réciproque et généreuse; de renoncer à ces réactions, à ces représailles qui éternisent les divisions, dénaturent et faussent l'esprit public, et affaiblissent les Etats. C'est au nom des plus chers intérêts du pays, de son honneur, de sa prospérité et de son indépendance que je forme ce vœu de tous les bons Français, de tous les hommes de bien, et que je m'unis d'intention à celui énoncé naguère dans l'autre Chambre par

11

M. le président du conseil. Puissé-je être assez heureux pour le voir réalisé !

Je vote contre le projet de loi.

M. LE COMTE DE LAGARDE.

Messieurs, j'ai demandé la parole pour avoir la possibilité de proclamer hautement mon opposition au projet de loi qui vous est soumis.

Son inutilité est avouée ; les dispositions de l'art. 1er ont été qualifiées de surabondantes par le rapporteur de la Chambre des Députés, et celui de votre commission a reconnu que : « Ce que la raison d'Etat ne réclame point, la justice le défend. »

Quant à la vente forcée des propriétés, si elle ne doit pas se résoudre en une confiscation plus ou moins déguisée, je ne saurais y reconnaître une mesure d'utilité politique.

Que dirai-je enfin de l'art. 6 de ce post-scriptum de la loi qui n'y semble ajouté que pour en trahir le véritable esprit et lui imprimer un odieux air de famille avec ces saturnales sacrilèges de février, qui ont épouvanté l'Europe chrétienne et civilisée?....

Messieurs, j'ai assez d'orgueil national pour être convaincu que ce qui n'est qu'une injure aussi cruelle qu'inutile aux descendans, à perpétuité, de tout âge et de tout sexe, d'une longue suite de Rois ; qu'une insulte ignoble et gratuite à une dynastie qui pendant plus de huit siècles a présidé avec éclat aux destinées de notre pays, sera désavoué par les enfans de cette noble France. Si les esprits s'aigrissent et s'y enflamment trop promptement, les sentimens généreux y survivent toujours, et jamais les persécutions n'ont manqué d'y réveiller les plus vives sympathies pour les victimes.

Quelle preuve n'en trouvez-vous pas déja dans les 122 votes négatifs des représentans du pays, de ceux-là même qui avaient pourtant proclamé spontanément la déchéance?

J'ose le prédire, Messieurs; ceux-mêmes aux passions de qui nous n'aurions pas craint de nous associer, ne nous feraient pas attendre leur mépris, et bientôt, peut-être, nous reprocheraient amèrement la coupable condescendance qui aurait imprimé une tache à notre histoire.

Quoi qu'il en puisse arriver, fidèle à la devise toute française *fais ce que dois, advienne que pourra*, je serai toujours prêt à tout immoler pour mon pays, tout, excepté l'honneur et ma conscience.

Blessé par la restauration, j'abjurerais mes ressentimens en présence de si hautes et profondes infortunes : comblé de ses bienfaits et nourri dès l'enfance dans un amour et un respect religieux pour la famille de nos Rois, vous n'attendez pas que je désavoue ces sentimens aux jours du malheur, ni que je me montre plus rigoureux à son égard que ne l'ont été les vainqueurs mêmes de juillet, dans l'ivresse de la victoire.

Et d'ailleurs, Messieurs, cette auguste famille dont l'éloge a retenti si fréquemment sous ces voûtes pendant quinze ans, n'est-elle pas aussi celle du Roi des Français, de celui auquel nous avons tous juré fidélité après qu'il eut préservé notre pays du plus épouvantable des maux, l'anarchie? Eh bien, ce serment, je croirais le trahir si je ne repoussais de toutes mes forces des dispositions qui ne peuvent manquer de blesser son cœur, en même temps qu'elles compromettraient sa gloire aux yeux de l'Europe attentive.

Je vote contre le projet primitif et contre celui amendé par votre commission.

M. LE COMTE DE VOGUÉ.

. . . . C'était un principe fondamental de notre droit public, et qui remontait à des temps très reculés, qu'en France le trône ne pouvait jamais être vacant, et que personne n'avait le droit d'en disposer au préjudice de l'héritier légitime. Invoqué dans la séance, où furent fixées nos nouvelles destinées, par plusieurs Pairs auxquels je m'étais réuni pour le défendre, ce principe a péri dans le naufrage qui a fait disparaître l'antique monarchie et toutes les institutions fondées par elle. Cette résistance est le dernier devoir que j'ai pu rendre à une cause que j'avais toujours servie. Qu'on veuille me pardonner le désir de faire connaître que je n'y ai pas manqué. Depuis lors un sentiment, qui ne s'éteint jamais dans le cœur d'un Français, quelles que soient la cause et l'étendue des malheurs publics ou particuliers, l'amour de la patrie m'a imposé non des devoirs nouveaux, car, pour avoir été étroitement liés à un respect et un attachement personnels, ils n'en étaient pas moins invariables, et de tous les temps: mais elle réclama leur accomplissement à l'égard d'une situation nouvelle, et j'y ai souscrit. Ainsi, préserver la religion des attaques dont elle est menacée, des outrages auxquels elle est en butte, et la société d'une anarchie dont les symptômes reparaissent trop souvent; en un mot, concourir à tout ce qui peut assurer la gloire et la prospérité de la France, telle est la tâche réservée aux amis de l'ordre et de leur pays. Telles sont les considérations qui m'ont déterminé à me réunir à eux, sans me décourager à l'aspect des écueils dont cette carrière est hérissée. Apporter à l'accomplissement de tels devoirs tout le zèle dont on est capable, c'est obéir encore au même pouvoir et à la même volonté.....

Mais je suis loin de regarder comme un devoir l'adoption de la mesure qui vous est proposée. Loin de là, elle me paraît aussi injuste et odieuse qu'impolitique et inutile....

Nous avons dit quel avait été notre but en réunissant dans un même Recueil tous les discours prononcés dans les deux Chambres, et ceux qui devaient l'être, contre la proposition de M. Baude. Nous avons voulu montrer (pour l'honneur de la France) que lorsqu'il y a eu comme un concours d'insultes et d'outrages envers le malheur, il y a eu aussi des voix généreuses qui se sont fait entendre pour le défendre et protester contre l'ingratitude.

Par ma position, placé de manière à n'avoir eu que ma propre fidélité à offrir, sans avoir de voix à élever pour personne, je me suis fait l'écho de quelques nobles voix : heureux si en les répétant je porte quelque part ou une bonne doctrine, ou une consolation.

Opinion que M. le colonel de Francheville, député du Morbihan, devait prononcer dans la séance du samedi mars, si l'ordre du jour proposé par la commission sur la pétition du sieur N.... ayant pour objet de faire constater la légitimité du duc de Bordeaux, avait été contesté.

Messieurs, en venant appuyer l'ordre du jour qui vous est proposé par votre commission, je crois qu'il est impossible de ne pas répondre à l'inconcevable assertion, qui vient d'être dirigée contre un jeune prince dont le berceau fut entouré de si trompeuses espérances, et qui, victime d'une de ces grandes catastrophes dont les annales des siècles offrent peu d'exemples, avait cependant bien encore le droit de compter sur cet intérêt et ces égards qu'en France surtout, on ne refusa jamais au malheur.

Si sa jeunesse et son innocence ne purent le préserver de la proscription qui frappa sa famille, alors que tombé de si haut, l'Europe, le monde entier compatit à son infortune, comment se fait-il qu'on puisse pousser l'oubli de toute convenance, de toute générosité à ce point, de se permettre envers lui le sarcasme et l'outrage.

Messieurs, vous n'avez pu entendre qu'avec le sentiment le plus pénible reproduire devant vous une odieuse imposture dont le bon sens du pays a depuis long-temps fait justice ; certes on ne peut supposer au pétitionnaire l'intention de l'accréditer : qui ne sait que la nature elle-même a pris d'avance le soin de la démentir, en rendant cet auguste enfant la vivante image de celle qui lui donna le jour.

C'est au nom de cette mère infortunée que je me permets de la repousser aujourd'hui ; de cette noble princesse naguère l'objet de si unanimes hommages, contre laquelle ne s'éleva jamais une voix accusatrice, et qui, j'en atteste votre loyale impartialité, ne laissa parmi nous que les souvenirs les plus touchans de vertu, de bonté de bienfaisance. Est-il français, est-il généreux de blesser d'une manière aussi cruelle un cœur déja flétri par tant de douleurs et d'amers regrets ?

J'ose la repousser encore au nom même de ce prince lui-même que vous élevâtes sur le pavois ! ce serait mal le connaître et plus mal le servir encore, que de laisser penser qu'il n'accueillit pas avec la plus vive indignation une aussi dégoûtante calomnie.

Je la repousse enfin, Messieurs, en votre propre nom: car Députés, représentans de la France vous ne pouvez qu'imiter l'exemple récent encore qu'elle vous a donné de son respect pour d'aussi hautes infortunes; et alors que vous appelâtes une nouvelle dynastie à occuper le trône à l'exclusion de ce royal orphelin, chacun de vous doit sentir, s'il peut convenir que dans cette Chambre, on le poursuive sur la terre de l'exil pour y insulter à ses malheurs. Ces considérations vous détermineront, je n'en doute pas, à adopter la conclusion de votre commission, en passant à l'ordre du jour sur la proposition du sieur N....

LA COMÉDIE DE QUINZE ANS.

Voici comment *Le Globe* développe, dans un article du 22 avril 1831, le passage suivant, qui se trouve dans son numéro du 24 novembre 1830, et où il se plaît à outrager tout ce que les hommes ont de plus respectable:

« Pour répondre victorieusement à M. de Kergorlay (à la Cour « des Pairs) il fallait sortir de la métaphysique constitutionnelle. Sur « ce terrain, en effet, sa dialectique était foudroyante; il fallait lui « dire :

« Tout ce que vous invoquez, tous ces articles de la Charte et de « nos Codes que vous citez avec profusion, tout cela n'est que des « fictions ingénieuses. Lorsque nous avons juré fidélité à Charles X « et obéissance à la Charte, lorsque nous avons étourdi ce monarque « imbécille de nos protestations d'amour, lorsque nous couvrions pour « lui nos routes d'arcs de triomphe, lorque nous rassemblions les « populations sur son passage pour le saluer de mille acclamations, « lorsque nous semions l'adulation sur ses pas; lorsque les temples, « les accadémies, les écoles, retentissaient d'un concert parfumé « d'éloges, de bénédictions pour lui et pour sa race; lorsque nos « poètes chantaient ses vertus, lorsqu'ils s'épanchaient en allusions « louangeuses sur la bravoure de ce nouvel Henri IV, la grace de cet « autre François Ier, tout cela n'était qu'une feinte à l'aide de la- « quelle nous tâchions de nous dérober aux chaînes dans lesquelles « il s'efforçait de nous enlacer.

« Vous avez été comme un de ces spectateurs novices qui, assis « au parterre pour la première fois, prennent pour des réalités la « scène que l'on joue devant eux. Détrompez-vous, Pairs, Députés, « magistrats, simples citoyens, nous avons tous joué une *comédie de* « *quinze ans*. »

Voici le développement :

« A la dernière séance de la Chambre des Pairs, M. de Fitz-James a fait encore allusion à la *comédie de quinze ans*, il l'a jetée à la tête des libéraux, et M. le président du conseil s'est écarté pour la laisser passer, s'est indigné de pareilles imputations. Il est d'ailleurs bon nombre de ci-devant libéraux qui, sur ce point, ont témoigné la même susceptibilité que l'irascible M. Perrier. Tous ces motifs nous déterminent à expliquer notre pensée, à établir notre assertion, et à montrer comment l'opposition a *joué* et A DU NÉCESSAIREMENT JOUER *la comédie* pendant les quinze années de la restauration.

« Et d'abord, en nous exprimant ainsi, nous ne prétendons point adresser un reproche à beaucoup d'hommes honorables qui, à leurs risques et périls, ont joué dans cette pièce longue et quelquefois tragique jusqu'au sang, ni à la masse honnête des libéraux qui y ont été figurans, choristes ou comparses.

« Il fallait que les Bourbons cessassent de régner en France; chaque jour qui venait s'ajouter à leur domination démontrait l'indispensable nécessité de leur déchéance. Les libéraux étaient dans l'alternative d'agir ainsi qu'ils l'ont fait, ou de ne pas agir du tout; ils ont été absolument contraints de dissimuler, de se créer des illusions et d'en inspirer à leurs ennemis, qui étaient aussi ceux de la civilisation : il fallait *jouer la comédie*, et ils l'ont jouée.

« Il fallait la jouer : car, lorsque les Bourbons vinrent à la suite des armées étrangères, ils furent entourés d'une foule à habitudes adulatrices, de gens formés au régime des antichambres de l'œil-de-bœuf ou des antichambres de Napoléon; gens au langage servile, à l'épine dorsale flexible. Ces gens furent nantis de tous les emplois, encombrèrent toutes les avenues, et, secondés d'une masse assez considérable d'abord, qui avait salué dans les Bourbons non pas précisément leurs personnes avec leurs vertus, mais la fin de la guerre et le renversement de Napoléon, ils donnèrent le ton partout. Il fallut ou bien parler publiquement comme eux, ou bien rester bouche close et même s'ensevelir dans une inactive retraite. Dès-lors le parti extrêmement nombreux qui les avait vus rentrer avec *répugnance*, et les hommes généreux qui les détestaient, et qui tenaient justement à honneur de ne point quitter la partie, soit par imitation, soit par contrainte, durent se résigner à feindre.

« Il y a eu *comédie pendant quinze ans*, car pendant quinze ans il y a eu des conspirations, soit actives, soit assoupies, pour renverser la dynastie des Bourbons; et les conspirateurs prêtaient et reprêtaient serment de fidélité à Louis XVIII et à Charles X, les uns comme militaires, les autres comme Députés, ceux-ci comme avocats, ceux-là comme fonctionnaires. MM. Lafayette, Mauguin, Barthe, Mérilhou, de Schonen, Dupont (de l'Eure), d'Argenson et beaucoup d'autres, nous pouvons en parler savamment, ont très sérieusement conspiré; et ils figuraient dans les rangs de l'armée, au barreau, dans la magistrature et sur les bancs de la Chambre; ils rendaient ou requéraient les arrêts au nom du Roi, ils portaient ses armes sur leurs vêtemens.

« Il y a eu *comédie pendant quinze ans*, car ceux des libéraux d'alors qui ne conspiraient pas, soit qu'on eût craint leur légèreté, soit qu'eux-mêmes se fussent refusés à jouer si gros jeu, les Benjamin Constant, les Casimir Perrier et mille autres, savaient au moins à n'en pas douter que l'on conspirait, qu'il existait des *carbonari* organisés en *ventes ;* ils sympathisaient avec les conspirateurs, souhaitaient le succès de leur entreprise; et cependant ils juraient leurs grands dieux qu'il n'y avait de complot et de comité directeur que dans l'imagination malade des hommes de la droite ; ils accusaient chaudement la police, leur bête noire alors, et les *agens provocateurs* de machinations, de basses intrigues pour compromettre des citoyens innocens et paisibles.

« Il y a eu *comédie pendant quinze ans*, car des hommes qui détestaient ou méprisaient la dynastie des Bourbons protestaient dans des actes publics de leur dévouement au roi et à son *auguste* famille. Ils abandonnaient ouvertement Manuel, et en secret, ou même dans l'embrasure d'une fenêtre des Tuileries, ils pensaient et disaient comme lui; ils s'indignaient officiellement parce qu'on leur contestait le titre de royalistes; ils se disaient amphatiquement *royalistes constitutionnels ;* ils dansaient dans des quadrilles en l'honneur de la royauté; dans les départemens ils ornaient de feuillage et de madrigaux les lieux où passaient Charles X et les princes de sa lignée; ils leur faisaient avec une politesse exquise les honneurs, les uns de leurs manufactures, de leurs fonderies, les autres des mines d'Anzin.

« Il y a eu *comédie pendant quinze ans;* car pendant tout ce temps, les journaux, directeurs de l'opinion des peuples ; les écrivains, les publicistes, les auteurs dramatiques, qui en matière de comédie étaient dans leur élément, n'ont pas cessé d'adorer à divers degrés l'idole constitutionnelle, de proclamer l'excellence de la fiction que *le Roi ne peut mal faire ;* pendant tout ce temps, on a feint de croire à la *haute sagesse* et aux vues libérales de Louis XVIII, le *roi législateur*, et à la générosité de Charles X, ce prince *ennemi de la fraude ;* on n'a pas tari sur la bravoure, la loyauté, les sentimens constitutionnels du *héros d'Andujar.* Le *Constitutionnel* surtout, qui était alors la personnification du vulgaire libéral, en appelait sans cesse des erreurs ministérielles au noble cœur du monarque; il protestait de son attachement à la dynastie, il lui prodiguait les complimens et les panégyriques; protestations et complimens dont il savait bien ce que valait l'aune.

« Il y a eu *comédie pendant quinze ans ;* car partout, dans tous les établissemens publics et privés, dans toutes les écoles où Louis XVIII, Charles X, les princes et les princesses de leur famille, jusqu'aux marmots de la duchesse de Berri, *daignaient* porter leurs pas, on leur prodiguait des louanges vraiment nauséabondes ; on invoquait leurs hautes qualités, leurs lumières; on implorait bassement leur protection; et tous les hommes en grand nombre qui ont coopéré à ces jongleries ou qui s'y sont prêtés, ont, à part une imperceptible minorité, protesté depuis lors de leurs dédains pour les Bourbons, ont préparé ou rêvé semblables fêtes pour les princes d'une autre dynastie.

« Il y a eu *comédie pendant quinze ans;* car ceux qui bafouent le plus amèrement la race exilée, ceux-là la cajolaient tant qu'elle parut puissante; ils pliaient leur conscience à ses goûts et à ses caprices; ils se faisaient dévots ou au moins anti-voltairiens pour lui complaire. Beaucoup d'entre eux avaient chez eux un *Eucologe* et un cierge prêts à tout évènement.

« Il y a eu *comédie pendant quinze ans;* et M. Perrier, qui s'est indigné lorsque M. de Fitz-James a énoncé ce fait, était, lui, sinon l'un des principaux acteurs, du moins parfaitement placé dans les coulisses pour tout voir et tout entendre; lui qui se met en colère quand on lui dit qu'on a conspiré, devait bien savoir que M. Barthe, son collègue, a figuré dans la charbonnerie et ne s'en cache pas.

« Et quoique ceux qui jouaient les *pères nobles* dans cette *comédie* ne soient plus sur la scène, le rideau n'est pas pour cela baissé. Nous assistons depuis le 7 août à une autre comédie; comédie moins grave, à personnages moins hauts peut-être, ou plutôt plus mesquine que celle de la restauration. Aujourd'hui les Pairs de l'émigration, de la noblesse et du clergé remplissent à leur tour le rôle des traîtres de mélodrame; eux aussi ont prêté des sermens; eux aussi protestent ou ont protesté de leur fidélité, de leur dévouement; et eux aussi démentent la foi qu'ils ont jurée ou promise, non par des complots, car, dans toute la sincérité de notre ame, nous croyons que les légitimistes ne conspirent pas; mais par des doléances, des regrets et des espérances fort peu équivoques.

« Nous avons donc eu raison de dire que la restauration avait été *une comédie de quinze ans;* et encore une fois, en nous exprimant ainsi, nous ne prétendons point en faire un crime aux hommes constamment dévoués qui y ont joué les premiers rôles, rôles délicats et périlleux, ni au commun des libéraux : c'est que dans le régime constitutionnel tout est fiction; c'est qu'une fois placé sur ce terrain, on est comme sur des tréteaux, et qu'ainsi, bon gré malgré, les hommes les plus honnêtes s'y trouvent transformés en histrions. »

Quels aveux !.... Serait-il possible de se moquer plus effrontément et de la sainteté des sermens, et du respect que l'on doit à la vérité !.... Et fut-il jamais des tartuffes plus consommés que certains libéraux qui parlent tant de franchise et de loyauté !

Nous prions les personnes qui auraient quelques réclamations à faire de vouloir bien les adresser, franc de port, à M. Hivert, libraire.

FIN.

www.ingramcontent.com/pod-product-compliance
Ingram Content Group UK Ltd.
Pitfield, Milton Keynes, MK11 3LW, UK
UKHW022104190726
13855UKWH00002B/637